Döhring / Lange • Kleine Pausen- und Freizeitspiele

Volker Döhring / Anja Lange

Kleine Pausen- und Freizeitspiele

für drinnen und draußen

Limpert Verlag Wiebelsheim

Die Ratschläge in diesem Buch sind von den Autoren und dem Verlag sorgfältig erwogen und geprüft, dennoch kann keine Garantie übernommen werden. Eine Haftung der Autoren bzw. des Verlages und seiner Beauftragten für Personen-, Sach- und Vermögensschäden ist ausgeschlossen.

Bibliografische Information der Deutschen Nationalbibliothek
Die Deutsche Nationalbibliothek verzeichnet diese Publikation in der Deutschen Nationalbibliografie; detaillierte bibliografische Daten sind im Internet über http://dnb.d-nb.de abrufbar.

1. Auflage 2013

www.verlagsgemeinschaft.com

Coverbild: Werner Dupuis
Die Fotos stammen von den Autoren
Druck und Verarbeitung: Himmer AG, Augsburg
Printed in Germany/Imprimé en Allemagne
ISBN 978-3-7853-1864-5

Inhalt

Einleitung

Kinder und Jugendliche brauchen Bewegung! Denn Bewegung und die damit verbundene Fitness bilden nicht nur zentrale Ressourcen für die Gesundheit, sie sind vor allem Voraussetzung der Entwicklungsmöglichkeiten in körperlicher, aber auch in emotionaler, sozialer und geistiger Hinsicht. Diese uralte Erkenntnis ist in den letzten zehn Jahren durch eine große Anzahl an wissenschaftlichen Studien untermauert worden. Insbesondere nach langen Unterrichts- oder anderen Lernphasen muss es Gelegenheiten zum Spielen und Bewegen geben, damit die Lernfähigkeit der Schüler erhalten bleibt. Wer stattdessen mit dem Gameboy spielt, ist in der nächsten Stunde unkonzentrierter und weniger leistungsfähig.

So zeigt beispielsweise Breithecker (2002), dass die Konzentration in einer Schule mit statischen Verhältnissen im Verlauf des Vormittags deutlich abfällt, in einer traditionellen Schule mit zwei 25 Minuten langen Bewegungspausen etwa gleich bleibt, doch in einer bewegten Schule mit zwei Bewegungspausen steigt die Konzentration im Verlauf eines Vormittags sogar an.

Kurz gesagt: Aktive Bewegungs- und Spielpausen machen nicht nur allen Beteiligten Spaß, sondern sie

- aktivieren das gesamte Körpersystem, u.a. das Herzkreislaufsystem, die Durchblutung der Muskulatur sowie zahlreiche weitere Stoffwechselvorgänge und verhindern damit die Folgen einer „Physiologie der Untätigkeit“, also der Anpassung des Stoffwechsels an lange Phasen ohne Bewegung, wie Fettleibigkeit, Diabetes Typ II, vorzeitige Ermüdung usw.
- aktivieren kognitive Prozesse: So verstärken schon geringe körperliche Aktivitäten nachweislich die Durchblutung des Gehirns, es kommt nicht zu einer vorzeitigen Ermüdung aufgrund einer ruhebedingten Parasympathikusaktivierung und Menschen sind nach Bewegungspausen aufnahmebereiter und konzentrierter.
- fördern die Entwicklung konditioneller (insbesondere Kraft, Schnelligkeit, Ausdauer) und koordinativer Fähigkeiten, die grundlegend sind für die motorische Entwicklung und das Lernen motorischer Fertigkeiten.
- stärken das Selbstbewusstsein und das Sozialverhalten der einzelnen Kinder- und Jugendlichen, in dem sie zahlreiche Körper-, Material- und Sozialerfahrungen sammeln und beispielsweise in spielerischen Situationen zahlreiche Ich- und Sozialkompetenzen wie z. B. Verantwortungsbewusstsein, Problemlösungsstrategien, Konfliktmanagement, Empathie und Fairness erproben.
- fördern das Miteinander und den Zusammenhalt von Gruppen. Sie beleben das Schulleben oder bereichern die Freizeitgestaltung - in jedem Fall fördern sie das Klima oder bieten im Zweifelsfall die Möglichkeit versteckte Konflikte offen zu legen und zu bearbeiten.

Und wenn man Kinder und Jugendliche fragt, geben sie oft zur Antwort, dass die Pausen das schönste an der Schule sind, weil sie dort mit ihren Freunden spielen können. Das ging auch schon den Autoren dieses Buches vor vielen Jahren so: Wir sind stets aus dem Unterricht gerannt, um die besten Spielplätze auf dem Pausenhof zu sichern und um möglichst lange Fußball mit einem Tennisball oder Gummitwist zu spielen.

Pausen sind also keine leere Zeit, im Gegenteil machen sie das Leben oft erst interessant und lebenswert. Pausen- und Freizeitspiele erfüllen in dieser Sichtweise vielfältige Funktionen, die Lehrer, Erzieher, Betreuer von Freizeiten, Übungs- und Gruppenleiter aber auch Eltern zu unterschiedlichen Anlässen zahlreich und regelmäßig einsetzen können und sollten.

Zum Geleit

Das vorliegende Buch verfolgt konsequent das Ziel, zahlreiche Spielideen für die Pause und die Freizeit darzustellen. Viele damit verbundene Aspekte – zum Beispiel im Zusammenhang einer Bewegten Schule – werden nicht gesondert erläutert oder diskutiert, weshalb wir hier einige Hinweise den Spieldarstellungen voranstellen wollen.

Das Besondere an Pausen- und Freizeitspielen ist, dass diese zwar stets unter Aufsicht aber ansonsten durch die Spielenden meist selbstorganisiert stattfinden können und sollen. Ein Spielleiter behindert bei vielen Spielen die Spieler daran, selbstständig ihr Spiel zu organisieren und nach ihren Bedürfnissen zu gestalten. In der Regel reicht es völlig, wenn Kinder und Jugendliche ein Angebot erhalten oder kurz in die Idee und die Spielregeln eingewiesen werden. So entwickelt sich das Spiel „Ali-Ball“ erst ohne Spielleiter zu einem variantenreichen Spiel, über dessen Verlauf die aktiven wie die wartenden Spieler variabel und situationsangemessen entscheiden. Ein Spielleiter in Form eines Schiedsrichters verhindert solche Spiel-, Lern- und Gruppenprozesse.

Situationen, die zahlreiche eigenständige Handlungen ermöglichen, bieten Chancen zur Entwicklung der allgemeinen und speziellen Spielfähigkeit. Oft reicht hierfür schon die Bereitstellung von Material. Kindern und Jugendlichen wird so die Möglichkeit gegeben, ihr eigenes Spiel zu finden und zu entwickeln - die Bereitschaft, sich zu bewegen, steigt.

Pausen- und Freizeitspiele fördern Kommunikation und soziales Handeln, da Spiele viele Anlässe bieten mit anderen in Kontakt zu kommen, den anderen zu erfahren und das eigene Handeln auf die gemeinsamen Aktivitäten abzustimmen. Spiele mindern hierdurch nicht nur Gewalt und Aggressionen, sondern sie verhindern auch Langeweile und Leerlauf und bieten vielen verschiedenen Menschen eine Vielzahl an Möglichkeiten zur Integration in bestehende oder noch zu formende Gruppen.

Selbstverständlich trägt eine spielfreudige Gestaltung eines Schulhofes oder eines Freizeitgeländes zum Gelingen vieler Spiele bei. So ist einerseits ein Multifunktionsfeld möglichst mit Kunststoff- bzw. Tartanbelag, einer Linierung für verschiedene Ballspiele, Basketballkörben, Toren sowie einem fünf Meter hohem Ballfangzaun sicher ideal. Damit haben interessierte Kinder und Jugendliche jederzeit Gelegenheit, Fußball, Volleyball, Basketball, Badminton und viele andere Sportarten zu betreiben. Auch für die meisten Tischtennisspiele ist eine Tischtennisplatte unumgänglich.

Andererseits ist eine solche Ausstattung kein Muss. Für viele Spiele genügt eine Wiese oder eine ebene Schotter- oder Asphaltfläche. Auch können zahlreiche Tischtennisvarianten auf dem Boden sitzend durchgeführt werden. Der „Tisch“ wird hierfür als Spielfläche einfach mit Kreide auf den Boden gemalt. Als „Netz“ genügt eine Turnbank oder ein Brett, das zwischen zwei Steinen aufgestellt wird.

Ganz sicher ist aber: Wo sich hunderte Schüler und Schülerinnen täglich tummeln, wird nicht nur Fläche sondern auch Aufenthaltsraum gebraucht. Für kurze Zeit suchen sehr viele Menschen Beschäftigung. Da sollte der Schulhof mehr bieten als Asphalt, den einen oder anderen Baum und Müllbehälter. Herumrennen oder Herumstehen sind auf den langweiligen Flächen oft die einzig möglichen Pausenaktivitäten. Verbotenes wird so erst interessant.

Viele Schulhöfe sind zubetoniert, vorhandene Rasenflächen dienen oft nur der Zierde und angrenzende Sportplätze sind gesperrt. Die schulischen Freiflächen sollten jedoch zum Bewegen und Spielen einladen und vielfältige Bewegungsmöglichkeiten bieten, auch vor dem Hintergrund, dass Schulhöfe am Nachmittag von vielen Städten und Gemeinden zum Spielen freigegeben werden können. Treppen, Böschungen, Wände, Rasenflächen, Bäume sollten ebenso wie der vorhandene Asphalt integriert werden. Bereiche für Bewegung können gekennzeichnet werden, damit bewegungsintensive Spiele ohne Behinderung anderer möglich werden. Ohne großen Aufwand ist es möglich, mobile Abgrenzungsmöglichkeiten in Form von Markierungshütchen bereit zu stellen oder mit Linien Kleinspielfelder zu markieren sowie mit Farbe Hüpffelder aufzumalen. Für Linien und andere Schulhofbemalungen eignet sich wetter- und scheuerfeste Farbe aus dem Baumarkt. Diese hält mehrere Jahre, wenn der Bereich vor dem Auftragen der Farbe mit einem Hochdruckreiniger gründlich gesäubert wird.

Klar abgegrenzte Ballspielbereiche sind Voraussetzung, damit die umherfliegenden Bälle die Schülerschaft nicht in Fußballhasser und Fußballfreunde teilen. Solange ein Ballspielbereich fehlt, werden Orte wie Pausenhallen als Spielfelder und Türen oder Wände als Tore genutzt. Optimal sind ausgewiesene Spielfelder von 15 x 27 m auf dem Schulhof mit kleinen Eishockeytoren. Viele andere Ballspiele wie Hacky Sack oder Mäuse-Fußball können aber auch ohne Spielfeldbegrenzungen gespielt werden. Diese sind insbesondere auf kleinen Flächen den sportspielnahen Varianten vorzuziehen.

Weitere wichtige Maßnahmen zur Einführung von zahlreichen Pausenspielen ist die Ausleihmöglichkeit von Bewegungs-, Spiel- und Sportmaterialien durch eine Pausenkiste und/oder eine zentrale schulische Geräteausleihe. Bei der Pausenkiste erhält jede Klasse eigenverantwortlich eine Auswahl an Bewegungsmaterialien und Kleingeräten wie z.B.: Gummitwist, Seilchen, verschiedene für die Pause geeignete Bälle, Rollbretter, Jongliermaterial und Dosenstelzen. Auch ausrangierte Sportgeräte und Bälle können hier gut genutzt werden. Eine zentrale Geräteausleihe zum Beispiel in Form eines Pausenhäuschen kann sowohl diese Kleingeräte verleihen, als auch größere Geräte und Sportmaterialien wie Einräder, Stelzen, Waveboards, Fußbälle oder Badmintonschläger. Solche Verleihsysteme können mittels „Spielausweisen“ leicht durch die Schüler selbst organisiert werden.

Bei schlechtem Wetter können auf dem Schulgelände bestehende Turn- und Sporthallen in den Pausen geöffnet werden. Auch hier können organisatorische Regelungen hilfreich sein. So kann insbesondere bei geringem Platzangebot ein geregeltes Pausenangebot stattfinden, z. B. montags Fußball, dienstags Rollen und Räder, mittwochs Basketball, donnerstags Kunststücke und freitags Rückschlagspiele. Die Krönung von solchen zahlreichen Pausenaktivitäten bilden Pausenspielturniere, die für alle Schulstufen im Jahresverlauf ein- oder mehrmalig durchgeführt werden.

Die Interessen der Schüler sind letztlich sehr vielschichtig. Deshalb bedarf es einer mannigfaltigen Auswahl an Spielen und auch Spielgeräten, um möglichst vielen Vorlieben Rechnung zu tragen sowie vielfältige, abwechslungsreiche Spielerlebnisse und Bewegungserfahrungen zu ermöglichen. Wir wünschen viel Freude beim Spielen in und mit den dargestellten Formen und Ideen und möchten ausdrücklich dazu auffordern, die Spiele an die Gegebenheiten vor Ort und an die Bedürfnisse der Spielenden anzupassen.

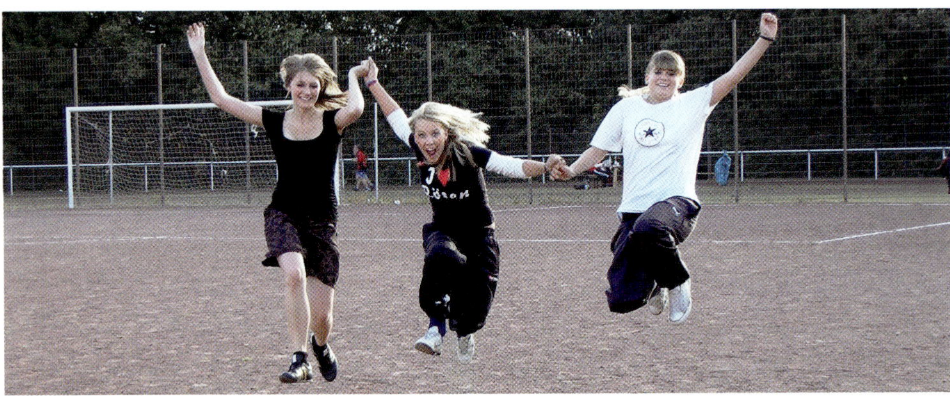

Spielende jeden Alters möchten gerne die Umgebung kennen, in der sie sich bewegen und spielen. Dies gilt für die Schule wie für die Freizeit. Hierzu können sehr gut freie Bewegungsphasen beitragen, in denen vor allem junge Spieler gerne selbstständig das Gelände erkunden.
Bei den Spielen zum Kennenlernen des Schulhofes oder des Freizeitgeländes stehen stets eine besondere Wahrnehmung, besondere Details der Umgebung oder eine besondere Form der Erschließung der Umwelt im Vordergrund. In den nachfolgenden Spielen müssen die Spieler unter anderem die Motive von Fotos ihrer Umgebung finden, mit den Augen Ausschnitte des Geländes ertasten oder als „menschliche Kamera" besondere Ausschnitte fotografieren.
Geländespiele hingegen nutzen die Umgebung für spielerische Aktivitäten. Im Gelände werden beispielsweise Gegenstände versteckt und müssen vom anderen Team wiedergefunden werden oder die Spielenden selbst suchen Deckung im Gelände. Als Geländespiele bezeichnet man folglich Spiele, die außerhalb von Gebäuden meist im offenen oder freien Gelände sowie in der Natur durchgeführt werden. Sie sind sehr beliebt und eignen sich für alle Altersklassen und Gruppengrößen. Man kann verschiedene Arten von Geländespielen unterscheiden:

- Schmuggelspiele
- Such- und Versteck- und Anschleichspiele
- Jagd-, Durchbruch- und Kampfspiele, bei denen raffiniert angegriffen und verteidigt wird
- Schnitzeljagden oder Rallyes, bei denen verschiedene Aufgaben zu lösen sind
- Nacht-Geländespiele, für die man Dunkelheit benötigt
- Gesellschafts-, Fantasy- oder Strategiespiele, die auf Geländespiele übertragen werden (z. B. Stratego, Siedler von Catan)

Spiele, die die Umgebung zum Thema machen oder im Gelände stattfinden, sind nie gleich. Das reizvolle ist die nicht genormte stets andere Umwelt. In jedem Gelände spielen sich die Spiele etwas anders. Ein Spiel hier verläuft anders als das gleiche Spiel dort. Gleich bleibt aber, dass diese Spiele meist mit einer besonderen Intensität verbunden sind und für die Spielenden vielfältige und zahlreiche Material-, Sozial- und Selbsterfahrungen ermöglichen. Vielfältige Spielformen und Spielabwandlungen sind hier möglich. Die nachfolgenden Spiele dienen vor allem der Anregung.

Foto-Suchlauf

Spielidee und Grundregeln:
Es werden möglichst viele Detailfotos des Außengeländes gemacht und gegebenenfalls mehrfach ausgedruckt. Der Kreativität sind hierbei keine Grenzen gesetzt. Die Motive sollten altersgerecht und nicht zu einfach zu finden sein. Paare, Kleingruppen oder auch Einzelspieler bekommen jeweils ein Foto und müssen das darauf Gezeigte möglichst schnell im Außengelände finden. Wurde die Aufgabe erfolgreich gelöst, erhalten sie das nächste Foto.

Hinweise:
Spielerzahl: ab 2
Spieldauer: ab 10 Min.
Material: Detailfotos des Außengeländes
Variationen:

- Mehrere Mannschaften bekommen identische Fotos in unterschiedlicher Reihenfolge. Wer findet zuerst alle Abbildungen?
- An den fotografierten Zielen befinden sich kleine Aufgaben, die zur Überprüfung gelöst werden müssen. Alle Aufgabenlösungen zusammen können wiederum ein Lösungswort bilden.

Revier markieren

Spielidee und Grundregeln:
Die Spieler gehen paarweise zusammen. Spieler A wird mit verbundenen Augen von seinem Partner zu einem Baum, einer Mauer oder anderen markanten Stellen des Außengeländes geführt. Dort soll er die ausgewählte Stelle betasten und sich möglichst viele Details merken. Anschließend führt der Partner ihn wieder zum Ausgangspunkt. Die Aufgabe ist es, jetzt den Ort mit offenen Augen wieder zu finden oder genau zu beschreiben. Danach werden die Rollen getauscht.

Hinweise:
Damit die Richtung nicht sofort zugeordnet werden kann, sollte der Partner auf Umwegen geführt werden.

Spielerzahl: ab 2
Spieldauer: ab 10 Min.
Material: kein

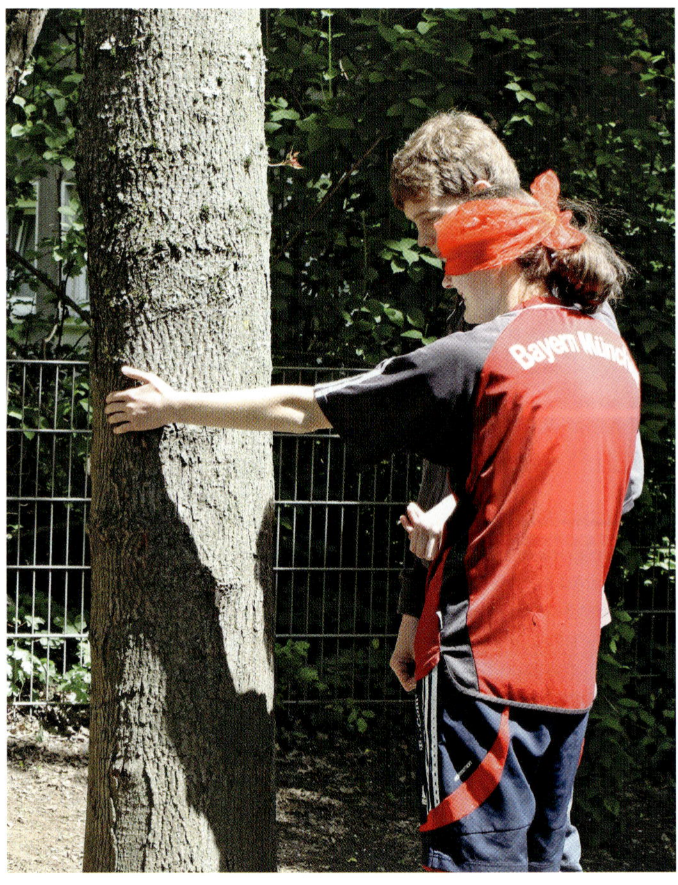

Fotograf und Kamera

Spielidee und Grundregeln:
Die Spieler gehen paarweise zusammen. Ein Spieler ist die Kamera und schließt die Augen. Der sehende Spieler ist der Fotograf. Der Fotograf sucht ein Motiv in der Klasse, führt die Kamera dorthin und richtet die Kamera gut aus. Dann drückt der Fotograf vorsichtig einen „Auslöser“ (z. B. Tippen auf den Kopf) oder sagt „Foto“. Nun darf die Kamera für einen kurzen Moment die Augen öffnen und merkt sich das Bild. Nach ca. 5 Fotos führt der Fotograf die Kamera zurück zum Ausgangspunkt und ruft den Speicher ab. Die Kamera darf die Augen öffnen und muss die fotografierten Motive nennen. Dann werden die Rollen gewechselt.

Hinweise:
Spielerzahl: paarweise, unbegrenzt
Spieldauer: mit Partnerwechsel ca. 10 Min.
Material: kein

Teamwork

Spielidee und Grundregeln:
Mehrere Seile werden zu einem Kreis geknotet. Alle Spieler steigen in diesen Kreis und legen sich das Seil hüfthoch an den Rücken. Das Seil wird so auf Spannung ohne Hilfe der Hände gehalten. Alle Spieler müssen sich jetzt gemeinsam zu bestimmten Orten des Schulgeländes bewegen, ohne dass das Seil herunter rutscht.

Hinweise:
Der Abstand der Spieler im Kreis sollte gleichmäßig sein.
Spielerzahl: ab 5
Spieldauer: ab 5 Min.
Material: mehrere Seilchen

Variationen:
- Zwei oder mehrere Mannschaften spielen gegeneinander. Wer erreicht das vorgegebene Ziel zuerst?
- Es können auch Hindernisse eingebaut werden.

Blinde Schlange

Spielidee und Grundregeln:
Mehrere Spieler stellen sich hintereinander auf und fassen die Schultern des Vordermanns an. Der vorderste Spieler ist der Schlangenkopf und führt die Schlange durch das Gelände. Alle übrigen Spieler schließen die Augen und folgen. Anschließend wechselt der Kopf.

Hinweise:
Spielerzahl: ab 3
Spieldauer: ab 5 Min.
Material: kein

Variation:
- Nur das Ende der Schlange, also der hinterste Spieler, hat die Augen auf und führt die Schlange durch Zuruf. Lehrende sollten trotzdem genau darauf achten, dass keine Gefahren auf der Strecke liegen.

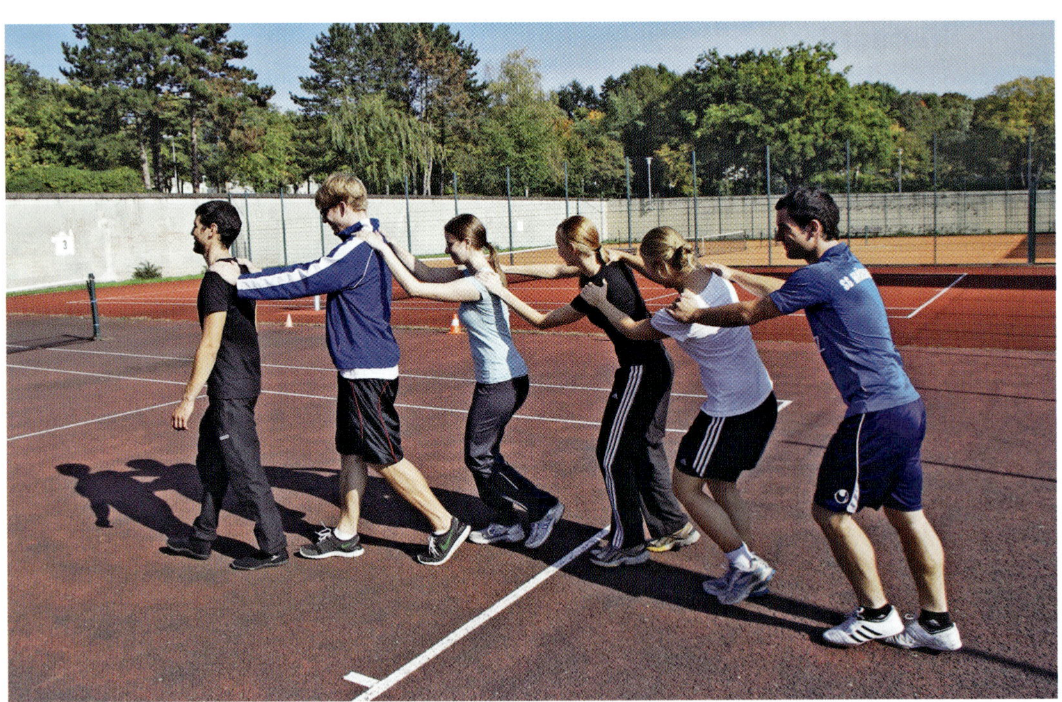

Meeting

Spielidee und Grundregeln:
Alle Spieler stellen sich in einem Radius von 8-10 Metern zueinander auf und prägen sich sowohl die eigene Position als die der Mitspieler ein. Anschließend versuchen sie, sich mit verbundenen Augen und vorgestreckten Armen in der Mitte zu treffen. Sie dürfen sich auch mit Rufen orientieren.

Hinweise:
Es sollten sich keine Hindernisse im Feld befinden.
Spielerzahl: ab 5
Spieldauer: ab 5 Min.
Material: kein

Variation:
- Ohne Rufen

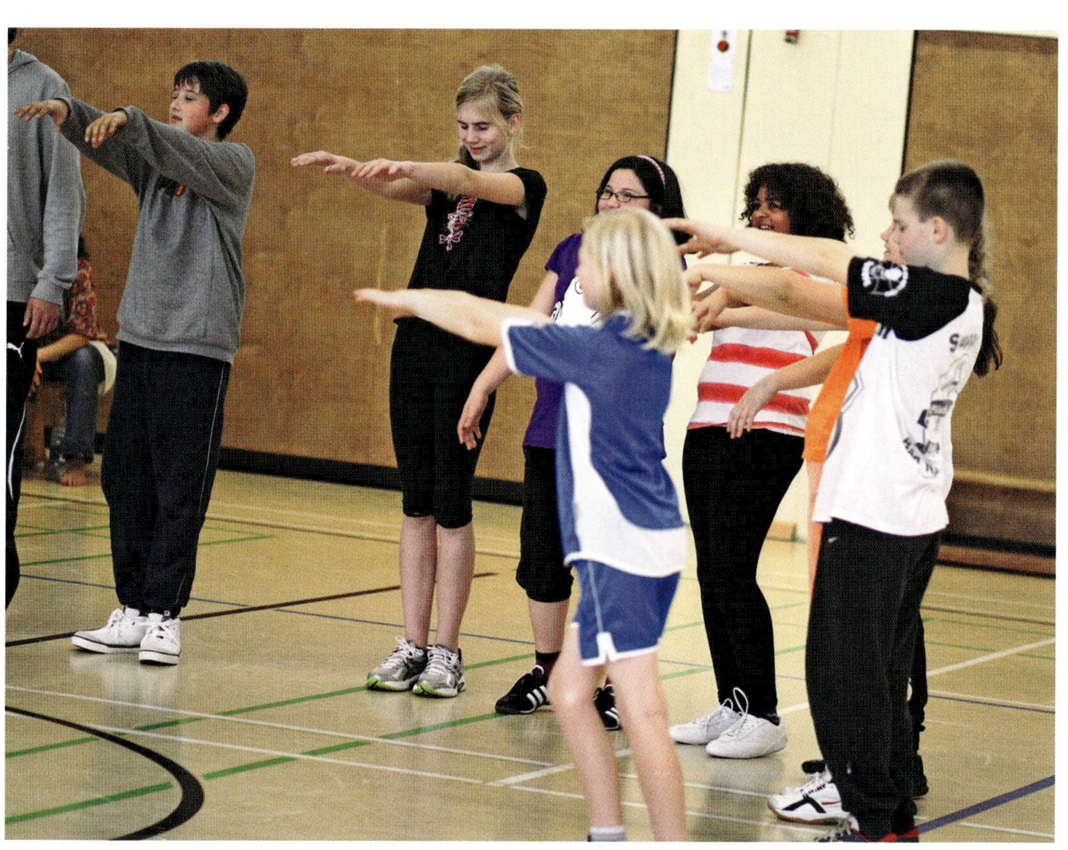

Wer findet…

Spielidee und Grundregeln:
Der Spielleiter stellt eine Aufgabe, zum Beispiel „Wer findet etwas Weiches, Hartes, Rundes, Farbiges, gut Riechendes …“. Alle Spieler laufen nun los, suchen den Gegenstand und kommen wieder zurück.

Hinweise:
Spielerzahl: ab 2
Spieldauer: ab 10 Min.
Material: kein

Variationen:

- Derjenige Spieler, welcher die Aufgabe zuerst oder besonders gut erfüllt, bekommt einen Punkt.
- Jeder Spieler oder jede Gruppe bekommt eine Liste mit zehn Gegenständen, die in möglichst kurzer Zeit gefunden werden sollen.
- Mit den gefundenen Gegenständen z.B. ein Gesicht, Haus oder ähnliches darstellen.

Klau dir ein Stück Speck!

Spielidee und Grundregeln:
Ein ca. 2 Meter großer Kreis wird mit Kreide auf den Boden gemalt. Das ist der Speck (oder auch Käse). Die Kreisfläche wird für die Anzahl der Mitspieler gleichmäßig in Stücke aufgeteilt und der Mittelpunkt deutlich hervorgehoben. Jeder Mitspieler kennzeichnet sein Stück mit seinem Namen und stellt sich mit beiden Füßen in seinen Speck. Der erste Spieler stellt sich auf den Mittelpunkt, ruft laut: „Klau dir ein Stück Speck …!“ und fügt einen Namen der Mitspieler ein. Der aufgerufene Spieler springt in die Mitte und ruft laut „Stopp!“ Die anderen Mitspieler einschließlich des zuerst rufenden Spielers flüchten so schnell und weit wie möglich aus dem Spielfeld heraus. Bei „Stopp!“ müssen die Fliehenden unverzüglich anhalten. Nun versucht der Spieler in der Mitte, einen anderen Spieler mit drei Schritten (gesprungen, gelaufen oder gegangen) zu berühren. Schafft er es, darf er den Umriss seines Fußes in das Feld des Spielers malen, den er berührt hat. Spieler, die ihr gesamtes Stück Speck verloren haben, müssen ausscheiden. Das Spiel ist zu Ende, sobald ein Spieler die ganze Kreisfläche besitzt.

Hinweise:
Spielerzahl: ab 4
Spieldauer: ab 5 Min.
Material: Kreide

Variationen:

- In ca. 30 Metern Entfernung von der Kreisaußenlinie werden auf 2 gegenüberliegenden Seiten zwei Linien gezeichnet. Bei Stopp muss der Fliehende stehen bleiben. Sobald der Stopp-Rufer seinen Mittelkreis verlässt, beginnt die Jagd. Er versucht, den fliehenden Spieler vor der gezeichneten Linie abzuschlagen. Gelingt ihm dieses, hat er die Hälfte des Speckserobert. Gewinner ist derjenige Spieler, welcher am Ende die meisten Speckstücke erobert hat.
- Bei „Stopp!“ müssen die fliehenden Spieler stehen bleiben und sich umdrehen. Nun formen sie mit ihren Armen vor ihrer Brust einen Korb, indem sie den Ellbogen mit den Händen umfassen. Der Aufgerufene nimmt einen Tennisball und versucht, von seiner Position im Mittelpunkt durch einen gezielten Wurf in den Korb zu treffen. Gelingt ihm das, dann hat er gewonnen, andernfalls verloren. Der Sieger darf so viel Speck vom Besiegten nehmen, wie er mit einem Kreisbogen zeichnen kann. Er stellt sich dazu mit beiden Füßen in sein Land und markiert, weit vorgebeugt, mit Kreide einen möglichst großen Teil des gegnerischen Specks. Die markierte Fläche wird dem eigenen Speck einverleibt und mit den Füßen die alten Grenzen verwischt.

Eichhörnchen und Krähen

Spielidee und Grundregeln:
Die Spieler werden in 2 Gruppen aufgeteilt: in Eichhörnchen und Krähen. Jedes Eichhörnchen erhält jeweils 3 Nüsse (Walnüsse oder auch andere Gegenstände wie Kastanien, Haselnüsse, Muggelsteine). Nun haben die Eichhörnchen 1 Minute Zeit ihre Nüsse für den Winter zu verstecken. Aber Achtung die Krähen schauen ihnen dabei vom Ausgangspunkt aus zu.
Sie sollten sich also nicht zu offensichtlich verhalten. Nach 1 Minute kommen die Eichhörnchen zurück. Jetzt dürfen die Krähen die versteckten Nüsse suchen und einsammeln. Auch die Krähen haben 1 Minute Zeit. Nachdem auch diese Zeit verstrichen ist, wird es Winter. Jetzt haben die Eichhörnchen nochmals 1 Minute Zeit alle übriggebliebenen Nüsse einzusammeln. Wer hat mehr Nüsse, die Eichhörnchen oder die Krähen? Danach werden die Rollen gewechselt.

Hinweise:
Die Eichhörnchen sollten im Freigelände nur ein einem begrenzten Gebiet (ca. 20 mal 20 Meter) die Nüsse verstecken dürfen. Geeignet sind kleine Wälder, Parks, Pausenhöfe oder auch Turnhallen. Für die Krähen kann es sinnvoll sein, wenn jede Krähe ein Eichhörnchen beobachtet. Tatsächlich beobachten Krähen andere Tiere beim Verstecken von Nahrung. Auch essen Krähen gerne Walnüsse, in dem sie diese aufhacken oder auf Straßen fallen lassen. Manche Nüsse werden von den Spielern nicht mehr gefunden, deshalb sollten im Freigelände wirklich nur natürliche Materialien genutzt werden.

Spielerzahl: ab 8

Spieldauer: ab ca. 10 Min.

Material: mind. 3 Walnüsse, Kastanien oder ähnlich geeignetes Material

Treppenspiel

Spielidee und Grundregeln:
Es werden zwei oder mehr Mannschaften gebildet und die Spieldauer festgelegt. Auf jede Treppenstufe wird mit Kreide ein beliebiger Buchstabe des Alphabets geschrieben.
Jetzt sollen alle Spieler in der Umgebung Gegenstände sammeln, die mit einem dieser Buchstaben beginnen und diese auf die entsprechende Stufe legen (z.B. ein Apfelrest, ein Blatt, eine Plastiktüte). Mannschaft A legt ihre Fundstücke beispielsweise links auf die Stufe, Mannschaft B rechts. Nach Ablauf der vorgegebenen Zeit werden die Gegenstände gezählt und die Punkte vergeben. Haben beide Mannschaften die gleichen Dinge gefunden, gibt es dafür keinen Punkt. Wer die meisten Punkte gesammelt hat, gewinnt.

Hinweise:

Spielerzahl: ab ca. 8 bis nahezu beliebig

Spieldauer: ab ca. 5 Min.

Material: Kreide

Variationen:
- Es dürfen nur Dinge auf die Stufen gelegt werden, die aus der Natur kommen.
- Zuerst suchen alle Spieler Gegenstände für die erste Treppenstufe, diese wird ausgewertet und anschließend geht es mit dem nächsten Buchstaben weiter.

Im Versteck

Spielidee und Grundregeln:
Es werden fünf Gruppen eingeteilt, die sich hinter ihrem Sichtschutz einfinden bzw. in dem Polizeibezirk in der Mitte. Die Spieler stecken sich ihre Tücher in die Hose und warten auf weitere Anweisungen. Das Ziel des Spiels besteht darin, das Versteck des gegnerischen Teams zu durchstöbern und so viele Stöcke wie möglich zu klauen. Dazu müssen die Spieler zu einem Versteck laufen, einen Stab nach dem anderen stehlen und jeden Stock zum Reifen der eigenen Mannschaft bringen. Wenn ein Polizist einen Spieler mit der Schwimmnudel abschlägt, muss dieser dem Polizisten den Stab geben, der ihn dann zum Polizeibezirk bringt (Reifen in der Mitte) Die Polizisten dürfen nur Spieler abschlagen, die einen Stab tragen. Es ist auch erlaubt, den Stab aus dem Polizeibezirk zu klauen. Die Mannschaften überlegen sich eine Strategie, wie viele Spieler angreifen und wie viele Spieler das eigene Versteck verteidigen. Die Verteidiger, müssen dem Angreifer das Tuch entwenden, das die in ihrer Hose stecken haben. Die Angreifer dürfen auch dem Verteidiger das Tuch entwenden. Wer sein Tuch verloren hat, darf keinen Stock mehr stehlen oder verteidigen, sondern begibt sich zu seinem Versteck und läuft eine Runde um das Spielfeld. Danach darf er sich das Tuch wieder anstecken und ins Spiel eingreifen. Das Team, das am Ende die meisten Stöcke im Versteck hat (die Polizei zählt auch als Team) hat gewonnen.

Hinweise:
Spielerzahl: ca. 15 bis 40
Spieldauer: ab ca. 10 Min.

Material: Schwimmnudeln für die Polizisten, für jeden Spieler ein Tuch, Stöcke oder anderes Sammelmaterial, 5 Reifen oder Bananenkartons

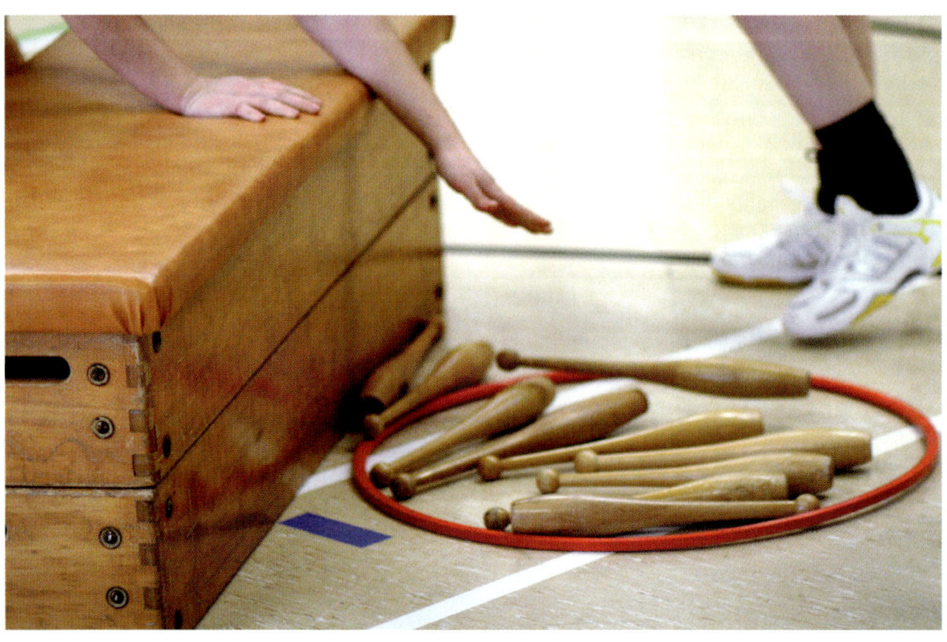

Verstecken mit Freischlagen

Spielidee und Grundregeln:
Ein Fänger steht an einem Baum oder einer Hauswand und hält sich die Augen zu und zählt bis 30. Alle anderen Spieler verstecken sich in dieser Zeit auf dem Schulgelände. Bei 30 ruft der Fänger laut „Ich komme!" und fängt an zu suchen. Sobald er jemanden entdeckt hat, rennt er zum Ausgangspunkt und schlägt dort die entdeckte Person ab, indem er ihren Namen ruft. Alle Spieler können sich jedoch frei schlagen, indem sie vor dem Fänger den Ausgangspunkt berühren. Wer zuerst gefangen wurde, wird neuer Fänger.

Hinweise:
Spielerzahl: ab 4
Spieldauer: ab 5 Min.
Material: kein

Variationen:
- Ohne Freischlagen

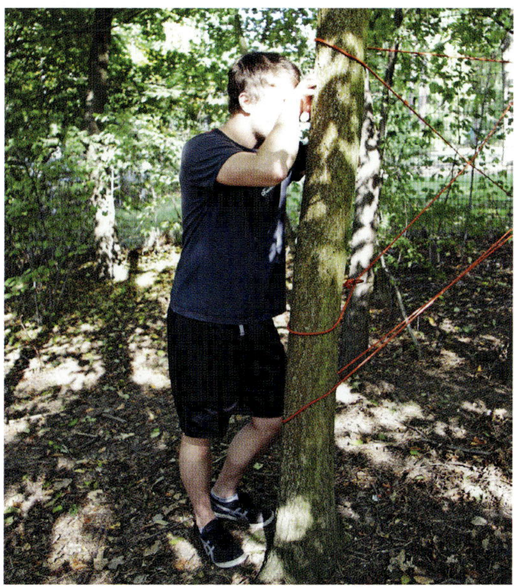

Goldraub

Spielidee und Grundregeln:
Ein Mittelkreis von der Größe eines Basketballkreises ist der Tresorraum, in dem Goldbarren (Mannschaftsbändchen) aufbewahrt werden. Um diesen Kreis wird ein weiterer Kreis in mindestens 5m Abstand gezeichnet. In diesem Kreis befinden sich 3-6 Wächter, die die Goldbarren bewachen. Alle übrigen Spieler sind Räuber, die von außerhalb der Kreise starten und versuchen, in den Tresorraum einzudringen und immer nur einen Goldbarren zu stehlen, ohne von einem Wächter berührt zu werden. Erwischte Diebe müssen ihre Beute abgeben und sich am Ort ihrer Verhaftung auf den Boden setzen. Sie können befreit werden, wenn es ihren Mitspielern gelingt, sie unter den Achseln aus dem Kreis zu ziehen, ohne dass einer dabei von einem Wächter berührt wird.

Hinweise:
Spielerzahl: ab ca. 10
Spieldauer: ab 5 Min.
Material: Kreide zum Zeichnen der Kreise, viele Mannschaftsbänder als Goldbarren

Wettkampf der Schuhe

Spielidee und Grundregeln:
Zwei Mannschaften spielen gegeneinander. Sie starten von zwei verschiedenen Ausgangspunkten, die möglichst nicht in Sichtweite liegen. Zu Beginn des Spiels bekommt jeder Spieler von seinem „Basislagermitarbeiter“ eine Schuhkarte. Hat jeder Spieler eine Karte erhalten, versucht er einen Spieler der gegnerischen Mannschaft anzuschlagen. Wenn sich so zwei Spieler treffen, kommt es zu einem „Schuhkampf“. Sie vergleichen ihre Karten. Die höherwertige Karte gewinnt gegen die niedrigere. So schlägt z. B. ein „Wanderschuh“ eine „Sandale“ oder ein „Bergstiefel“ einen „Wanderschuh“. Der Verlierer muss seine Karte dem Gewinner aushändigen, kann sich aber unmittelbar eine neue Karte im Basislager holen und sein Glück erneut versuchen.
Es ist verboten, sich unmittelbar in der Nähe des Basislagers aufzuhalten, so dass ein Spieler mit einer neuen Karte nicht nach wenigen Sekunden erneut angeschlagen werden kann. Die Karten dürfen während des Spiels nicht getauscht werden, wohl aber darf aus taktischen Gründen innerhalb der Mannschaft weitergesagt werden, welcher Gegner welche Karte hat. Treffen zwei Spieler mit den gleichen Karten aufeinander oder kann anhand der Karten kein Gewinner ermittelt werden, gehen die Spieler unverrichteter Dinge wieder auseinander, wissen nun aber zumindest, welche Karte der Gegner hat.
Ziel des Spiels ist es, dem Gegner möglichst viele Karten abzunehmen und seinerseits möglichst wenige Karten zu verlieren.

Hinweise:
Der Modus, in dem die ersten und alle weiteren Karten ausgegeben werden, muss zuvor unbedingt sorgfältig vereinbart werden. Es bietet sich an, eine Auswahl gleicher Karten für beide Mannschaften, der Anzahl der Spieler entsprechend, zu Beginn herauszusuchen und die „Basislagermitarbeiter“ anzuweisen, zunächst nur diese Karten auszugeben. Außerdem ist zu vereinbaren, ob die unterschiedlich wertigen Karten von den Spielern gezogen, oder ob sie, um eine Taktik festlegen zu können, von der Mannschaft verteilt werden können.
Für dieses Spiel eignet sich das komplette Schulgelände. Es werden zwei „Basislagermitarbeiter“ ausgewählt Jeder „Basislagermitarbeiter“ bekommt einen Satz Schuhkarten und eine Punkteliste.
Spielerzahl: ab 10 bis ca. 30
Spieldauer: ab 10 Min.
Material: Schuhkarten und Punktelisten

Karten und Wertigkeiten:

Socken	2
Allroundschuh	4
Skistiefel	2
Bergstiefel	6
Wanderschuh	8
Straßenschuh	8
Turnschuh	10
Sonntagsschuh	10
Sandale	12
Schlapper	12

A-Zertreten

Spielidee und Grundregeln:
Aus Stöcken wird ein großes „A“ auf den Schulhof gelegt. Hier muss der Suchende die Augen schließen und laut bis 30 zählen, während sich alle anderen Spieler verstecken. Die Aufgabe des Suchenden ist es, alle Mitspieler zu finden. Die versteckten Spieler versuchen, dass „A“ zu zertreten, ohne dabei erwischt zu werden. Gelingt dieses, sind alle vorher gefundenen Spieler frei und der Sucher muss erneut zählen. Gelingt dieses nicht, wird derjenige Spieler, welcher zuerst gefunden wurde, neuer Sucher.

Hinweise:
Spielerzahl: ab 6
Spieldauer: ab ca. 5 Min.
Material: Stöcke

Variationen:
- Mehrere Sucher

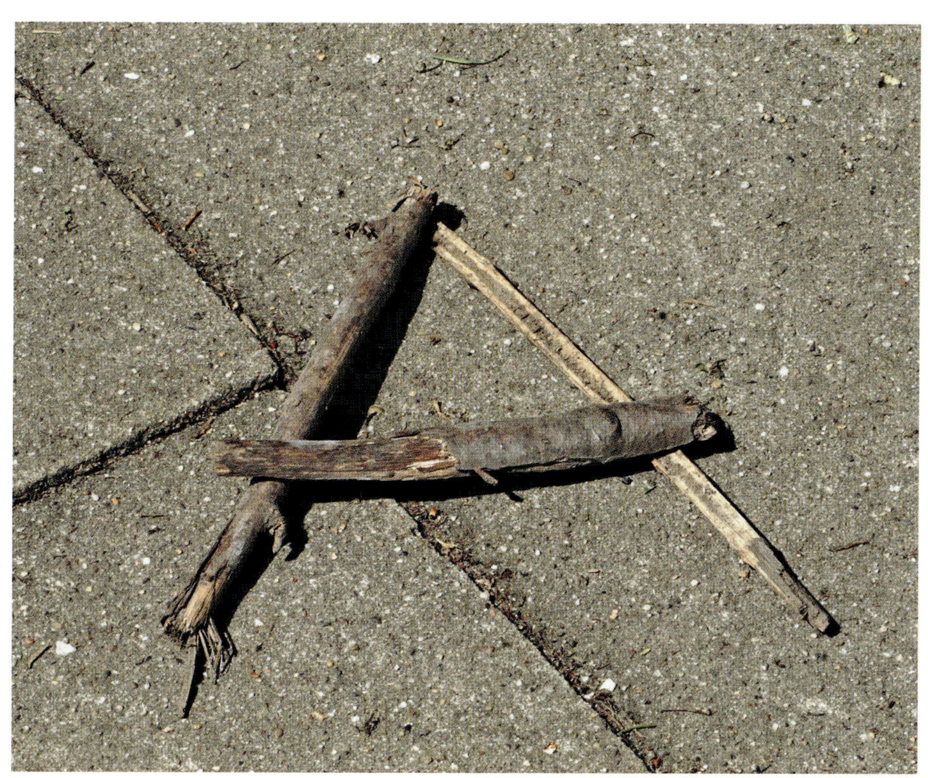

Verstecken

Spielidee und Grundregeln:
Die Teilnehmer werden in zwei Mannschaften aufgeteilt. Jede Mannschaft bekommt eine vorher festgelegte Anzahl von Gegenständen und versteckt diese in dem ihr vorgegebenen Spielfeld. Dazu hat sie 5 Min. Zeit. Anschließend haben beide Mannschaften die Aufgabe, möglichst viele Gegenstände der anderen Mannschaft zu finden. Nach Ablauf der festgesetzten Zeit werden die Punkte berechnet.

Hinweise:
Spielerzahl: ab 12
Spieldauer: ab 10 Min.
Material: beliebig

Variation:
- Bestimmte Gegenstände sind mehr Punkte wert.

Geheimauftrag

Spielidee und Grundregeln:
Zu Beginn des Spiels zieht jeder Spieler einen Zettel, auf dem der Name eines Mitspielers steht. Wichtig: Jeder Spieler muss die Namen seiner Mitspieler kennen! Kein Spieler darf seinen eigenen Namen ziehen! Kein Spieler darf wissen, was auf meinem Zettel steht! Die Zettel dürfen nicht ausgetauscht werden!
Jeder Spieler erhält 5 Min., sich einen Startplatz in einem vorher deutlich festgelegten Spielfeld zu suchen. Nach erfolgtem Startkommando hat jeder Spieler die Aufgabe, den Spieler, dessen Name auf seinem Zettel steht, zu finden und durch Abschlagen auf den Rücken gefangen zu nehmen.
Wurde ein Spieler abgeschlagen (der erste Schlag gilt), muss er sich widerstandslos zum zentralen Sammelpunkt führen lassen.
Zur gleichen Zeit gibt es natürlich einen Spieler, der auf der Suche nach dem Spieler ist, der gerade den Gefangenen zum Sammelplatz führt. Deswegen gilt die Regel: Während des Gefangenentransports darf man nicht abgeschlagen werden und auch nicht in Sichtweite des Sammelplatzes.

Hinweise:
Spielerzahl: ab 10
Spieldauer: ab 15 Min.
Material: Zettel mit den Namen der Mitspieler

Marterpfahl

Spielidee und Grundregeln:
3 oder mehr Mannschaften mit 4-6 Spielern spielen gegeneinander. Aus jeder Gruppe wird ein „Gefangener" lose an einen Baum gebunden. Alle Gefangenen sollten möglichst nah beieinander sein. Alle anderen Spieler verbinden sich die Augen und werden vom Spielleiter ca. 40-60 Meter von den Gefangenen entfernt verteilt. Nach dem Startpfiff versuchen die Gefangenen, durch Rufen ihre Mitspieler zu sich zu führen. Wem gelingt die Befreiung zuerst?

Hinweise:
Spielerzahl: ab 15
Spieldauer: ab 15 Min.
Material: Seile, Augenbinden

Variation:
- Der Gefangene darf erst befreit werden, wenn alle Spieler seiner Mannschaft angekommen sind.

Bombenalarm

Spielidee und Grundregeln:
Auf einem abgegrenzten Gelände wird ein laut tickender Wecker versteckt, der die Bombe darstellt. Dann wird ‚Bombenalarm' ausgelöst. Die Teilnehmer müssen die Bombe finden, bevor sie hochgeht, also bevor der Wecker klingelt.

Hinweise:
Spielerzahl: ab 8
Spieldauer: ab 15 Min.
Material: laut tickender Wecker

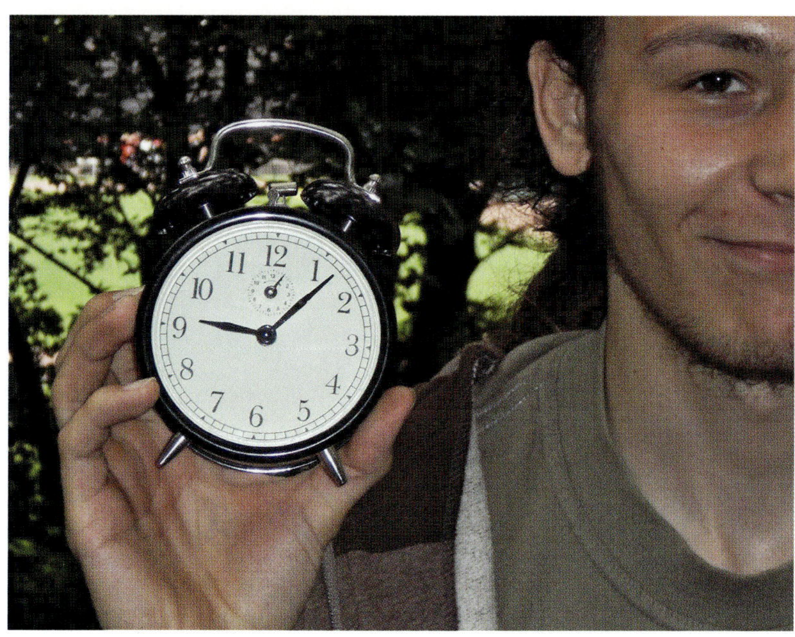

Schnitzeljagd

Spielidee und Grundregeln:
Die Gruppe wird in zwei Mannschaften aufgeteilt. Während die erste Mannschaft mit einem gewissen zeitlichen Vorsprung (10-15 Min.) voraus geht und mit Kreide, Sägespänen oder Ästen Pfeile als Wegweiser malt bzw. legt, folgt die andere Gruppe mit Abstand. Nach einer vorher festgelegten Zeit von 30-40 Min. muss sich die erste Gruppe in einem Umkreis von 25 Metern vom letzten Pfeil entfernt verstecken. Wird die Mannschaft vor Ablauf der Zeit gefunden, hat sie verloren. Wird sie nicht gefunden, treffen sich beide Mannschaften nach Ablauf der Zeit am ausgemachten Sammelpunkt. Anschließend werden die Rollen getauscht. Auch Irrpfeile sind erlaubt. Allerdings muss eine falsche Spur immer mit einem großen Kreuz mitten auf dem Weg als Zeichen, dass dieser Weg falsch ist, abgeschlossen werden.

Hinweise:
Spielerzahl: ab 10
Spieldauer: ab 30 min.
Material: Kreide, Sägespäne, ggf. Äste

Variation:
- Auch mit Fahrrädern oder Inlinern möglich.

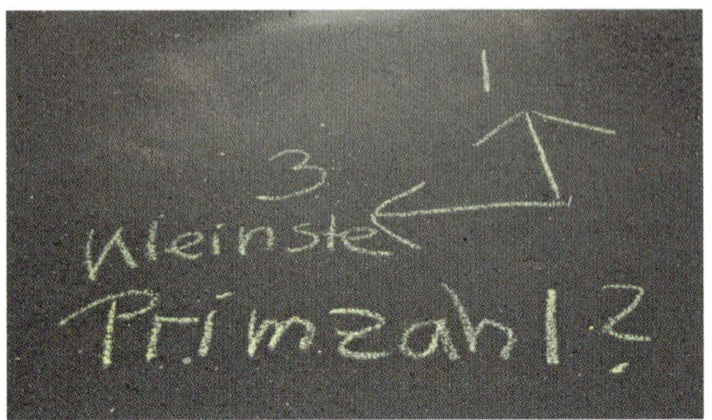

Schatzsuche

Spielidee und Grundregeln:
Eine oder mehrere Mannschaften versuchen, einen Schatz zu finden. Jede Gruppe bekommt einen eigenen Schatz und eigene Hinweise. Für die Suche erhalten die Spieler eine grobe Landkarte, auf der der Weg eingezeichnet wurde oder eine Beschreibung in Textform, wie z. B. „Gehe 50 Schritte nach Norden, drehe dich dann um 90° nach links und folge dem Weg, bis du auf eine große Birke triffst ...“

Hinweise:
Es sollte eine Vorbereitungszeit von ca. 30 Min. gerechnet werden.
Material: für jede Mannschaft einen Schatz und eine Schatzkarte
Spielerzahl: ab 4
Spieldauer: ab 30 Min.

Variationen:
- Eine andere Möglichkeit ist, vorab Zettel an versteckten Stellen aufzuhängen oder abzulegen, die wiederum einen Hinweis auf das nächste Versteck geben. Die letzte Station ist entweder der Schatz oder aber der Hinweis „Ihr findet den Schatz ...“
- Die Hinweise auf das jeweils nächste Versteck können beispielsweise per Foto oder per Luftballon gegeben werden. Es werden zum Beispiel mehrere Luftballons aufgehängt. Nur in einem davon befindet sich ein Hinweis auf das nächste Versteck, in allen übrigen ein leerer Zettel. Oder das Versteck des nächsten Hinweises wird formuliert und anschließend in eine „Geheimsprache” übersetzt, deren Code es zu entschlüsseln gilt.

Das Fangenspielen in seiner einfachsten Form dürfte jedem bekannt sein. Mit der einfachen Aufforderung „Fang mich doch!“ beginnt das sehr variable Spiel, dessen Reiz im Jagen/Verfolgen, Flüchten/Entkommen sowie in der Gefangennahme und Befreiung liegt. Fangspiele sind folglich all diejenigen Spiele, bei denen ein Fänger oder eine Fängergruppe die anderen Spieler zu berühren, fangen oder abzuschlagen versucht.
Folgenden Variationen sind möglich:

- Einfaches Fangen wird mit oder ohne Rollenwechsel durchgeführt.
- Die Art der Fortbewegung wird abgesprochen.
- Die Art des Abschlagens wird bestimmt.
- Die Gejagten können sich auf ein Freimal retten oder es gibt andere Frei-Regeln.
- Dem Fangen kann ein Erlösen bzw. Befreien folgen.
- Den Läufern kann durch Beschützer geholfen werden.
- Die Fänger spielen zu zweit oder in Gruppen.
- Jeder fängt jeden.

Bei Fangspielen gibt es zwei unterschiedliche Rollen, die Fänger/Jäger und die Gejagten. Je nach Variation kann es auch noch Beschützer und Retter geben. Es kann mit Freimalen gespielt werden oder in Paaren gefangen werden. Die meisten Fangspiele können ohne viele Erklärungen gespielt werden und bedürfen kaum Material. Das Verhältnis von Fängern und Gejagten sollte nach Möglichkeit so gewählt werden, dass der Spielausgang eines Spiels lange offen und ungewiss bleibt, da hierdurch Spannung erzeugt wird.
Faktoren, nach denen sich das Verhältnis von Fängern und Gejagten richten, sind die Gruppen- und Spielfeldgröße sowie die Leistungsstärke der Fänger. Als Anhaltspunkt könnte etwa ein Fünftel der Spieler Fänger sein. Jedoch müssen die Spieler oder der Spielleiter immer wieder situationsspezifisch mit Fingerspitzengefühl entscheiden. Niemand sollte ausscheiden, und wenn doch, dann nur für eine kurze Zeit. Oftmals sind es die leistungsschwachen Schüler, die als erste gefangen werden und so schnell die Lust verlieren könnten. Auf dem Pausenhof ist es oft empfehlenswert die Spielfeldgröße einzugrenzen, damit die Spielenden sich nicht zu weit verteilen.
Die Spiele können...

- endlos weiterlaufen und nach einiger Zeit abgebrochen werden, da die „festen“ Fänger erschöpft sind.
- schnell zu Ende gehen, da „Gefangene“ auch zu Fängern werden und so den Spielverlauf beschleunigen.
- bei festen Fängern/Fängergruppen nach einigen Wechseln und Durchgängen die Ermittlung von Siegern/Siegergruppen möglich machen.
- ein „Fangen auf Zeit“ und damit wiederum einen Vergleich und die Feststellung von „Siegern“ ermöglichen.
- durch Wechsel der Fänger einen ständigen Rollenwechsel ermöglichen.

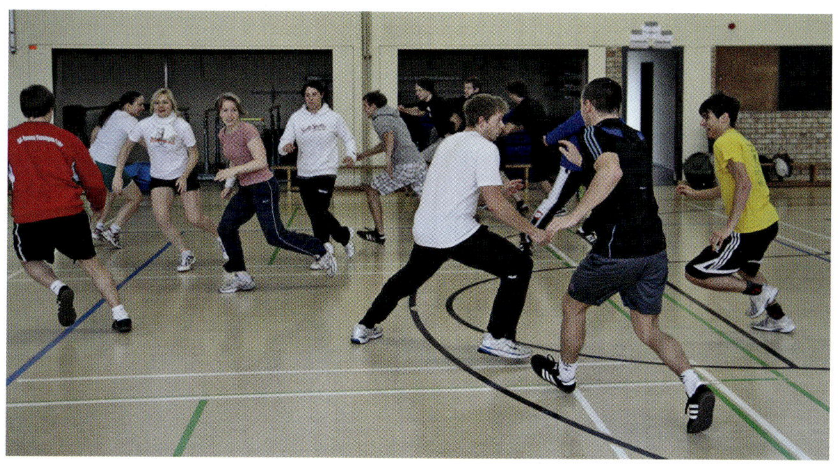

Mützen-Fangen

Spielidee und Grundregeln:
Ein bis drei mit einer Mütze gekennzeichnete Fänger müssen alle anderen Spieler fangen. Gelingt es einem Fänger, einen Spieler zu fangen, wechseln die Rollen.

Hinweise:
Angst vor möglichen Kopfläusen muss man bei diesem Spiel nicht haben, da Läuse nicht in Mützen krabbeln.

Spielerzahl: ab 4
Spieldauer: ab ca. 2 Min.
Material: Mützen oder Kappen

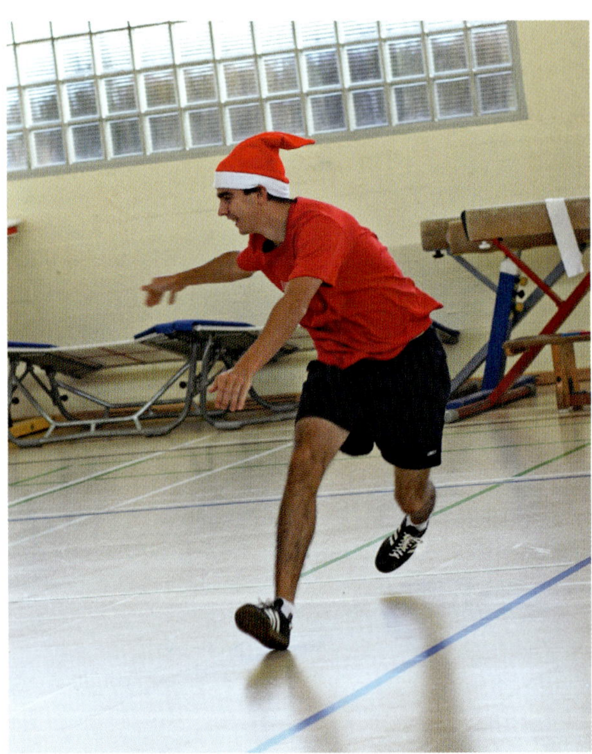

Jeder ist's

Spielidee und Grundregeln:
Alle Spieler suchen sich einen Platz und setzen sich hin. Auf ein Startsignal des Spielleiters springen alle auf und versuchen, sich gegenseitig abzuschlagen. Wer zuerst abgeschlagen wird, muss sich wieder hinsetzen, darf aber auch im Sitzen Spieler abschlagen. Sind nur noch 2 Spieler übrig, ist das Spiel beendet.

Hinweise:
Schlagen sich zwei Spieler gleichzeitig ab, müssen sich beide setzen.

Spielerzahl: ab 10 bis nahezu unbegrenzt
Spieldauer: ab ca. 5 Min.
Material: kein

Sonne und Eismaschine

Spielidee und Grundregeln:
Der Spielleiter oder die Gruppe bestimmen die Fänger (Eismaschinen) und im Geheimen, sodass die Fänger dies nicht erfahren, eine oder zwei Sonnen. Bei Start fangen die Eismaschinen die Spielenden, die in der Bewegung sofort zu Eis erfrieren. Die Sonnen können die Gefangenen wieder auftauen, in dem sie diese mit beiden Händen (je nach Variation auch nur mit einer Hand) kurz streicheln. Das sollte so passieren, dass die Fänger dies nicht sofort erkennen. Denn, wenn die Eismaschinen die Sonnen gefangen haben, per Zufall oder absichtlich, ist das Spiel beendet und die Eismaschinen haben gewonnen.

Hinweise:
Das Verhältnis von Fängern zu Eismaschinen sollte mindestens 2:1 sein.
Spielerzahl: ab ca. 10 bis nahezu unbegrenzt
Spieldauer: ab ca. 3 Min.
Material: kein

Geheime Fänger

Spielidee und Grundregeln:
Alle Spieler schließen zu Beginn die Augen. Der Spielleiter tippt heimlich, je nach Spielerzahl und Alter, 1 bis 4 Spieler an, die somit zu Fängern bestimmt werden. Danach öffnen alle die Augen. Niemand weiß, wer Fänger ist. Der Spielerleiter gibt ein Kommando, indem er beispielsweise von 10 bis 0 zählt. Nun können die Fänger beginnen die anderen zu fangen. Die anderen Spieler müssen sich erst einmal orientieren. Wer gefangen wurde, muss wie eingefroren stehen bleiben. Wie viele Spieler können die geheimen Fänger in einer Minute fangen?

Hinweise:
Spielerzahl: ab ca. 10 bis nahezu unbegrenzt
Spieldauer: ab ca. 3 Min.
Material: Stoppuhr

Variation:

- Kombination aus „Geheime Fänger“ und „Sonne und Eismaschine“: Der Spielleiter tippt manche Spieler ein Mal an. Diese Spieler sind „Eis-Fänger“. Andere tippt er zwei Mal an. Diese Spieler sind die Sonnen und können andere befreien. Das Verhältnis von Fänger und Befreier sollte mindestens 2:1 oder 3:1 sein. Das Spiel endet, wenn die Fänger die Sonne gefangen haben oder wenn sie aufgeben.

Paar-Fangen

Spielidee und Grundregeln:
Alle Spieler bilden durch Handfassung Paare. Je nach Anzahl der Spieler werden 1 bis 5 Paare als Fänger gekennzeichnet. Paare, die gefangen werden (es reicht, einen der beiden Partner zu berühren), übernehmen die Kennzeichnung und werden neue Fänger.

Hinweise:
Spielerzahl: ab ca. 16
Spieldauer: ab ca. 3 Min.
Material: Kennzeichnung für die Fänger

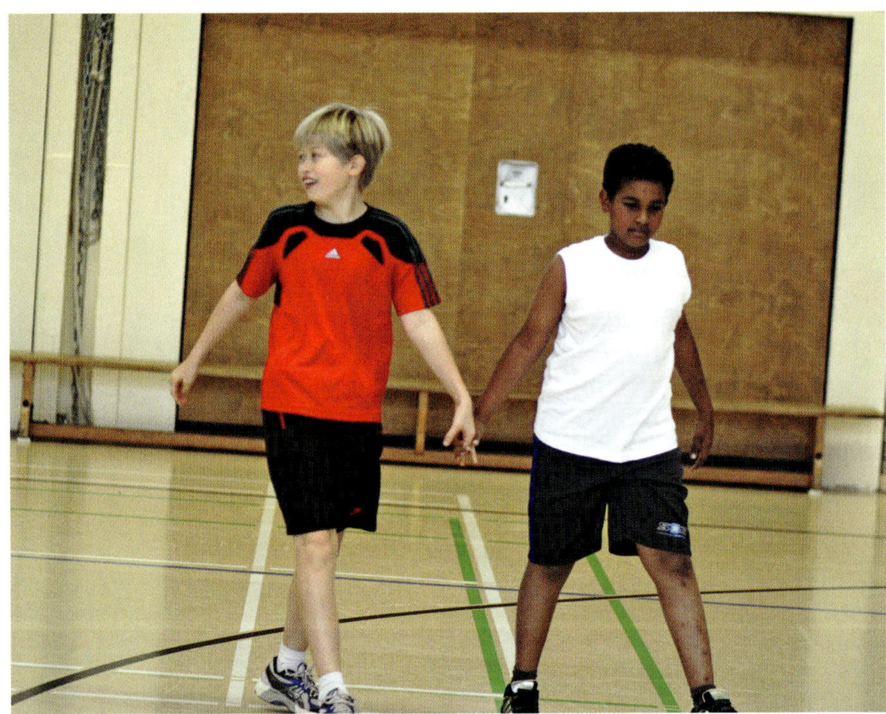

Eismann / Ölgötze

Spielidee und Grundregeln:
Ein bis vier markierte Fänger fangen die anderen Spieler. Wer gefangen wurde, bleibt steif, wie eingefroren, stehen. Dabei hält er beide Arme angewinkelt hoch. Eismänner können erlöst werden, wenn zwei noch freie Spieler gleichzeitig gegen seine Hände schlagen. Manchmal wird dieses Fangspiel auch Ölgötze genannt. Da dies aber eine abwertende Bezeichnung ist, bevorzugen wir den Namen Eismann.

Hinweise:
Spielerzahl: ab 10 bis nahezu unbegrenzt
Spieldauer: ab ca. 3 Min.
Material: kein

Sitz Hase! – Lauf Hase!

Spielidee und Grundregeln:
Alle Spieler sind gleichzeitig „Fänger“, „Läufer“ und „Befreier“. Das heißt, alle Spieler können andere fangen, aber auch von anderen gefangen werden und andere befreien. Wer mit dem Ruf „Sitz Hase!“ an der Schulter berührt wird, muss in die Hocke gehen. Er kann wieder laufen, wenn ein anderer Spieler ihn mit „Lauf Hase!“ wieder an der Schulter berührt und damit „befreit“.

Hinweise:
Sollten sich einmal zwei Spieler gleichzeitig auf die Schulter tippen, setzen sich beide hin. Dieses Spiel muss meist gar nicht erklärt werden, es reicht meist völlig aus, wenn einige wenige es vormachen und das Spiel gleichzeitig beginnt. Die Spielenden verstehen das Spiel meist von selbst.

Spielerzahl: ab 10 bis unbegrenzt

Spieldauer: ab ca. 3 Min.

Material: kein

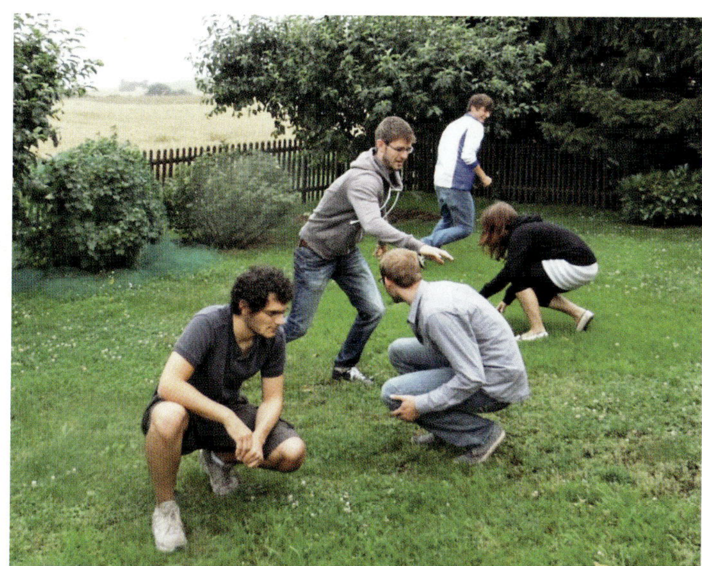

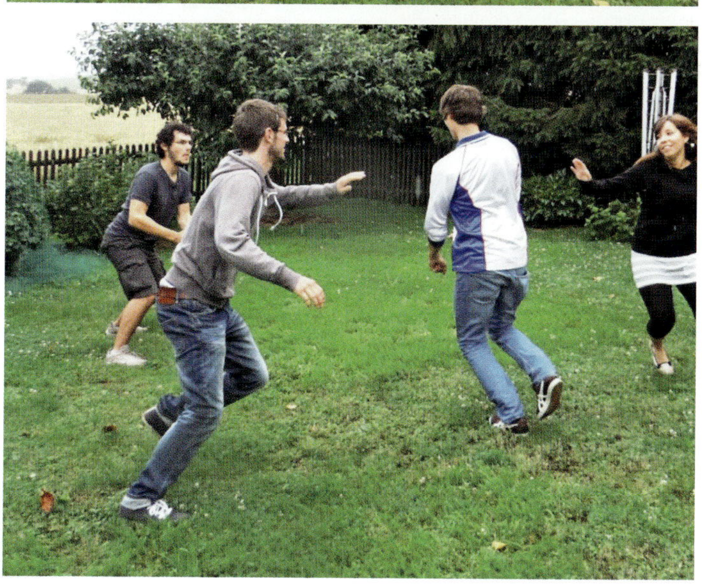

Kettenfangen / Partnerfangen

Spielidee und Grundregeln:
Zu Beginn des Spiels gibt es einen Fänger. Sobald es ihm gelingt, einen Spieler abzuschlagen, bilden beide mit Handfassung ein Paar und versuchen so, weitere Spieler abzuschlagen. Diese schließen sich dann der Kette an. Nur die äußeren Kettenglieder dürfen abschlagen. Wenn die Kette reißt, darf nicht abgeschlagen werden. Wer zum Schluss übrig bleibt, ist Sieger.

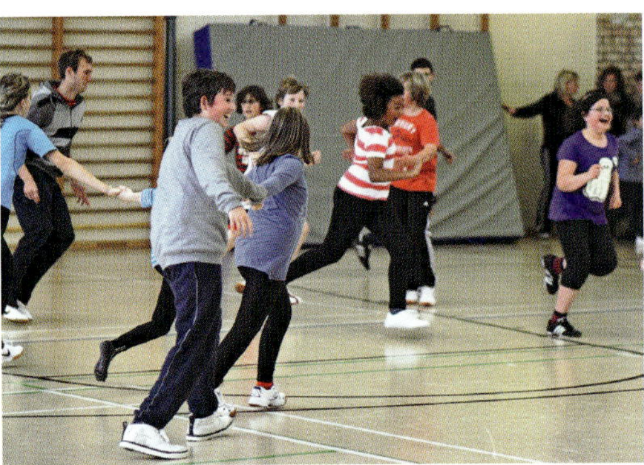

Hinweise:
Spielerzahl: ab 10
Spieldauer: ab ca. 3 Min.
Material: kein

Variationen:
- Zu Beginn des Spiels beginnen zwei Fänger gleichzeitig. Wer hat am Ende des Spiels die längste Kette?
- Die Kettenglieder fassen sich nicht an, sondern haken sich ein.

- **Partnerfangen:**
  - Sobald eine Kette aus 4 Spielern besteht, teilt sie sich und jeweils zwei Partner fangen weiter.

Farben-Fangen

Spielidee und Grundregeln:
Der Spielleiter verteilt Mannschaftsbändchen oder Markierungsleibchen an alle Spieler in 3 bis 4 verschiedenen Farben. Alle Spieler laufen so lange frei im Spielfeld umher, bis der Spielleiter eine Farbe ruft. Alle Spieler mit der entsprechenden farblichen Markierung werden Fänger und versuchen, möglichst viele Spieler zu fangen, bis der Spielleiter „Stopp!" ruft oder pfeift. Alle Spieler laufen wieder bis eine neue Farbe gerufen wird.

Hinweise:
Wer gefangen wurde, bleibt am Ort stehen und hebt die Hände. Wird er einmal von einem Mitspieler ganz umrundet oder frei geschlagen, ist er wieder frei und darf weiterspielen.

Spielerzahl: ab 12 bis unbegrenzt
Spieldauer: ab ca. 3 Min.
Material: für jeden Spieler 1 Mannschaftsband oder Leibchen / Variationen meist kein Material

Variationen:
- Der Spielleiter ruft ein bestimmtes Merkmal wie „rote Hose", „schwarze Schuhe", „Brille" oder „weiblich". Alle Spieler, auf die dieses Merkmal zutrifft, werden Fänger. Abgeschlagene Spieler laufen eine Strafrunde. Schaffen es die Fänger, alle Spieler auf die Strafrunde zu schicken? Nach einer bestimmten Zeit, z.B. 30 Sekunden, ruft der Spielleiter ein neues Merkmal.
- Der Spielleiter ruft zwei oder drei Merkmale.
- Die Gefangenen werden freigeschlagen statt eine Strafrunde zu laufen.
- Der Fänger ruft eine Farbe, die im Spielfeld vorkommt. Jetzt muss er so viele Spieler wie möglich fangen, bevor diese die genannte Farbe berühren. Wer zuletzt gefangen wurde, wird neuer Fänger.
- Der Fänger ruft zwei Farben, die die Spieler nacheinander berühren müssen. Sobald sie die zweite Farbe berührt haben, sind sie sicher.
- Statt Farben nennt der Fänger ein Material oder einen Gegenstand.

Zeitfangen

Spielidee und Grundregeln:
Eine Gruppe von 2 bis 5 Fängern versucht, in möglichst kurzer Zeit, 5 bis 10 Spieler zu fangen. Welcher Fängergruppe gelingt dieses in der kürzesten Zeit? Wer gefangen wurde, setzt sich auf den Boden oder hebt eine Hand.

Hinweise:

Spielerzahl: ab ca. 10 bis nahezu unbegrenzt
Spieldauer: ab ca. 3 Min.
Material: Stoppuhr

Schatten fangen

Spielidee und Grundregeln:
Die Spieler gehen paarweise zusammen. Einer der beiden versucht, mit dem Fuß auf den Schatten seines Partners zu treten. Dieser versucht es durch geschicktes Bewegen zu verhindern. Bei jedem „Treffer" werden die Rollen getauscht.

Hinweise:
Spielerzahl: paarweise, nahezu unbegrenzt
Spieldauer: ca. 1 bis 3 Min., mit Partnerwechsel etwas länger
Material: kein

Variation:

- Beide Partner versuchen sich gleichzeitig auf die Füße zu treten.

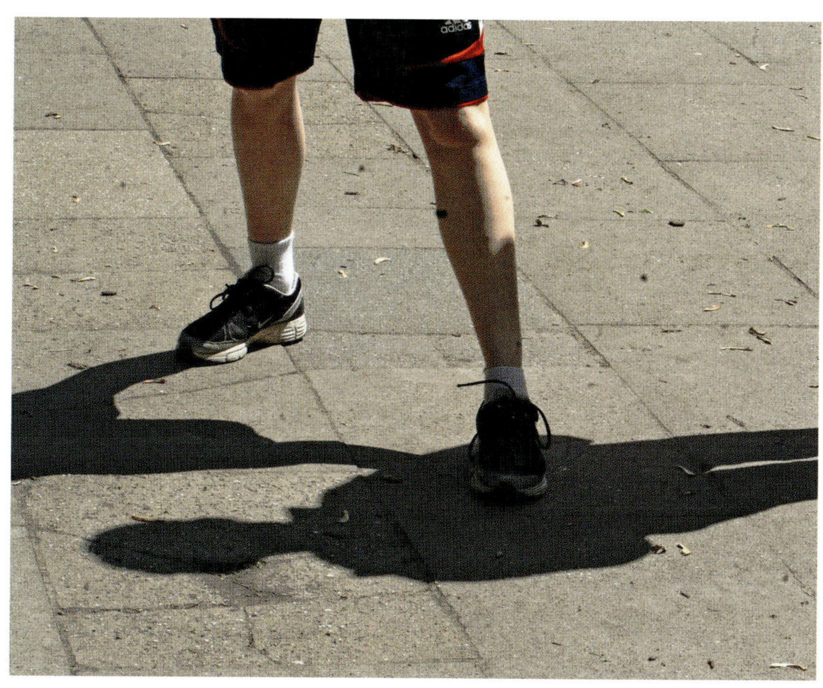

Hochfangen / Inselfangen

Spielidee und Grundregeln:
Ein oder mehrere mit einer Kappe oder einem Mannschaftsband gekennzeichnete Fänger müssen ihre Mitspieler fangen. Wer gefangen wurde, übernimmt die Mütze und wird neuer Fänger. Gejagte können sich retten, indem sie nicht mehr den Boden berühren.

Hinweise:
Spielerzahl: ab ca. 10
Spieldauer: ab 2 Min.
Material: Kappe oder Mannschaftsbänder zum Kennzeichnen der Fänger

Variation:
- **Inselfangen:**
  - Im Spielfeld liegen einige Reifen oder es werden Kreidekreise aufgemalt. 3-4 gekennzeichnete Fänger versuchen, die Mitspieler zu berühren. Wer mit beiden Füßen in einem Reifen steht, ist sicher. Nur ein Spieler pro Reifen ist erlaubt. Sobald ein weiterer Spieler einen Fuß in den Reifen stellt, muss der erste Spieler diesen wieder verlassen. Wer gefangen wurde, wird neuer Fänger.

Zauberer

Spielidee und Grundregeln:
Es gibt, je nach Gruppengröße, 2 bis 4 gut gekennzeichnete Zauberer. Diese versuchen, die Gejagten durch Abschlagen zu verzaubern. Zauberer und Gejagte dürfen sich beliebig fortbewegen. Wer verzaubert wurde, muss eine vorher vereinbarte Bewegung ausführen, zum Beispiel als Schaf „Määh!" rufend laufen, als Frosch hüpfen oder zu Eis an Ort und Stelle gefrieren. Freie Mitspieler können durch eine vorher festgelegte Form der Berührung die Verzauberten wieder erlösen. Nach Ablauf einer bestimmten Zeit übergeben die Zauberer ihre Kennzeichnung an einen Gejagten. Diese werden neue Zauberer und das Spiel startet von vorn.

Hinweise:
Spielerzahl: ab 6
Spieldauer: ab 5 Min.
Material: Leibchen oder Mützen für die Fänger

Variationen:
- Nach und nach kennzeichnet der Spielleiter weitere Zauberer, so dass es den Fängern allmählich gelingt, alle Spieler zu verzaubern.
- Die Gefangenen können auf eine andere Art und Weise befreit werden.
- Verzauberte Spieler dürfen sich nur noch auf eine bestimmte Weise fortbewegen, zum Beispiel auf einem Bein springend oder seitwärts oder als Zyklopen (siehe nächste Spiel). Verzauberte Spieler helfen den Zauberern alle anderen Spieler zu fangen.

Zyklopenfangen

Spielidee und Grundregeln:
Zyklopen sind einäugige Wesen, die andere Spieler fangen. Die Zyklopen halten eine Hand vor ein Auge. Sie sind hierdurch in ihrer visuellen Wahrnehmung (insbesondere peripheres und räumliches Sehen) eingeschränkt. Wer von einem Zyklopen berührt wird, wird auch zum Zyklopen.

Hinweise:
Spielerzahl: ab ca. 10 bis nahezu unbegrenzt
Spieldauer: ab ca. 3 Min.
Material: kein

Variation:
- Alle Spieler sind von Anfang an Zyklopen. Jetzt sollten die Fänger extra gekennzeichnet sein. Wer gefangen wurde, wird zum Fänger oder wird blind. Letzteres sollte nur auf einem Pausenhof ohne gesonderte Gefahren gespielt werden. Auch sollte der Spielleiter aufpassen, dass sich keiner verletzen kann. Blinde Zyklopen halten sich auch noch die andere Hand vor die Augen und dürfen nur noch langsam gehen. Sie irren jetzt durch die Welt. Sie können wieder einäugig sehend werden, wenn andere Ihnen ein Auge öffnen, in dem sie vorsichtig eine Hand von einem Auge lösen.

Brückenwächter / Oktopus

Spielidee und Grundregeln:
In der Mitte des Spielfeldes verläuft eine 2-3m breite „Brücke". Auf ihr befindet sich der „Brückenwächter". Alle anderen Spieler befinden sich in einer Spielfeldhälfte. Auf Zuruf des Brückenwächters müssen sie die Brücke überqueren und in die andere Spielfeldhälfte wechseln, ohne vom Brückenwächter berührt zu werden. Wer abgeschlagen wird, ist neuer Brückenwächter. Je nach Spielerzahl kann auch mit 3-4 Brückenwächtern bei entsprechend breiterer Brücke gespielt werden.

Hinweise:
Spielerzahl: ab ca. 8 bis nahezu unbegrenzt
Spieldauer: ab ca. 3 Min.
Material: kein

Variation:
- **Oktopus**
  - Wie oben, wer jedoch vom „Oktopus" gefangen wird, muss sich breitbeinig in der Fangzone hinstellen und hilft beim nächsten Durchgang als „kleiner Oktopus" die vorbeischwimmenden Fische zu fangen. Dabei darf nur der Oktopus laufen, die kleinen Oktopoden müssen stehen bleiben. Sie dürfen aber ihre Fangarme benutzen. Es empfiehlt sich, hier fast die ganze Spielfeldbreite als „Brücke" oder Wasser zu nutzen.

Fischer, Fischer wie tief ist das Wasser? Fischer, Fischer, welche Fahne weht heute?

Spielidee und Grundregeln:
Die Gejagten, also alle Spieler mit Ausnahme des Fischers, befinden sich auf einer Spielfeldseite. Von dort rufen sie dem Fänger/ Fischer auf der anderen Seite zu: „Fischer, Fischer, wie tief ist das Wasser?" Dieser denkt sich eine Tiefe aus und ruft zurück: "6 Meter tief!" oder „100 Meter tief!". Die Gejagten fragen weiter: „Wie kommen wir da rüber?" Der Fänger gibt die Fortbewegungsart vor. Alle Gejagten müssen in der vorgegebenen Form die gegenüberliegende Spielfeldseite erreichen, ohne vom Fänger, der sich genauso fortbewegen muss, berührt zu werden. Wer berührt wurde, wird Helfer des Fischers. Gewonnen hat derjenige Spieler, der zuletzt übrig bleibt.

Hinweise:
Spielerzahl: ab 6 bis nahezu unbegrenzt
Spieldauer: ab 3 Min.
Material: kein

Variation:

- Fischer, Fischer, welche Fahne weht heute?
    - Die Gruppe ruft: „Fischer, Fischer, welche Fahne weht heute?" Der Fischer antwortet: „Die rote, gelbe, blaue, gestreifte.....". Das bedeutet, dass im folgenden Durchgang alle Spieler gefangen werden dürfen, nur nicht diejenigen, deren T-Shirts oder Hosen die genannte Farbe haben, also deren „Fahne heute weht".

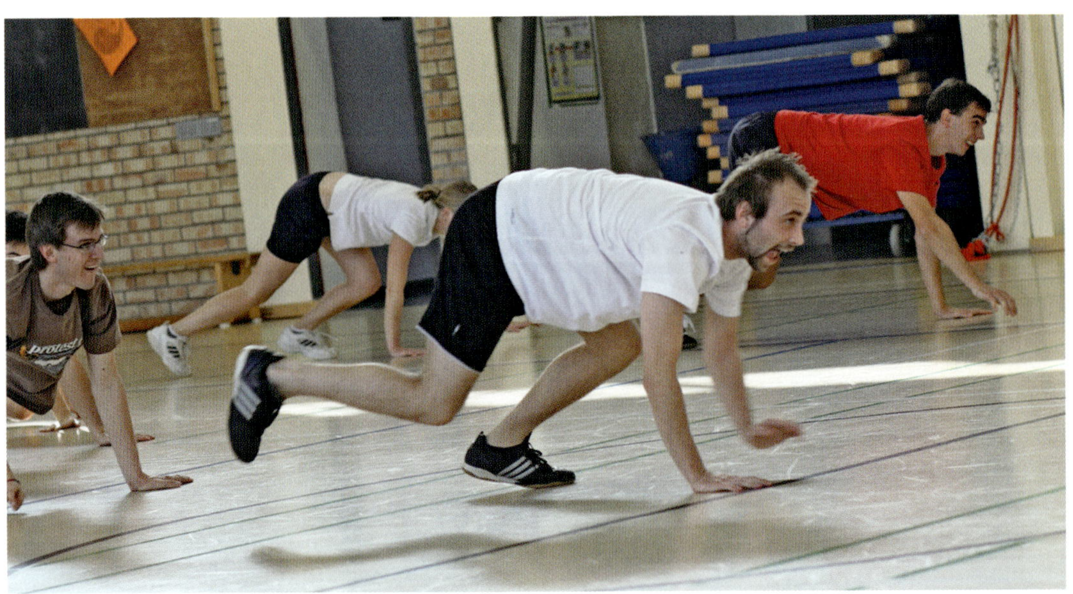

Bazillus

Spielidee und Grundregeln:
Ein Spieler, der Bazillus, wird als Fänger gekennzeichnet. Der Spielleiter ruft alle 15-30 Sekunden eine Zahl. Alle Gejagten müssen sich dann so schnell wie möglich genau zu dieser Zahl zusammen finden und sind dann für kurze Zeit immun gegen den Bazillus. Alle anderen Spieler, die keine Gruppe gefunden haben, können so lange gefangen werden, bis der Spielleiter eine neue Zahl ruft. Wer vom Bazillus gefangen wurde, wird gekennzeichnet und mutiert zu einem weiteren Bazillus.

Hinweise:
Spielerzahl: ab ca. 12 bis nahezu unbegrenzt
Spieldauer: ab ca. 3 Min.
Material: ggf. Markierungen für die Fänger

Drei Schläge

Spielidee und Grundregeln:
Zwei Mannschaften spielen gegeneinander. Eine Mannschaft schickt drei Spieler zum Gegner. Die Spieler des Gegners strecken eine Hand nach vorne und verstecken die andere hinter dem Rücken. Die drei losgeschickten Spieler müssen jetzt unter lautem Zählen auf jeweils drei verschiedene dieser vorgestreckten Hände schlagen. Beim dritten Schlag flüchten sie vor diesem Spieler, der durch den dritten Schlag Fänger wird, so schnell wie möglich hinter ihre eigene Grundlinie, ohne abgeschlagen zu werden. Gelingt es ihnen, muss der Fänger die Mannschaft wechseln. Gelingt es nicht, wechseln die Gejagten die Mannschaft. Welche Mannschaft hat am Ende die meisten Spieler?

Hinweise:
Spielerzahl: 10 bis ca. 30
Spieldauer: ab 5 Min., sehr unterschiedlich; ggf. sollte nach einer Vorankündigung wie „Jede Mannschaft hat noch 3 Versuche" das Spiel beendet werden.
Material: kein

Variation:

- Bei weniger Spielern werden nur 1-2 Spieler losgeschickt.

Löwenfangen

Spielidee und Grundregeln:
Alle Spieler stehen im Kreis. In der Mitte dieses Kreises sitzt oder steht der Fänger. Er hat einen Kartenstapel mit verschiedenen Tierbildern in der Hand und deckt eine Karte auf. Ist es zum Beispiel ein Frosch, ruft er „Hüpft wie ein Frosch!". Nach einer gewissen Zeit deckt er die nächste Karte auf und gibt eine neue Anweisung. Irgendwann erscheint das Löwenbild. Der Fänger ruft „Der Löwe kommt!". Alle Spieler versuchen eine vorher ausgemachte Schutzzone zu erreichen, ohne vorher gefangen zu werden. Wer gefangen wurde, wird auch Fänger und hilft dem Löwen beim nächsten Durchgang. Mögliche Karten sind zum Beispiel: Pferd (galoppieren), Flamingo (auf einem Bein stehen), Hase, Elefant, Frosch, Gorilla, Schlange und Vogel

Hinweise:
Spielerzahl: ab ca. 6 Spieler bis nahezu unbegrenzt
Spieldauer: ab ca. 3 Min.
Material: verschiedene Tierkarten mit mehreren Löwenkarten

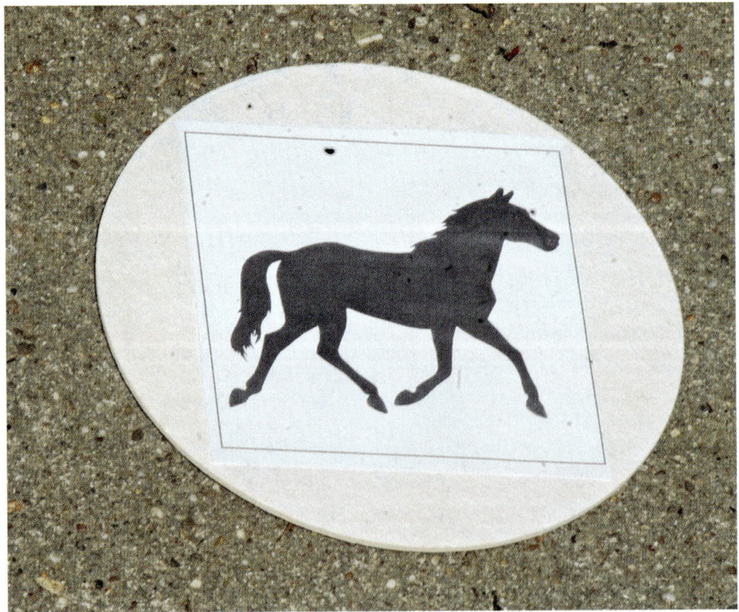

Schwarz – Weiß / Krähen und Kraniche

Spielidee und Grundregeln:
In der Gruppe werden Paare gebildet. Die Spielerpaare stellen sich so in eine Gasse an einer gedachten Mittellinie auf, dass sich bei ausgestreckten Armen ihre Fingerspitzen berühren. Auf diese Weise entstehen zwei Mannschaften. Eine Seite ist „schwarz", die andere „weiß". Auf das Kommando „schwarz" des Spielleiters fliehen alle „Schwarzen" zu einer vorgegebenen Linie auf ihrer Seite. Die „Weißen" versuchen sie dabei zu fangen. Auf das Kommando „weiß" fliehen entsprechend alle „Weißen" und die „Schwarzen" müssen fangen. Gefangene Spieler wechseln die Gruppe.

Hinweise:
Da die Spieler sehr schnell laufen, sollte hinter den Linien etwas Auslauf sein.
Spielerzahl: ab ca. 10
Spieldauer: ab ca. 3 Min.
Material: kein

Variationen:
- Die Spieler fangen nur paarweise. Jeder erfolgreiche Fänger bekommt einen Punkt.
- Wer falsch reagiert, bekommt einen Punkt abgezogen.
- Die Spieler starten aus unterschiedlichen Ausgangspositionen, z.B. mit dem Rücken zueinander oder aus der Bauchlage.
- Der Spielleiter erzählt eine Geschichte, in der die Wörter „schwarz" und „weiß" vorkommen oder in der eindeutig schwarze und eindeutig weiße Begriffe vorkommen, wie z.B. Schnee und Schornsteinfeger.
- Der Spielleiter stellt eine Rechenaufgabe. Eine Seite ist ungerade, die andere gerade. Bei geradem Ergebnis müssen alle „geraden" Spieler fliehen, die „ungeraden" fangen, bei ungeradem Ergebnis dementsprechend umgekehrt.
- Ja-Nein-Lauf: Die eine Seite ist die Ja-Gruppe, die andere die Nein-Gruppe. Der Spielleiter stellt altersgemäße Fragen. Wenn die Antwort „nein" lautet, muss die Nein-Gruppe weg laufen und die Ja-Gruppe fangen. Gefangene wechseln die Gruppe und der Spielleiter stellt die nächste Frage.

- **Krähen und Kraniche**
  - Genauso wie oben, jedoch sind die Spieler Krähen und Kraniche. Der Spielleiter ruft laut die Namen und kann hierbei den Wortanfang wunderbar in die Länge ziehen.

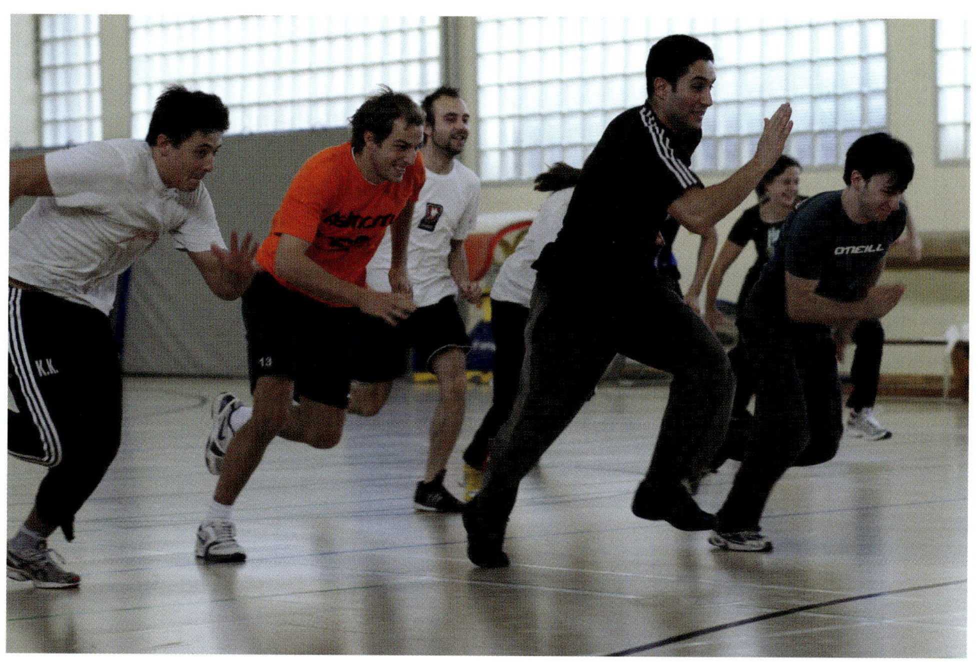

Zwerg – Riese – Zauberer / Schnick – Schnack – Schnuck / Prinzessin – König – Zauberin

Spielidee und Grundregeln:
Wie bei „Schwarz – Weiß“ stellen sich zwei Gruppen paarweise in einem Abstand von ca. 2 Metern auf. Die Spieler spielen zunächst paarweise. Jeder überlegt sich, ob er Zwerg, Riese oder Zauberer darstellen möchte.

Zwerg:
Mit beiden Händen eine Mütze darstellen.

Riese:
Beide Arme über den Kopf strecken.

Zauberer:
Den rechten Arm als Zauberstab nach vorne strecken.

Der Zwerg besiegt (fängt) den Zauberer, der Riese besiegt (fängt) den Zwerg und der Zauberer besiegt (fängt) den Riesen. Die Paare zählen jeweils für sich bis 3 und geben sich so das Kommando, ihr Zeichen zu zeigen. Dann fängt der jeweilige Sieger den anderen.

Hinweise:
Die Läufer dürfen nur gerade fortlaufen und müssen in ihrer Bahn auch wieder zurückgehen. Eine hohe Unfallgefahr besteht, wenn sich die Spieler hieran nicht halten. Dann kann es passieren, dass startende Schüler die zurückkommenden umrennen.

Spielerzahl: ab ca. 8
Spieldauer: ab ca. 3 Min.
Material: kein

Variationen:

- Die Spieler bilden zwei Mannschaften, die sich in ihrer Mannschaft ein gemeinsames Zeichen überlegen. Anschließend zählt die ganze Gruppe bis 3 oder der Spielleiter gibt ein Kommando. Wer gefangen wurde, wechselt in die andere Gruppe. Stellen beide Gruppen das Gleiche dar, beraten sie neu. Es empfiehlt sich, dass die Gruppen Figuren für drei Durchgänge festlegen, um zu lange Beratungszeiten zu vermeiden.
- Schnick-Schnack-Schnuck
  - Immer zwei Spieler, die sich gegenüber befinden, spielen Schnick-Schnack-Schnuck mit Stein, Schere und Papier: Der Sieger fängt, der Verlierer flieht.
- Prinzessin-König-Zauberin
  - Wie Schnick-Schnack-Schnuck: Die Prinzessin tut so, als würde sie in Ohnmacht fallen, nimmt hierzu die Hand vor die Stirn, geht leicht in die Knie und sagt schwächelnd „Ooooh!“. Der König zieht sein Schwert und ruft „Ha!“. Die Zauberin zaubert mit dem Zauberstab und ruft „Potz-Blitz!“ Die Prinzessin gewinnt gegenüber dem König, der König gegenüber der Zauberin und die Zauberin gegenüber der Prinzessin. Auch andere Figuren sind möglich.

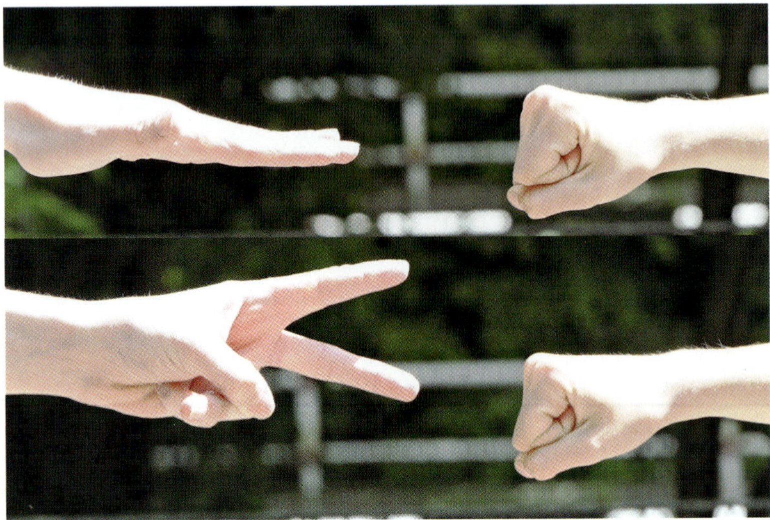

Zugfangen

Spielidee und Grundregeln:
Die Spieler bilden Dreiergruppen, halten sich an den Schultern oder Hüften des Vordermanns fest und laufen als Züge im Feld umher. Ein einzelner Spieler ist Fänger, ein anderer Gejagter. Der Gejagte kann sich vor dem Fänger retten, indem er sich hinten an einen fahrenden Zug anhängt. Daraufhin wird die „Lok" dieses Zuges neuer Fänger und der bisherige Fänger Gejagter.

Hinweise:
Schnelle Wechsel erhöhen die Spielfreude. Mit zunehmender Sicherheit der Spieler können auch mehrere Fänger gleichzeitig spielen um die Intensität zu erhöhen.

Spielerzahl: ab 16
Spieldauer: ab 3 Min.
Material: kein

Drei sind einer zu viel / Wolf und Schaf

Spielidee und Grundregeln:
Zunächst werden Pärchen gebildet, die sich im Spielfeld verteilt neben- oder hintereinander stellen. Ein Pärchen wird aufgelöst als Katze und Maus, oder Fuchs und Hase, oder Wolf und Schaf. Bei Spielbeginn versucht die Katze die Maus zu fangen. Diese kann sich retten, indem sie sich neben oder hinter ein Pärchen stellt. Jetzt werden die Rollen getauscht: Der Spieler auf der anderen Seite dieses Pärchens wird neue Katze und die ehemalige Katze wird zur neuen Maus. Gelingt es einer Katze, eine Maus zu fangen, werden sofort die Rollen getauscht und das Spiel geht weiter.

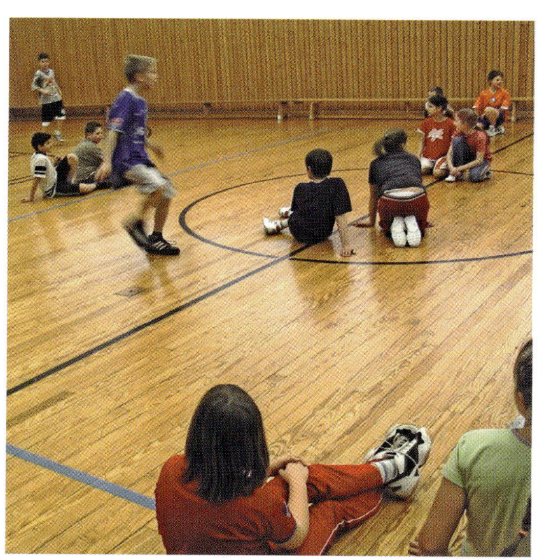

Hinweise:
Das Spiel wird interessanter, wenn die Mäuse sich nach einer nur kurzen Laufphase retten. Auch können mit zunehmender Sicherheit der Spieler mehrere Paare gleichzeitig spielen, wobei die Katze immer nur „ihre" Maus fangen darf. Kein Paar sollte abseits in einer Ecke sitzen.

Spielerzahl: ab ca. 12
Spieldauer: ab ca. 3 Min.
Material: kein

Variation:
- Mit 2 oder mehr Fänger-Pärchen gleichzeitig

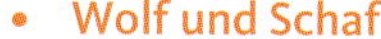

- **Wolf und Schaf**
  - Wie oben: Jetzt brüllt der Wolf aber eine blutrünstiges „Grrrr!" und hebt drohend die Arme beim Laufen. Das Schaf schreit ein ängstlichhohes „Määähh!" und hält die Hände vor Angst an den Kopf oder nach vorn. So werden die Rollen klarer und das Spiel sehr viel lustiger.

Hühner aus dem Garten jagen

Spielidee und Grundregeln:
Es wird ein Viereck abgesteckt oder aufgemalt. Dieses gilt symbolisch für den Garten, im dem sich die Bäuerin befindet. Die Hühner stehen an den vier Seiten und versuchen, durch den Garten auf eine gegenüberliegende Seite zu gelangen. Wird ein Huhn von der Bäuerin gefangen, übernimmt es die Rolle der Bäuerin.

Hinweise:
Spielerzahl: ab ca. 8
Spieldauer: ab 2 Min.
Material: kein, ggf. Hütchen oder Kreide, um ein Feld zu kennzeichnen

Zaubermeister / Gorillakäfig

Spielidee und Grundregeln:
Alle Spieler verteilen sich auf die vier Ecken eines Spielfeldes. In der Mitte des Feldes steht der Zaubermeister. Er hält einen Zauberstab in der Hand, z.B. einen Staffelstab oder Stock. Sobald er seinen Stab hebt, kommen alle Spieler aus ihrer Ecke in das Spielfeld. Dort müssen sie die Bewegungen, die der Zauberer macht, nachmachen, beispielsweise hüpfen oder krabbeln. Wirft der Zaubermeister seinen Stab auf den Boden, müssen alle Spieler so schnell wie möglich in ihre Ecken fliehen, damit sie nicht gefangen werden. Wer gefangen wird, ist der neue Zaubermeister.

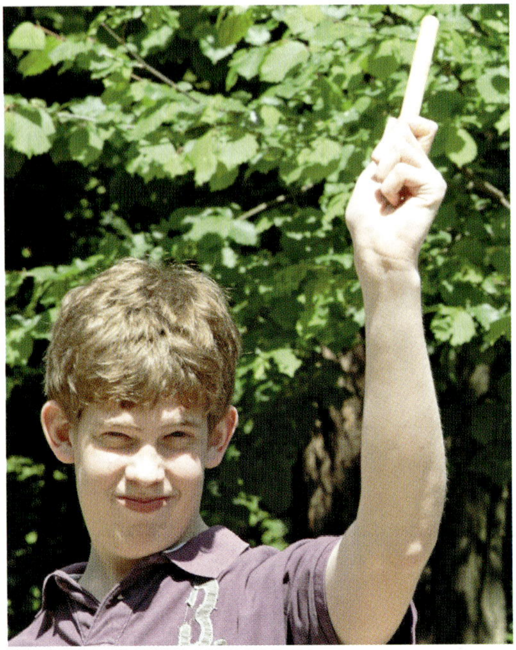

Hinweise:
Spielerzahl: ab 9
Spieldauer: ab 3 Min.
Material: Stock oder Staffelstab

Variationen:

- Alle gefangenen Spieler werden Gehilfen des Zaubermeisters.

- Gorillakäfig
  - Ein oder zwei Spieler sind die Gorillas im Käfig. Sie befinden sich hinter einer Linie oder Markierung. In ihrem Käfig machen sie verschiedene Bewegungen, die die anderen Spieler ihnen gegenüber nachmachen müssen. Klopfen sie mit beiden Händen auf den Boden, ist das das Zeichen zum Ausbruch. Die Gorillas versuchen jetzt möglichst viele der Besucher zu fangen. Diese können sich hinter einer Markierung in etwa 20m Entfernung retten. Wer gefangen wurde, geht mit den Gorillas für den nächsten Durchgang mit in den Käfig und ist auch ein Gorilla.

Schreifangen

Spielidee und Grundregeln:
Zwei Mannschaften spielen gegeneinander. Die Fänger sitzen am Spielfeldrand, die Gejagten laufen im Feld umher. Der erste Fänger rennt ins Spielfeld und versucht, so viele Gejagte wie möglich abzuschlagen. Er darf jedoch nur so lange fangen, wie er dabei laut schreit. Hat er keine Luft mehr, schickt er durch Abschlagen den nächsten schreienden Fänger ins Feld. Abgeschlagene Spieler dürfen weiter spielen, allerdings darf der Fänger nicht zweimal hintereinander denselben Spieler abschlagen. Der Spielleiter zählt die abgeschlagenen Spieler. Wenn der letzte Fänger an der Reihe war, werden die Rollen gewechselt. Welche Mannschaft hat mehr Spieler gefangen?

Hinweise:
Spielerzahl: ab ca. 10
Spieldauer: ab ca. 5 Min.
Material: kein

Variation:

- Wer gefangen wurde, setzt sich auf den Boden oder verlässt das Feld. Wie lange dauert es, bis alle Spieler sitzen? Oder wie viele Spieler kann eine Mannschaft bei einem Durchgang fangen?

Pantomime und Fangen

Spielidee und Grundregeln:
Zwei Gruppen stehen sich gegenüber. Eine von ihnen hat sich einen Begriff ausgesucht, den jeder Spieler der Gruppe pantomimisch darstellt. Die andere Gruppe versucht, den Begriff zu erraten. Wird der richtige Begriff laut ausgesprochen, muss die darstellende Gruppe hinter eine vorher festgelegte Markierung fliehen. Die Spieler, die gefangen werden, müssen die Gruppe wechseln. Anschließend denkt sich die zweite Gruppe einen Begriff aus.

Hinweise:
Spielerzahl: ab ca. 10
Spieldauer: ab ca. 5 Min.
Material: kein

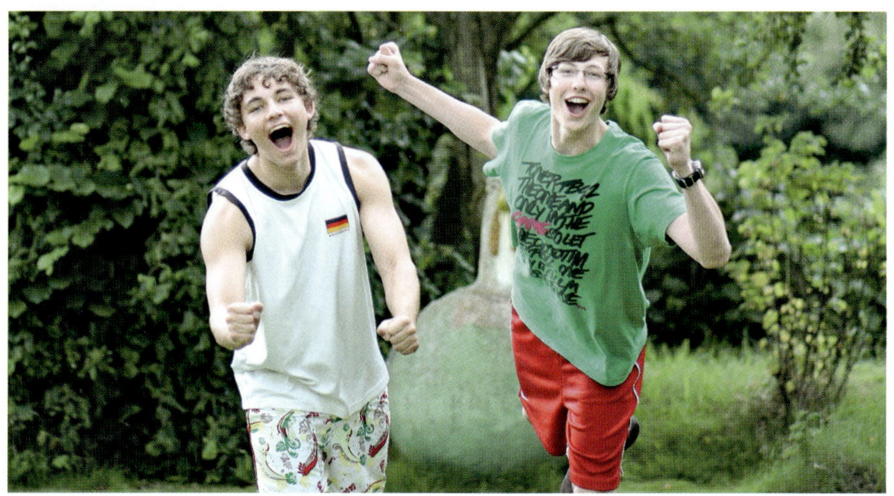

Popcorn fangen

Spielidee und Grundregeln:
Die Spieler bilden eine Reihe und stehen Schulter an Schulter nebeneinander, wobei nur jeder zweite Spieler in die gleiche Richtung schaut. Zwei Spieler sind „Popcorn“ und bewegen sich außerhalb der Reihe. Spieler 1 ist der „Fänger“, Spieler 2 der „Gejagte“. Fänger und Gejagter können sich während der „Jagd“ irgendwo in der Reihe – aber mit derselben Blickrichtung – hinter einen Spieler stellen. Dieser wird sofort selbst zu „Popcorn“, läuft nach vorn weg und übernimmt die Rolle des Fängers oder die des Gejagten, je nachdem wer hinter ihm stand.

Hinweise:
Spielerzahl: ab ca. 10
Spieldauer: ab ca. 3 Min.
Material: kein

Schwarzer Peter

Spielidee und Grundregeln:
2-4 Spieler erhalten als Kennzeichnung ein Handgerät wie z. B. einen Ball, ein Stofftier oder eine Puppe. Sie versuchen, einen anderen Spieler ohne Handgerät abzuschlagen. Gelingt dieses, bekommt der Abgeschlagene das Handgerät und wird neuer Fänger. Der Spielleiter pfeift zwischendurch immer wieder. Wer in diesem Augenblick keinen Ball hat, bekommt einen Punkt. Wer hat am Ende die meisten Punkte?

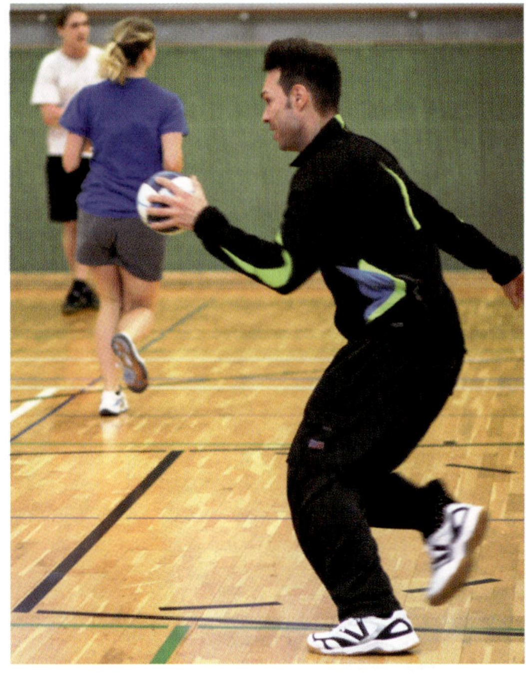

Hinweise:
Spielerzahl: ab ca. 10
Spieldauer: ab ca. 5 Min.
Material: je nach Gruppengröße 2 bis 4 Handgeräte wie Bälle, Stofftiere oder Puppen

Variation:
- Wer hat ein Stofftier in der Hand, wenn es zum Unterricht schellt?

Klammer fangen / Schwänzchen fangen

Spielidee und Grundregeln:
Alle Spieler spielen gegeneinander. Jeder Spieler befestigt gut sichtbar eine Wäscheklammer an seiner Oberbekleidung (T-Shirt, Pullover, Jacke). Alle Spieler versuchen, sowohl ihre eigene Klammer zu beschützen als auch die Klammern der Gegner zu erbeuten. Jede geraubte Klammer wird ebenfalls an der eigenen Oberbekleidung befestigt. In diesem Augenblick ist der Spieler für einen Augenblick neutralisiert und darf nicht abgeschlagen werden. Wer nach Ablauf der Spielzeit die meisten Klammern an seinem T-Shirt hat, ist Sieger.

Hinweise:
Das Spielfeld sollte nicht zu groß sein.

Spielerzahl: ab ca. 6

Spieldauer: ab ca. 2 Min.

Material: Wäscheklammern

Variation:

- Schwänzchen fangen
  - Statt mit Wäscheklammern kann auch mit Tüchern oder Mannschaftsbändern gespielt werden. Wer mehr als 2 Schwänzchen hat, darf diese in der Hand halten. Er muss aber gezogene Tücher durch diese ersetzen.

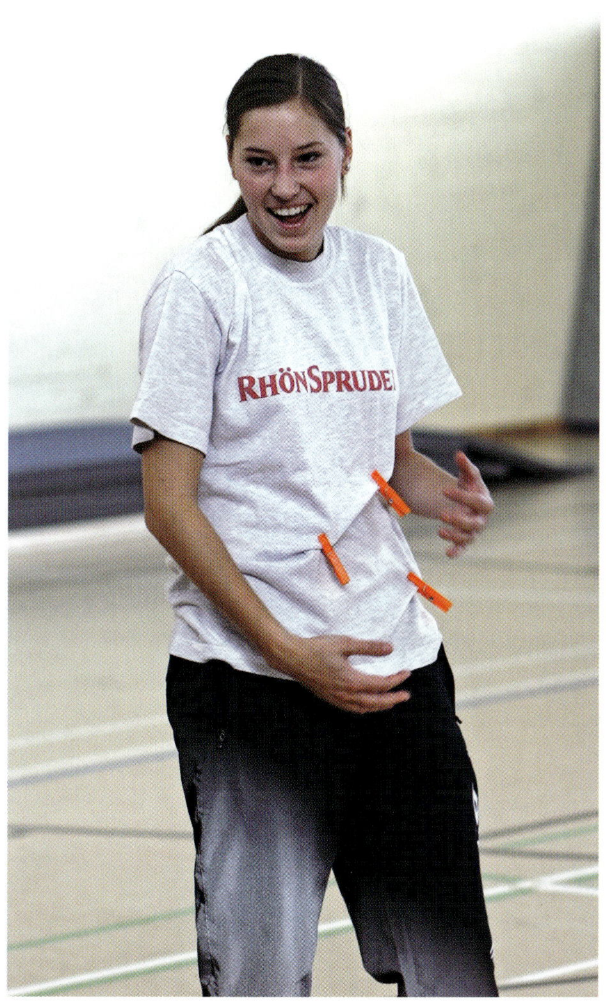

Bruder hilf

Spielidee und Grundregeln:
Alle Spieler bewegen sich frei im Feld. Ein Spieler wird als Jäger gekennzeichnet, alle anderen sind Hasen. Durch Abschlagen soll der Jäger einen Hasen fangen. Gelingt dieses, wird der Hase neuer Jäger. Der Hase kann sich aber retten, indem er einen anderen Hasen festhält. Bei drei Hasen kann der Jäger allerdings einen der Hasen fangen.

Hinweise:
Spielerzahl: ab ca. 10
Spieldauer: ab ca. 3 Min.
Material: eine Kennzeichnung für den Jäger

Variationen:
- Je nach Gruppengröße können auch 2 bis 4 Jäger gleichzeitig auf Hasenjagd gehen.

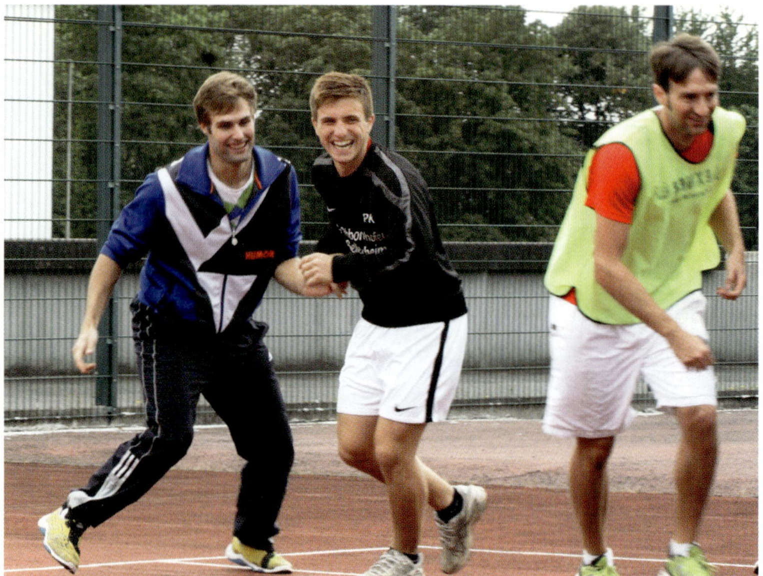

Cowboys und Indianer

Spielidee und Grundregeln:
5 Indianer bilden den inneren Kreis, 15 Cowboys den äußeren. Die Indianer laufen gegen den Uhrzeigersinn im Kreis, die Cowboys laufen im Uhrzeigersinn im äußeren Kreis, so dass sich beide Parteien stets ins Gesicht schauen können. Innerer und äußerer Ring sind etwa 2 Meter voneinander entfernt. Wenn der gewählte Häuptling der Indianer „Angriff" ruft, müssen die Indianer die Cowboys durch Berühren fangen. Die Cowboys müssen sich an vorher abgesprochenen Schutzpunkten in Sicherheit bringen. Wurde ein Cowboy von einem Indianer berührt, wird er auch zum Indianer und geht in den inneren Ring. Wer am Ende in der Mehrheit ist, gewinnt, oder wer am Ende bei den Cowboys übrig bleibt, ist Gewinner.

Hinweise:
Das Verhältnis zwischen Cowboys und Indianern sollte zu Beginn 3:1 sein.
Spielerzahl: ab 20
Spieldauer: ab 5 Min.
Material: ggf. Kreide, um Schutzpunkte zu zeichnen; Schutzpunkte können aber auch Spielgeräte oder ähnliches auf dem Pausenhof sein.

Flaggen fangen

Spielidee und Grundregeln:
Gefangen wird durch das Ziehen von an der Hose angebrachten Tüchern oder Mannschaftsbändchen Zudem werden die Spieler in drei Teams eingeteilt, die aus 5 bis 8 Spielern bestehen sollten. Bei einer größeren Gruppe kann man auch weitere Teams einteilen. Jedes Team bekommt Tücher in einer Farbe, die links und rechts an der Hüfte angebracht werden. Jedes Team darf nur ein bestimmtes anderes Team fangen. Blau darf nur Gelb fangen, Gelb darf nur Rot fangen und Rot darf nur Blau fangen. Sobald eines der Teams ausscheidet, hat das Team, welches dafür verantwortlich ist, gewonnen.

Fangregeln:
- Die Tücher dürfen nicht zu tief in die Hose gesteckt werden, so dass jeder die gleichen Chancen hat, ein Tuch zu erhaschen.
- Wenn das erste Tuch gezogen wird, passiert noch nichts. Erst nachdem das zweite Tuch verloren ist, scheidet man vorübergehend aus.

Hinweise:
Spielerzahl: ab ca. 15
Spieldauer: ab ca. 5 Min.
Material: 1-2 bunte Tücher pro Person oder Flags oder Wäscheklammern, für jedes Team ein Hula-Hoop-Reifen zum Sammeln der Flaggen.

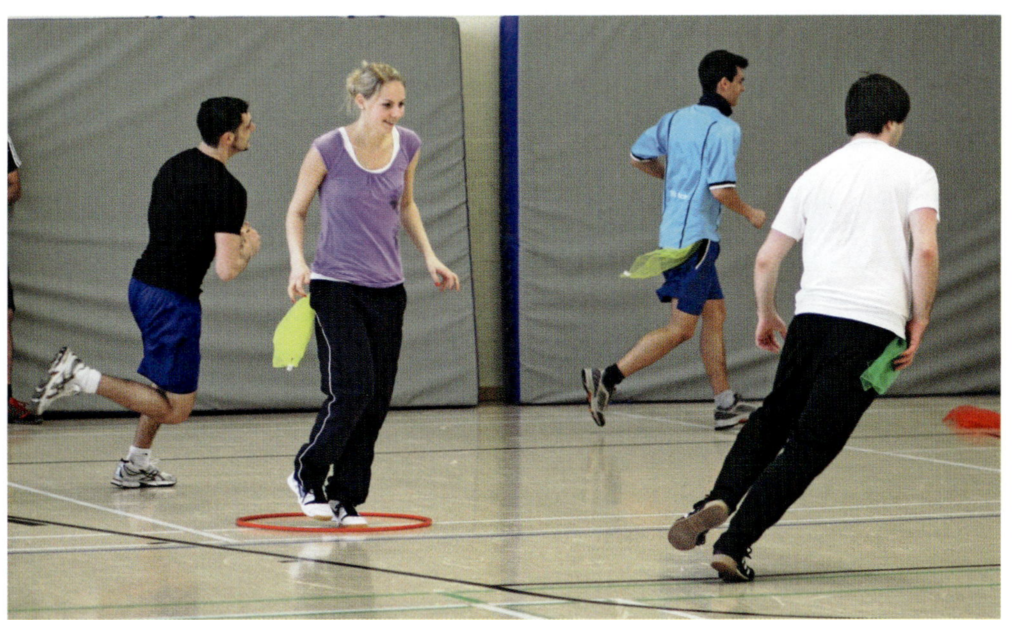

Fang die Sonnenstrahlen

Spielidee und Grundregeln:
Jeder Spieler steckt sich seinen Sonnenstrahl (ein Springseil) am Rücken in den Hosenbund, so dass es ausreichend lang hinter ihm über den Boden schleift. Alle Spieler versuchen, Sonnenstrahlen einzufangen, indem sie mit dem Fuß auf die Seilenden der anderen treten und gleichzeitig den eigenen Sonnenstrahl bis zum Schluss verteidigen. Die gefangenen Seile können entweder am Boden liegen bleiben oder von denjenigen, die sie fangen, gesammelt werden.

Hinweise:
Spielerzahl: ab ca. 8
Spieldauer: ab ca. 2 Min.
Material: für jeden Spieler ein Springseil

Nummernfangen

Spielidee und Grundregeln:
Alle Spieler bilden Dreiergruppen, geben sich Nummern von 1 bis 3 und laufen frei im Feld umher. Der Spielleiter ruft zweistellige Zahlen aus den Ziffern 1, 2 und 3. Die Zahlen 12 oder 21 bedeuten, dass die Spieler mit den Nummern 1 und 2 den Spieler 3 ihrer Gruppe fangen müssen, bei 31 oder 13 wird die Nummer 2 gejagt.

Hinweise:
Da die Spieler sehr schnell laufen und viele Spieler dies gleichzeitig tun, muss genug Platz zum freien Laufen vorhanden sein.
Spielerzahl: ab 9
Spieldauer: ab ca. 3 Min.
Material: kein

Laufspiele und Staffeln motivieren Kinder und Jugendliche in besonderer Weise: Hier geht es darum, besser, schneller oder geschickter zu sein als andere. Dies erzeugt hoch motivierte Spieler, die gewinnen wollen. Staffeln und andere Wettspiele können aber auch starke Emotionen von Sieg und Niederlage auslösen und damit zu Konflikten führen.

Jüngere Schüler müssen lernen, mit unterschiedlichen Spielausgängen umzugehen: Sieger müssen das faire Gewinnen lernen – ohne die anderen zu hänseln; Verlierer müssen lernen, mit der Niederlage umzugehen – ohne anderen die Schuld zu geben. Spielleiter sollten die Emotionen ernst nehmen. Floskeln der Erwachsenen wie „Das ist doch nur ein Spiel!" sind meist nicht zielführend. Kinder und Jugendliche wollen gewinnen, deswegen strengen sie sich an. Im Anschluss diese Anstrengungsbereitschaft nicht ernst zu nehmen, provoziert oder demotiviert die Spieler. Ältere Spieler scheuen manchmal das Wettspiel und wollen lieber „cool" sein. Sie können lernen, dass Staffeln großen Spaß machen, gerade wenn man nicht immer nur abgeklärt ist.

Wichtige Hinweise zu Staffeln und Wettspielen:

1. Mannschaften und Spielorganisation

Die gebildeten Mannschaften sollten nicht zu groß sein. Stattdessen empfiehlt es sich mehrere kleinere Mannschaften zu bilden, damit die Pausen nicht zu lang werden und die Bewegungsanteile größer sind. Die Bewegungsdauer wird auch gesteigert, wenn bei Staffeln zwei oder drei Durchgänge nacheinander durchgeführt werden, bevor entschieden ist, wer gewonnen hat. Wenn die Anzahl der Spielenden nur ungleich in Gruppen aufgeteilt werden kann, können einzelne Spieler doppelt starten. Auch können einzelne Spieler einfache Schiedsrichteraufgaben oder „Traineraufgaben" übernehmen.

2. Einfache Bewegungsaufgaben

Bewegungsaufgaben sollten so gewählt werden, dass alle Spieler diese sicher beherrschen. Wenn Kinder beispielsweise einen Ball noch nicht sicher dribbeln können, macht es keinen Sinn von ihnen diese Bewegungshandlung unter Zeitdruck zu erwarten. Auch sollten Spielleiter bedenken, dass durch den hohen Zeitdruck besondere Gefahren entstehen können. Die Bewegungsaufgaben müssen also auch mit hoher Geschwindigkeit sicher ausgeführt werden können. Gegenstände, die überlaufen werden sollen, müssen folglich so niedrig gewählt werden, dass auch der schwächste Spieler noch leicht über die Hindernisse kommt. Balancieraufgaben beispielsweise über umgedrehte Bänke oder Baumstämmen verbieten sich, da Gleichgewichtsaufgaben Zeit benötigen und von solchen Aufgaben erhebliche Gefahren ausgehen.

3. Klare Regeln

Bei allen Staffeln und Wettspielen müssen die Regeln genau geklärt sein. Hierfür ist ein Probedurchgang sinnvoll, weil danach offene Regelfragen gut besprochen und verstanden werden können, und weil die Spieler eine Vorstellung des Ablaufs erhalten haben. Wichtig bei Staffeln sind klare Ablöseregeln, deren Überschreitung leicht überprüft werden kann. Typische und bewährte Ablöseregeln sind: Abklatschen des nächsten Spielers, Überlaufen eines Hindernisses oder Übergabe eines Gegenstandes. Insbesondere bei Staffeln ist es ein Zeichen von Spielintelligenz, „weiche Regeln" zum eigenen Vorteil auslegen zu können. Spielleiter, die dann möglicherweise sauer reagieren, haben zuvor versäumt, klare Regeln aufzustellen und mögliche Konsequenzen vor Spielbeginn anzukündigen.

4. Erst in einem Probedurchgang üben, dann um die Wette

In Staffeln und anderen Wettspielen werden Handlungen unter großen Zeitdruck ausgeführt. Hierbei kann viel schief gehen. Das kann lustig aber auch peinlich sein. Den Spielenden sollte deswegen zunächst immer Zeit gegeben werden, die Staffel oder das Wettspiel mitsamt seinen möglichen Handlungen und Taktiken kurz einzuüben. Am besten hierfür eignet sich ein Probedurchgang, bei dem es noch nicht wichtig ist, wer gewinnt und verliert. Grundregel: Erst in Ruhe üben, dann unter Zeitdruck wetteifern.

5. Klares Spielende

Das Spielende sollte vorher klar bestimmt werden. Der Sieger muss eindeutig ermittelt werden. Da dies bei manchen Staffeln und Wettspielen nicht so einfach ist, sollten Spielleiter das Spielende so gestalten, dass sie dies sicher entscheiden können. Beispielsweise könnte eine Staffel erst gewonnen sein, wenn die Teilnehmer nach dem Absolvieren der eigentlichen Aufgabe alle im Schneidersitz sitzen. So wird klarer sichtbar, welche Gruppe als erstes fertig ist. Auch stören so die fertigen Spieler nicht die noch aktiven Läufer. In jedem Fall sollte nach einer Staffel Zeit eingeplant werden, um mögliche Konflikte zu klären.

6. Viele Durchgänge durch Wiederholungen und Variationen

Die Durchführung von Staffeln sollte zahlreiche Wiederholungen ermöglichen, damit Sieg und Niederlage eines Durchgangs nicht zu dominant werden. Auch dauert es meist etwas, bis eine Staffel organisiert ist. Zahlreiche Wiederholungen und Variationen sichern eine hohe Bewegungsdauer. Grundsätzlich ist es leichter und fast immer sinnvoller eine Staffelform zahlreich zu variieren, um dadurch ein abwechslungsreiches Spielgeschehen zu ermöglichen, als die Staffel oder die Staffelform grundsätzlich zu ändern. Eine Variation kann schon die Veränderung eines Details sein, zum Beispiel eine geänderte Ablöseregel oder eine andere Fortbewegung und ist damit schnell erläutert.

7. Zufall

Zudem gibt eine Vielzahl von Staffeln, bei denen die Spieler besondere Aufgaben lösen müssen, wie zum Beispiel ein Puzzle legen, Gegenstände transportieren, Memory-Paare sammeln oder Pantomime spielen. Ein Vorteil liegt darin, dass nicht automatisch die physisch stärkste Mannschaft gewinnt, sondern dass Faktoren wie Geschicklichkeit, Cleverness, aber auch Zufall und Glück über Sieg und Niederlage entscheiden.

8. Verschiedene Staffelformen

Die wichtigsten Möglichkeiten Staffeln zu organisieren, werden nachfolgend skizziert. Viele der beschriebenen Staffelspiele können mithilfe dieser Formen an die räumlichen Situationen angepasst werden. Welche Aufstellungsform am geeignetsten ist, hängt von der Art der Belastung, der Aufgabenstellung, der Gruppengröße und den räumlichen Gegebenheiten ab.

Umkehrstaffel

Alle Spieler starten auf einer Seite, müssen die gegenüberliegende Seite erreichen, indem sie um etwas herum laufen oder etwas berühren, und wieder zum Ausgangspunkt zurückkommen, um dort den nächsten Spieler abzuschlagen. Die Umkehrstaffel ist von allen Staffelformen am einfachsten zu organisieren. Auch ist stets die Kommunikation mit der Lerngruppe am einfachsten, weil alle Spieler auf einer Seite stehen und nicht im Raum verteilt sind.

Pendelstaffel

Jede Mannschaft wird in zwei Gruppen aufgeteilt, die sich gegenüber aufstellen. Die Staffel ist dann beendet, wenn jeder Spieler auf der gegenüberliegenden Spielseite steht oder wenn jeder Spieler eine bestimmte Streckenanzahl zurückgelegt hat. Haben die Mannschaften eine ungerade Teilnehmerzahl, muss am Startpunkt ein Spieler mehr stehen.

Kettenstaffel

Bei der Kettenstaffeln (auch Eckenstaffel) befinden sich die einzelnen Spieler einer Mannschaft an verschiedenen Punkten oder den Ecken des Spielfeldes und laufen von dort bis zum nächsten Mitspieler. Sollen mehrere Runden hintereinander gespielt werden, muss daran gedacht werden, dass am Startpunkt zwei Spieler einer Mannschaft stehen. Dann kann die Kettenstaffel nahezu endlos als Rundenstaffel fortgesetzt werden.

Nummernstaffel

In der Nummernstaffel erhält jeder Spieler einer Mannschaft eine Nummer oder einen Namen. Die Spieler müssen in dieser so bestimmten Reihenfolge starten. Vorbestimmte Laufwege müssen nicht zwangsläufig gegeben sein. Diese Staffelform eignet sich sehr gut, wenn die Spieler etwas aus einem Feld holen müssen oder etwas suchen sollen.

Nummernwettlauf

Spielidee und Grundregeln:
Es werden 3er- bis 7er-Mannschaften gebildet und die Spieler durchnummeriert, die sich jeweils entweder an den Ecken eines rechteckigen Spielfeldes, an eine Markierung stellen oder sich bei mehr als 4 Mannschaften kreisförmig anordnen. Der Spielleiter ruft eine Nummer, alle Spieler mit der entsprechenden Nummer umrunden das Spielfeld und versuchen, so schnell wie möglich wieder an ihrer Ausgangsmarkierung zu stehen. Wer als erster ankommt, bekommt einen Punkt für sein Team. Die Mannschaft mit der höchsten Gesamtpunktzahl ist am Ende Sieger.

Hinweise:
Die Spieler stehen im Inneren des Spielfeldes, damit sie die Läufer nicht behindern können.
Spielerzahl: ab ca. 12
Spieldauer: ab ca. 10 Min.
Material: für jede Mannschaft eine Markierung (Kreide oder Hütchen)

Variationen:
- Der Spielleiter ruft eine Doppelnummer, z.B. 32 (beide Ziffern laufen), oder „alle Zahlen von 2 bis 5", „alle" oder er stellt eine Rechenaufgabe.
- Die Art zu laufen wird vorgegeben: seitwärts, Hopserlauf usw.
- Es werden einfache Hindernisse aufgebaut, die über- oder umlaufen werden müssen, die aber keine Sturzgefahr darstellen.

Rennen der Tiere

Spielidee und Grundregeln:
Alle Spieler stehen im Kreis und zählen bis 4 oder 5 ab. Jeder Zahl wird jetzt ein Tier zugeordnet, z.B. Affen, Flöhe, Kamele und Wildschweine. Der Spielleiter gibt Kommandos wie zum Beispiel „Alle Affen rechts herum!" Wer als erster seinen Platz erreicht, bekommt einen Punkt. Weitere mögliche Kommandos können sein „Links herum hüpfen!", „2 Runden laufen!" oder „Rückwärts!"

Hinweise:
Spielerzahl: ab ca. 12
Spieldauer: ab ca. 3 Min.
Material: kein

Förderband / Ballkette

Spielidee und Grundregeln:
Zwei oder mehr Mannschaften spielen gegeneinander. Alle Spieler einer Mannschaft stehen mit einer Armlänge Abstand hintereinander vor einer Startlinie, der hinterste Spieler hat einen Ball oder einen anderen größeren Gegenstand. Nach dem Startsignal gibt dieser Spieler den Ball an seinen Vordermann, läuft nach vorn und stellt sich vor den vordersten Spieler. Welche Mannschaft erreicht auf diese Weise als erste die Ziellinie?

Hinweise:
Spielerzahl: ab ca. 10
Spieldauer: ab 3 Min.
Material: für jede Mannschaft einen Ball oder einen anderen Gegenstand, ggf. Kreide für die Linien

Variationen:

- Die Spieler stehen seitlich, so dass die Füße sich berühren
- Weitere Aufgaben ohne Ball:
  - durch die Beine der anderen kriechen
  - High five bei jedem
  - Bockspringen
  - Slalom laufen

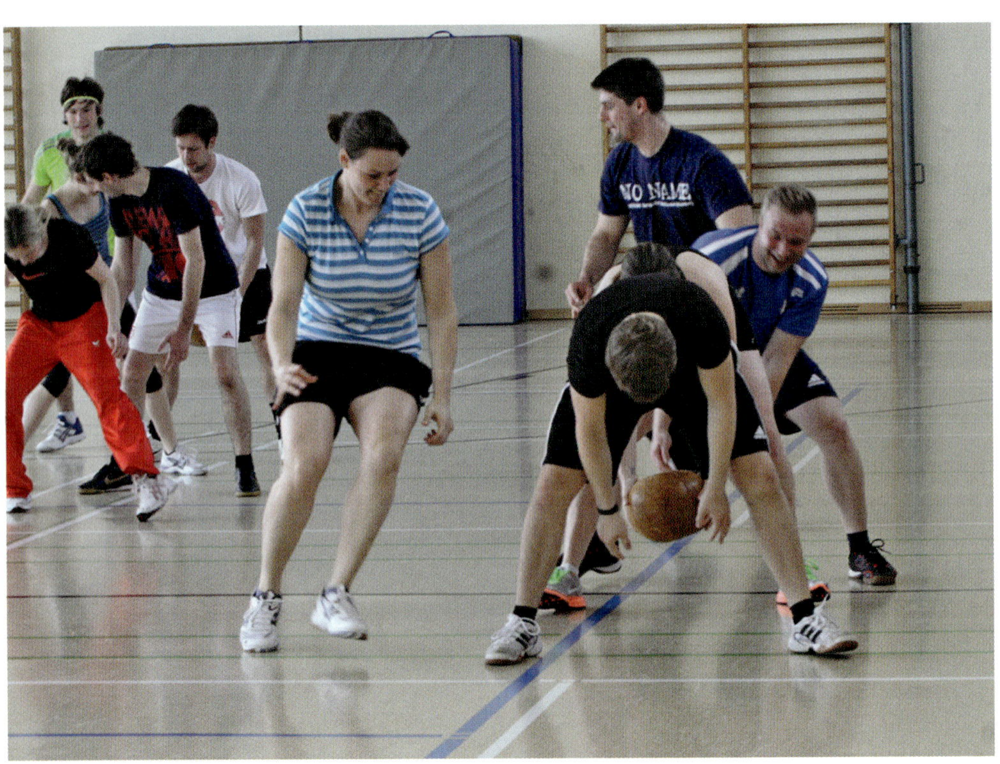

Bierdeckel einsammeln

Spielidee und Grundregeln:
Viele Bierdeckel liegen im Spielfeld verteilt. Jeweils 4 Spieler bilden ein Team. Aufgabe ist es jetzt möglichst viele Bierdeckel, die in einer Entfernung von 5 bis 20 Metern liegen, einzusammeln. Allerdings darf immer nur ein Bierdeckel transportiert werden. Alle Spieler eines Teams laufen gleichzeitig. Welches Team hat am Ende am meisten Bierdeckel gesammelt und kann damit den höchsten Bierdeckelstapel bilden.

Hinweise:
Wahlweise kann das Spiel paarweise organisiert werden. Hierbei bietet es sich dann an, dass sich die Partner beim Laufen abwechseln.
Spielerzahl: ab 8 bis ca. 40
Spieldauer: ab ca. 5 Min.
Material: je Spieler und je nach Belastungsziel ca. 10 bis 20 Bierdeckel.

Variationen:
- Als Umkehrstaffel: Hierbei läuft stets nur ein Spieler je Team und schlägt den nächsten mit der Hand ab.
- Mit einer Ruhephase nachdem alle Deckel eingesammelt wurden: Wer baut mit den gesammelten Deckeln das schönste oder auch höchste Kartenhaus.
- Mit einer Entspannungsphase nachdem alle Deckel eingesammelt wurden: Jeweils ein Spieler (am besten in Partnerarbeit) legt sich auf den Boden und wird langsam mit den Bierdeckeln zugedeckt.

Goldtaler

Spielidee und Grundregeln:
In einer Umkehrstaffel laufen die Spieler zur anderen Seite. Dort befindet sich für alle Spieler oder für jede Mannschaft ein Haufen mit umgedrehten Talern. Auf den Talern stehen die Zahlen 1 bis 6. Die Läufer nehmen sich einen Taler und bringen diesen zurück zu ihrem Team. Ist es eine hohe Zahl haben sie Glück, ist es eine niedrige haben sie Pech. Am Ende gewinnt das Team mit den meisten Punkten.

Hinweise:
Auch bei dieser Staffel können alle zugleich laufen. Dann werden viele Taler benötigt und das Spiel fördert eher die Ausdauer durch die fast kontinuierliche Belastung. Oder es läuft stets nur einer (oder auch ein Paar) je Mannschaft. Dann werden weniger Taler benötigt und die Belastung ist deutlicher im Bereich der Schnelligkeit anzusiedeln.
Spielerzahl: ab ca. 6 bis ca. 40
Spieldauer: ab ca. 5 Min.
Material: viele Goldtaler, z. B. aus Flaschenkorken geschnittene Scheiben mit den Zahlen 1 bis 6 (wahlweise auch Pappmünzen (nicht so haltbar) oder kleine Plastikscheiben mit Zahlen

Variation:
- **Euros sammeln**
  - Statt wie bei den Talern die Zahlen 1 bis 6 stehen jetzt die Zahlen 1 oder 2 entsprechend den Euromünzen auf den Korkscheiben.

Schatzsuche

Spielidee und Grundregeln:
Zwei oder mehr Mannschaften spielen gegeneinander. Im Spielfeld werden für jede Mannschaft 10 Hütchen verteilt. Unter diesen Hütchen werden Zahlenkarten von 1-10 verteilt. Die jeweiligen Startspieler laufen los und dürfen unter ein Hütchen schauen. Ist es die 1, nehmen sie die Karte mit und laufen zu ihrer Mannschaft zurück. Ist es eine andere Zahl, verstecken sie diese wieder unter dem Hütchen und laufen zu ihrer Mannschaft zurück. Ziel ist es, die Zahlen von 1-10 in der richtigen Reihenfolge zu finden.

Hinweise:
Spielerzahl: ab ca. 8
Spieldauer: ab ca. 5 Min.
Material: für jede Mannschaft 10 Hütchen und 10 Nummernkarten von 1-10

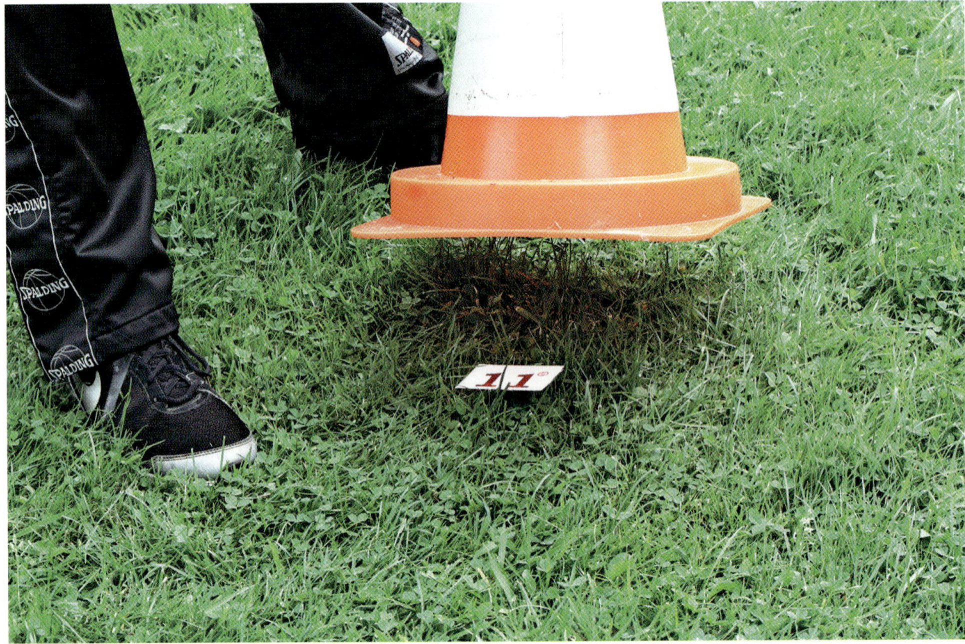

Pantomimenstaffel

Spielidee und Grundregeln:
Die Lerngruppe wird je nach Größe in zwei bis vier Mannschaften aufgeteilt. Alle Spieler einer Mannschaft bis auf 2 Pantomimen laufen um ein ca. 20 bis 40 Meter entferntes Hütchen (Umkehrstaffel) oder in Form einer Rundenstaffel. Kommen die Läufer wieder beim Ausgangspunkt an, beginnen die Pantomimen mit der Darstellung des Begriffes, den sie zuvor von einem Stapel gezogen haben. Sie können somit die Zeit zuvor nutzen, um zu überlegen, wie der Begriff dargestellt werden könnte. Wird der Begriff richtig erraten, laufen wieder alle los und zwei andere Spieler sind die neuen Pantomimen. Welche Gruppe zuerst alle Begriffe erraten hat, gewinnt.

Hinweise:
Es laufen jeweils alle Spieler um die Intensität zu erhöhen. Zudem ist es von Vorteil bei Kindern und Jugendlichen stets zwei Pantomimen zu bestimmen. Hierdurch ist der Druck auf die Darsteller nicht zu groß.
Spielerzahl: ab ca. 10 bis ca. 40
Spieldauer: ab ca. 5 bis 10 Min.
Material: altersgemäße leichte Begriffe für ein Pantomimenspiel oder Pantomime-Karten zum Beispiel von Haba

Variation:
- Die Staffel kann beendet sein, wenn jeder der Spieler ein oder zwei Mal einen Begriff dargestellt hat. Oder jede Gruppe bekommt eine gleiche Anzahl von Begriffen, die frei von Spieler der Gruppe dargestellt werden kann. Hierbei sollte aber die Regel gelten, dass kein Spieler zwei Mal nacheinander Begriffe vorspielen darf.

Briefe austragen

Spielidee und Grundregeln:
Die Spieler verteilen Briefe zu verschiedenen Straßen. Sie dürfen dabei stets nur einen Brief austeilen. Die Straßen sind durch Straßenschilder, die an verschiedenen Stellen des Pausenhofes bzw. des Geländes hängen oder liegen, gekennzeichnet.

Hinweise:
Dieses Spiel kann als gemeinsames Laufspiel für die gesamte Gruppe durchgeführt werden. Es endet, wenn alle Briefe verteilt sind. Oder es werden Mannschaften gebildet. Dann erhalten erhält jede Mannschaft gleich viele Briefe und welche Mannschaft zuerst ihre Briefe ausgeteilt hat gewinnt. Je nach Belastungsziel darf nur einer je Mannschaft, zwei oder sogar alle gleichzeitig laufen. Bei letzterem sollten viele Briefe zur Verfügung stehen.
Spielerzahl: ca. ab ca. 8 bis 30
Spieldauer: ab ca. 5 bis 10 Min.
Material: viele, viele Briefe (alte Briefumschläge) und Postkarten auf Papier oder Pappe mit Straßennamen und Hausnummer, sodass insgesamt für jeden Spieler 10 bis 20 Briefe zur Verfügung stehen, Straßenschilder in DinA4; das Material fertigen auch gerne Schüler im Unterricht/Wochenplan/Freiarbeit an.

Variationen:
Die Spielidee kann in vielen Variationen umgesetzt werden:
- Am einfachsten ist es, wenn alle Spieler zusammen alle Briefe verteilen, bis alle verteilt sind (Gemeinschaftsaufgabe)
- Auch kann das Spiel als Staffel durchgeführt werden. Je nach Anzahl der Spieler spielen dann 2 bis 4 Mannschaften gegeneinander. Wobei auch hier stets alle Spieler zugleich laufen können.
- Zusätzlich können mögliche Linien auf dem Boden als Straßen eingeführt werden. Die Spieler dürfen dann nur noch auf den Straßen laufen. Verschiedene Aufgaben können gegeben werden, wenn sich Spieler begegnen: Einfach vorbeilaufen. Briefe austauschen. Nicht an einander vorbeikönnen usw.

Verkleidungsstaffel

Spielidee und Grundregeln:
Nicht nur zum Fasching kann eine Verkleidungsstaffel gespielt werden. Hierzu spielen zwei oder mehr Mannschaften in Form einer Pendel- oder Umkehrstaffel gegeneinander. Die Spieler müssen sich vor dem jeweiligen Laufen verschiedene (alte) Kleidungsstücke anziehen. Je nach Jahreszeit oder Anlass können diese auch thematisch gewählt werden.

Beispiele:
Winter: dicker Pullover, Mütze, Schal, Handschuhe, große Wollsocken
Sommer: große Badehose, Taucherbrille, alte Flossen, Handtuch
Fasching: großes Beinkleid, großes Hemd, Clownsnase oder Piratenklappe

Hinweise:
Spielerzahl: beliebig
Spieldauer: ab 5-10 Min.
Material: je nach Anzahl der Teams verschieden viele, gleichartige Verkleidungsutensilien

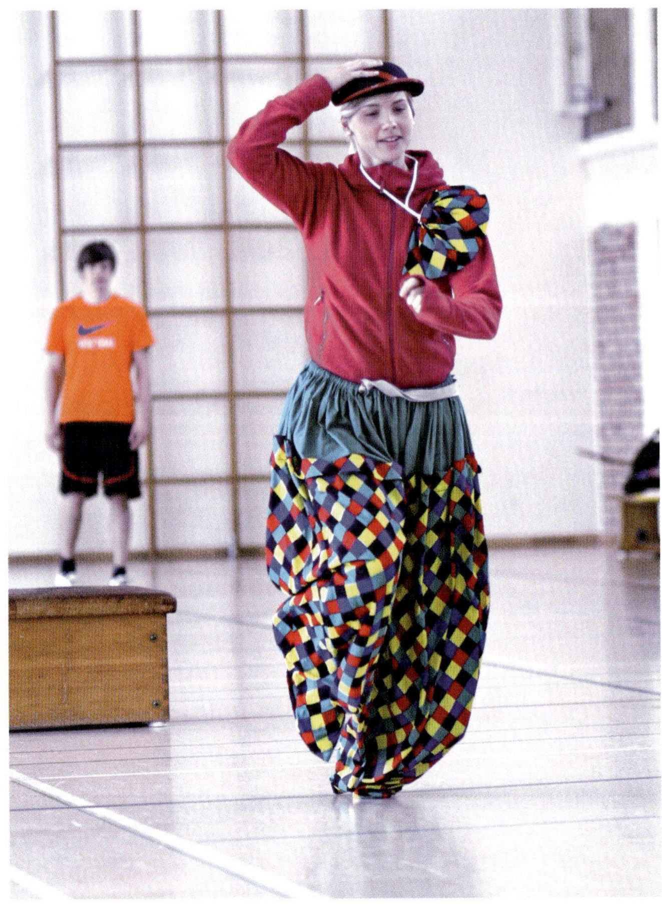

Würfelcomputer

Spielidee und Grundregeln:
Zwei oder mehr Mannschaften spielen in Form einer Rundenstaffel gegeneinander. Jede Mannschaft hat an ihrem Ort in der Runde einen „Computer“ (ein Würfel, ein Papier, ein Stift). Nun würfelt ein Spieler einmal, schreibt diese gewürfelte Zahl zuerst auf das Blatt und läuft dann die entsprechende Anzahl an Runden. Der nächste Spieler würfelt sofort danach und addiert seine Zahl du der bestehenden Summe. Alle Spieler einer Mannschaft laufen auf diese Weise gleichzeitig ihre Runden. Wer mit seinen Runden fertig ist, würfelt erneut. Welches Team hat als erstes 50 oder 100 Punkte erreicht bzw. entsprechende Runden gelaufen.

Hinweise:
Die „Computer sollten innerhalb der Runden oder deutlich außerhalb der Laufbahnen stehen, damit das Würfeln und das Laufen nicht gestört werden.

Spielerzahl: ab ca. 6 bis ca. 40

Spieldauer: ab ca. 5 Min.

Material: für jede Mannschaft 1 Würfel, ein Papier, ein Stift

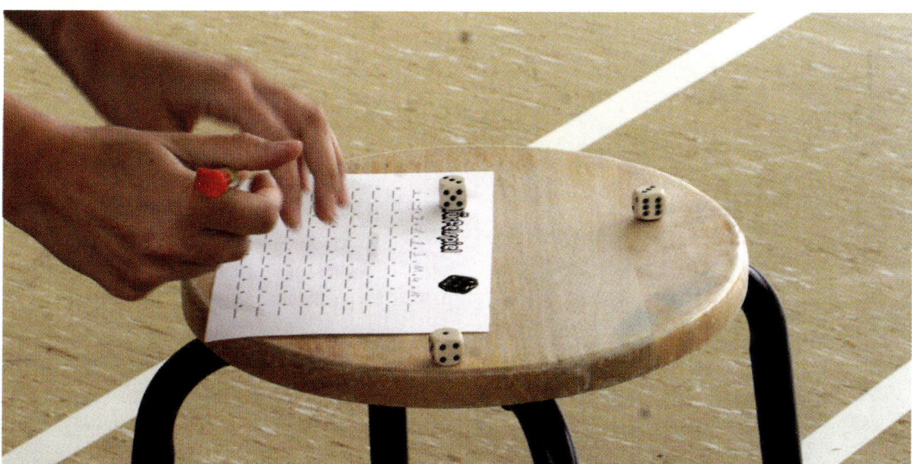

Punktestaffel

Spielidee und Grundregeln:
Zwei oder mehr Mannschaften spielen in Form einer Umkehrstaffel gegeneinander. Die Läufer entscheiden jeweils wie weit sie laufen und wie viele Punkte sie damit erreichen. Hierzu sind im Abstand von ca. 5, 10, 15 und 20 Metern jeweils Tennisballpyramiden mit jeweils 4 Bällen aufgebaut (siehe Abbildung). Nimmt der Läufer einen Ball aus der ersten Pyramide zählt dies einen Punkt, nimmt er einen aus der zweiten Pyramide zählt dies 2 Punkte usw. Die Spieler laufen wie in einer Staffel abwechselnd. Gewonnen hat die Mannschaft, die nach Ablauf einer Zeitspanne von ca. 1 bis 2 Minuten am meisten Punkte eingesammelt hat.

Hinweise:
Die Punkte können am Ende sehr leicht gezählt werden, in dem von der Gesamtsumme aller Punkte (hier 4*4+4*3+4*2+4*1=40) die verbleibenden Punkte abgezogen werden.

Spielerzahl: ab ca. 8 bis ca. 30

Spieldauer: ab ca. 5 Min.

Material: für jedes Team 16 Tennisbälle, die in einen Tennisring gelegt werden oder andere gut greifbare Gegenstände, z. B. Kastanien auf Plastiktellern

Rollbrettstaffel

Spielidee und Grundregeln:
Fast jede Staffelform (Umkehrstaffel, Pendelstaffel oder auch Rundenstaffel) ist als Rollbrettstaffel möglich. Das Besondere hierbei ist, dass jeweils ein Spieler auf dem Rollbrett fährt und ein Spieler das Rollbrett schiebt oder zieht (siehe unten).

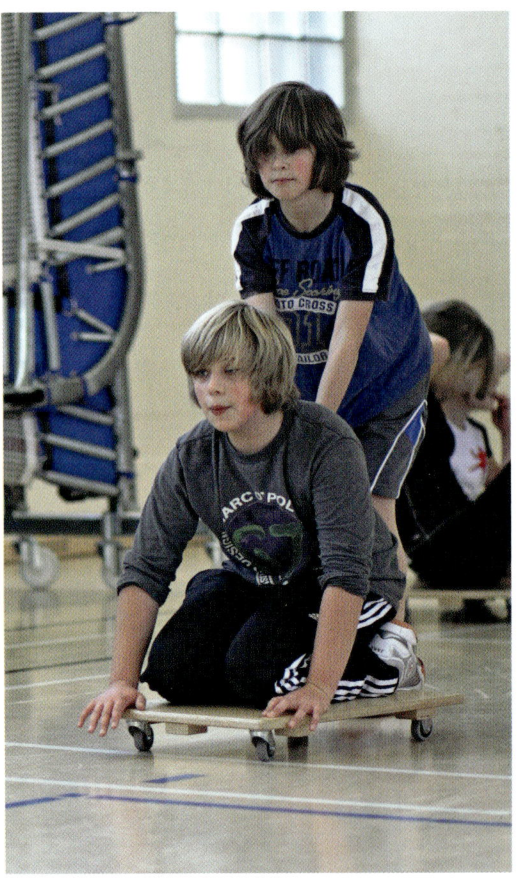

Hinweise:
Zur Sicherheit sollten die Haare zusammen gebunden werden, damit diese nicht in die Rollen gelangen können. Mit Rollbrettern sind insbesondere, wenn diese gezogen werden hohe Geschwindigkeit und schwer kontrollierbare Kurvenfahrten möglich. Je nach Lerngruppe und Untergrund müssen hier Gefahren abgewogen werden und in jedem Fall ausreichend Platz zur Verfügung stehen. Hände sollten möglichst immer auf dem Rollbrett bleiben und nicht um die Kante greifen, damit diese bei Unfällen nicht zwischen die zusammenstoßenden Rollbrettern geraten können.

Spielerzahl: ab ca. 8

Spieldauer: ab ca. 5 Min.

Material: für jedes Team 1 Rollbrett, ggf. weitere Materialien wie Stäbe zum Schieben oder Seile zum Ziehen

Variationen:

- Sozialform: Die Spieler können alleine fahren oder von einem Partner geschoben oder gezogen werden.
- Position auf dem Rollbrett: Die Spieler können auf dem Rollbrett sitzen, liegen oder knien (niemals stehen)
- Form der Fortbewegung: Alleine ist der Vorschub nur mit den Händen, zum Beispiel im Sitzen (Gorilla) oder im Liegen (Wasserläufer) sowie nur mit den Füßen möglich.
- Formen der Partnerarbeit: Der Partner kann sitzenden Fahrer an den Schulter schieben, an den Händen ziehen, mit Stäben, die von hinten unter den Schultern durchgeschoben werden, schieben oder ziehen und mit einem Seil ziehen. Der liegende Fahrer kann bäuchlings geschoben werden, in dem der Läufer an den hochgehaltenen Füßen greift.
- Entsprechende Staffeln sind auch mit anderen Materialien, wie Pedalo, Rasenski, Rollern oder auch Schubkarren möglich.

Laufen und Werfen

Spielidee und Grundregeln:
Zwei oder mehr Mannschaften spielen in einer Umkehrstaffel gegeneinander. Die Staffel ist dabei in 3 Abschnitte unterteilt. Im ersten Abschnitt transportieren die Spieler die Wurfmaterialien möglichst schnell zum Umkehrpunkt. Ist mit den Materialien eine „Wurfbude" aufgebaut, beginnt der zweite Abschnitt. Jetzt läuft der nächste Spieler zum Umkehrpunkt und versucht mit einem Wurf (ggf. auch 2 Würfe) die Ziele (Kegel, Hütchen, Bananenkisten usw.) umzuwerfen. Danach ist der nächste Spieler dran, der wiederum sein Glück versucht. Sind auf diese Weise alle Ziele umgeworfen, beginnt der dritte Abschnitt des Spiels. Hierfür müssen die Spieler alle Gegenstände einzeln einsammeln und zum Ausgangspunkt zurück bringen. Wer auf diese Weise als erstes alle Materialien wieder ordentlich am Ausgangspunkt hat, gewinnt die Staffel.

Hinweise:
Am Umkehrpunkt sollten Markierungen für die Abwurfstelle (hier werden die Bälle hingelegt und von hier wird später geworfen) und für die Ziele angebracht sein. Liegen im zweiten Abschnitt keine Bälle mehr an der Wurfstelle, holt der Spieler sich zunächst einen Ball und wirft dann damit. Die Ziele sollten relativ einfach getroffen werden können, da die Spieler unter dem Belastungsdruck oft schlecht werfen. Die Ziele sollten draußen nicht durch leichten Wind umfallen können.

Spielerzahl: ab ca. 8

Spieldauer: ab ca. 10 Min.

Material: Für jede Mannschaft als Ziele, z.B. 6 Bananenkisten, 6 Pylonen oder 6 Kegel sowie 6 Tennisbälle oder andere geeignete Wurfgegenstände

Eckenrennen

Spielidee und Grundregeln:
Zwei unterschiedlich gekennzeichnete Mannschaften mit mindestens 5 Spielern laufen gegeneinander. Alle vier Ecken des Spielfeldes werden von beiden Mannschaften gleichmäßig besetzt. Die Startläufer beider Mannschaften befinden sich diagonal gegenüber. Jeder Spieler läuft so schnell es geht zur nächsten Ecke und schlägt den dort wartenden Mannschaftskollegen ab. Das Rennen ist beendet, wenn eine Mannschaft eingeholt wird oder ein Schlusssignal ertönt. Sieger ist die Mannschaft, die mehr gelaufen ist.

Hinweise:
Die Spieler stehen im Inneren des Spielfeldes. An der Startposition müssen sich mindestens zwei Läufer befinden, da ansonsten die Kettenstaffel unterbrochen wird. Bevor um die Wette gelaufen wird, sollte eine Proberunde gelaufen werden.

Spielerzahl: ab 10

Spieldauer: ab 5 Min.

Material: Markierungshütchen für die Ecken

Variation:

- Die Fortbewegungsart ändern oder paarweise zusammen laufen.

Ballspiele zum Treiben, Werfen und Fangen

In der Geschichte der Menschheit zählt der Ball zu den ältesten Spielgeräten. Aufgrund seiner unterschiedlichen Eigenschaften zieht er viele Menschen regelrecht in seinen Bann. Diese Faszination am Spielgerät und sein hoher Aufforderungscharakter sind bis heute ungebrochen und führten im Laufe der Zeit zu ständigen Veränderungen und Neuentwicklungen von Ballspielen. Ballspiele sind damit ein bedeutendes Kulturgut, dessen Fortbestand es zu bewahren gilt. Ballspiele sind folglich nicht nur „sinnleere Freizeitbeschäftigung", sondern stellen auch ein wichtiges Kulturgut und elementaren Bildungsinhalt dar.

Der Ball gehört auch heute zu den gefragtesten Spielgeräten bei Kindern und Jugendlichen. Der Umgang mit ihm birgt eine Vielzahl von Spielmöglichkeiten und Erlebnissen: Er kann unter anderem geworfen, getreten, geschlagen, geköpft, gedribbelt und gefangen werden. Ballspiele zum Treiben, Werfen und Fangen sind einfach zu organisieren und brauchen in der Regel wenig Vorbereitung. Zudem lassen sie sich aufgrund des offenen Regelwerks relativ einfach an räumliche, zeitliche und materielle Bedingungen anpassen. Das Spielgerät Ball sowie die Regeln sind variabel und ein Spiel kommt schnell zustande. Dieser schnelle Start von einfachen Ballspielen macht diese sehr geeignet für Pausen- und Freizeitspiele. Für Kinder und Jugendliche bieten Bälle zudem immer einen Anlass, sich mit dem Spielgegenstand alleine oder mit mehreren vielfältig auseinanderzusetzen und so schnell mit anderen in Kontakt zu kommen.

Dabei ist es im Vergleich zu vielen anderen Sportarten gar nicht so wichtig viele Vorerfahrungen und damit spezifische Fähigkeiten und Fertigkeiten mitzubringen. Fast immer können leistungsstarke und -schwache Spieler gut miteinander interagieren und kommunizieren. Bei Ballspielen steht der Spaß und nicht irgendeine Funktion im Vordergrund. Die Ausbildung von Fähigkeiten und Fertigkeiten ergibt sich vielmehr beiläufig als Nebenprodukt. Hier sind vor allem Spielfähigkeit und Spielintelligenz, Koordination, Kondition sowie Teamfähigkeit in Form von Fairness, Toleranz und Rücksichtnahme gegenüber anderen Mitspielern und allgemeine soziale Kompetenzen gefragt.

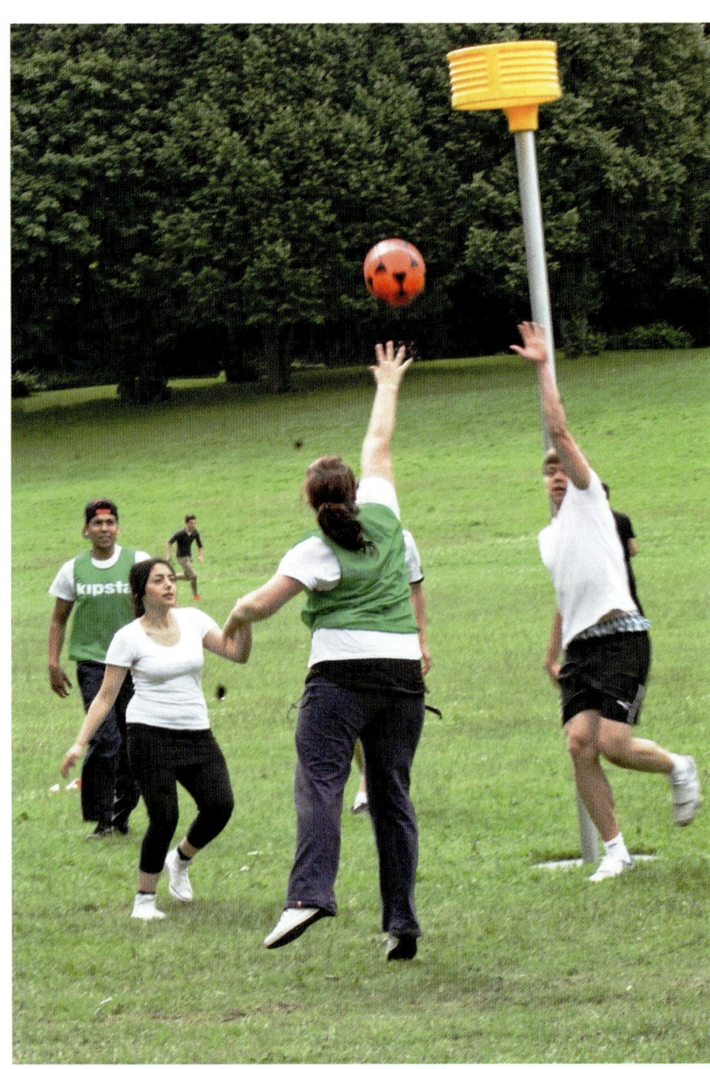

Schlangenball

Spielidee und Grundregeln:
Alle Spieler bilden einen Kreis. In diesem Kreis befindet sich eine „Schlange" aus drei Spielern, die sich an der Hüfte des Vordermanns festhalten müssen. Ziel der Kreisspieler ist es, mit einem Softball den „Schwanz der Schlange" zutreffen. Ziel der Schlange ist es, dieses zu verhindern. Gelingt es, wird der erfolgreiche Schütze neuer Kopf der Schlange und der Schwanz Kreisspieler.

Hinweise:
Die Schlange sollte nicht zu hektisch reagieren, um ein Zerbrechen der Schlange zu verhindern. Die Schlange muss sich entscheiden, wer die Führung übernimmt: Der Schlangenkopf oder das Schlangenende, um sich zu schützen.

Spielerzahl: ab ca. 12; Variation: beliebig, meist ca. 9 bis 16, in jedem Fall sollten die Werfer in der Minderheit sein

Spieldauer: ab ca. 5 Min.

Material: ein Softball; Variation: ggf. Volleyball; ggf. 1 längeres Seil oder mehrere zusammengeknotete Seilchen oder eine Zauberschnur, über die die Schlangenspieler miteinander verbunden sind

Variationen:

- Berührt der Schlangenkopf einen Werfer, wird dieser Teil der Schlange.
- Wird der Schlangenletzte abgeworfen, tauscht er mit dem Werfer die Position. Der ehemalige Werfer wird neuer Kopf der Schlange, alle anderen Schlangenmitglieder rutschen eine Position nach hinten.

- **Schlangenball im Feld**
  - Ein Schlangenteam (6 – 10 Spieler) und eine Werfermannschaft (3 – 6 Spieler) spielen gegeneinander. Die Werfermannschaft versucht, durch geschicktes Passspiel den letzten Spieler der Schlange abzuwerfen (wie oben). Die Werfer stehen jetzt aber nicht im Kreis, sondern können sich beliebig außerhalb des Feldes, in dem die Schlange bleiben muss, bewegen. Mit dem Ball darf nicht gelaufen werden. Wird der Schlangenletzte getroffen, wechselt er ins Werferteam. Alle Spieler der Schlange können sich statt an den Schultern auch an einem Seil festhalten. Die Werfermannschaft sollte sich freilaufen und geschickt zusammenspielen.

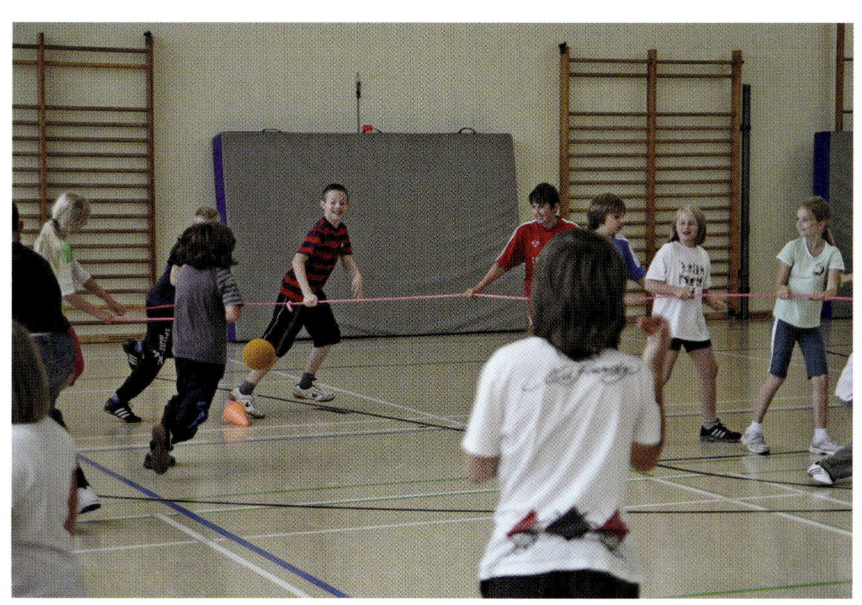

Flohhüpfen / Hetzball

Spielidee und Grundregeln:
6-8 Spieler sitzen im Kreis, ein Spieler steht als Floh in der Mitte des Kreises. Die Kreisspieler rollen sich schnell einen Ball zu und versuchen, die Füße des Kreisspielers zu treffen. Dieser muss dem Ball ausweichen oder hochspringen. Falls der Floh getroffen wird, wechselt er mit demjenigen, der den erfolgreichen Ball gerollt hat. In großen Gruppen können mehrere Bälle und Flöhe eingesetzt werden.

Hinweise:
Spielerzahl: ab 5 bis ca. 25
Spieldauer: ab ca. 5 Min.
Material: ein Softball; ggf. ein leichter anderer Ball, wie z. B. ein Volleyball

Variation:

- **Hetzball**
  - Die Spieler werden in zwei Mannschaften eingeteilt. Eine stellt sich im Spielfeld auf, die andere außerhalb. Die außen stehenden Spieler haben 3 Softbälle. Damit versuchen sie, die innen stehenden Spieler abzuwerfen. Wer getroffen wurde, wechselt nach außen. Der letzte Spieler im Feld ist Sieger.

Halli-Hallo

Spielidee und Grundregeln:
Alle Spieler stehen nebeneinander auf einer Linie. Ihnen gegenüber stehen in 5 bis 6 Metern Entfernung zwei Werfer, die sich eine Zahl unter hundert ausgedacht haben. Einer von ihnen wirft einem äußeren Spieler einen Ball zu und sagt: „Eine Zahl unter hundert." Der Fänger muss eine Zahl nennen. Je nachdem, ob die Zahl zu hoch oder zu niedrig ist, sagt der Werfer „mehr" oder „weniger" und wirft dem nächsten Spieler den Ball zu. Wird die Zahl erraten, wirft der Werfer den Ball hoch und ruft „Halli-Hallo!". Derjenige Spieler, der die Zahl erraten hat, versucht daraufhin, den zweiten Werfer zu fangen, bevor dieser ein vorher festgelegtes Mal (Baum, Tischtennisplatte) erreicht. Schafft er es, wird er neuer Werfer.

Hinweise:
Spielerzahl: 10 bis 25
Spieldauer: ab ca. 5 Min.
Material: 1 Ball

Ali-Ball / Olli-Ball / Foursquare

Spielidee und Grundregeln:
Benötigt wird ein ca. 5 x 5 Meter großes Quadrat, das am besten mit Farbe dauerhaft auf dem Schulhof markiert ist (ggf. mit Kreide oder Klebeband kurzfristig einzeichnen). Dieses wird wiederum in 4 gleich große Quadrate unterteilt, die gegen den Uhrzeigersinn nummeriert werden. Jedes Feld wird von einem Spieler besetzt, die restlichen Spieler stellen sich in einer Reihe am Feld Nummer 1 an. Ziel des Spiels ist es, in das vierte Feld in dem „Ali" steht, vorzudringen und dort so lange wie möglich zu bleiben.
Ali beginnt nun das Spiel, in dem er ähnlich dem Aufschlag im Tischtennis einen Ball so spielt, dass dieser erst in seinem und dann in einem anderen Feld auftickt. Der Spieler dort spielt den Ball so, dass dieser nur noch in einem gegnerischen Feld auftickt. So setzt sich das Spiel fort, bis ein Spieler einen Fehler macht, z. B. zweimaliges Auftickern, nicht mehr in ein anderes Feld spielen können. Macht ein Spieler einen Fehler, scheidet er aus und alle anderen, die unter ihm waren rücken nach. Wenn also der Spieler im Feld 3 einen Fehler macht, rückt Spieler 2 in Feld 3, Spieler 1 in Feld 2 und der erste Spieler aus der Warteschlange rückt in Feld 1 und kann mitspielen. Auf diese Weise ist ein stetiger Wechsel der Spieler möglich, der insbesondere in Pausen sehr sinnvoll ist.

Hinweise:
Die Spieler sollten nach einer kurzen Einführung ihr Spiel selbst regeln. Oft ist gerade die einsetzende Regeldynamik interessant. Spielanfänger oder jüngere Spieler werden in der Regelauslegung von den Spielenden dann meist großzügiger behandelt, als zum Beispiel Ali, der sich oft keinen kleinsten Fehler erlauben darf.
Für Schulhöfe ist dieses Spiel ein Muss, da es in jedem Alter gerne gespielt wird und ohne Gruppenbildung sofort beginnen kann. Spieler, die mitspielen wollen, können sich anstellen und so jederzeit mitspielen.
Spielerzahl: 5 bis ca. 15
Spieldauer: ab 3 Min. bis nahezu unbegrenzt
Material: gut springender Ball, wie Basketball, Volleyball oder Gymnastikball

Variationen:
- Der Ball wird gefangen und relativ schnell zurückgeworfen.
- Der Ball darf nicht gefangen werden und wird direkt mit der Hand zurückgespielt.
- **Ali 21**
  - Bei Ali 21 versuchen alle Spieler Punkte zu sammeln. Punkte kann nur der Spieler machen, der Ali ist. Jede Runde, bei der ein anderer Spieler ausscheidet, bringt ihm einen Punkt. Wer zuerst 21 Punkte hat, hat gewonnen.

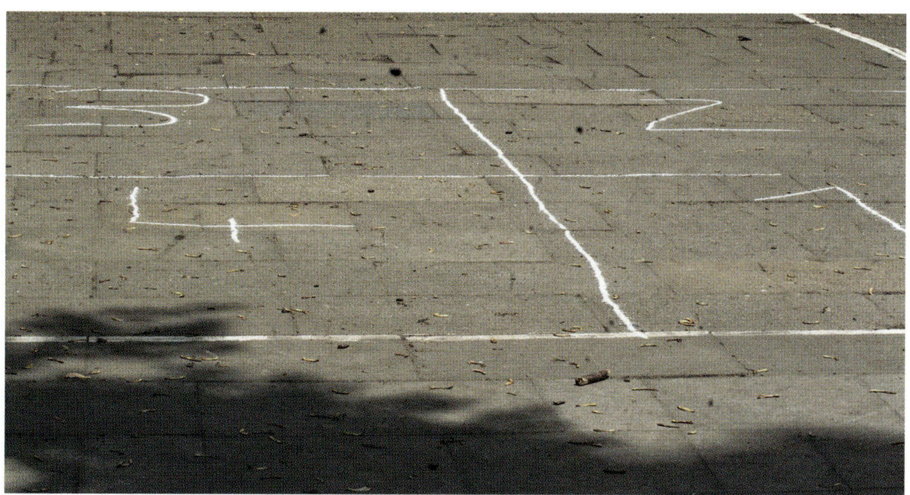

Jägerball / Hase und Jäger

Spielidee und Grundregeln:
Zwei Mannschaften spielen gegeneinander. Ziel der Jäger ist es, mit dem Softball einen Hasen zu treffen. Für jeden Treffer gibt es einen Punkt. Anschließend werden die Rollen gewechselt. Welche Mannschaft erzielt die meisten Punkte?

Hinweise:
Die Mannschaften sollten gekennzeichnet sein

Spielerzahl: ab 8

Spieldauer: ab 5 Min.

Material: Softball, Markierungshemden

Variation:

- Hase und Jäger
  - Ziel des Jägers ist es, mit einem Softball möglichst viele Hasen abzuwerfen. Ziel der Hasen ist es, freie Räume zu suchen und dem geworfenen Ball auszuweichen. Wer getroffen wurde, wird ebenfalls Jäger und zwar so lange, bis alle Hasen abgeworfen wurden. Nur der erste Jäger darf mit dem Ball laufen. Danach dürfen die Jäger nur ohne Ball laufen. Wenn ein Hase den Ball fangen kann, gilt er nicht als abgeworfen. Er gibt den Ball an den Jäger zurück und bleibt Hase. Wer als Hase übrig bleibt, hat gewonnen und wird im nächsten Spiel neuer Jäger.

Hinweise:

- Abhängig von der Spielerzahl. Man sollte als Spielleiter darauf achten, ob die Jäger Probleme haben, die Hasen zu fangen oder ob es zu einfach ist und flexibel darauf reagieren, indem man die Spielfeldgröße oder die Anzahl der Jäger verändert.

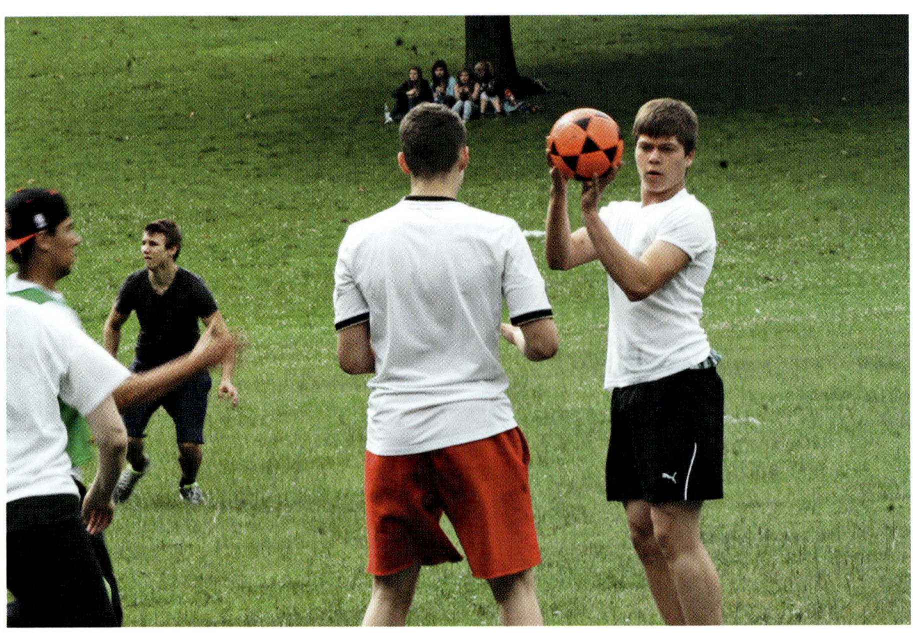

Ballablegen

Spielidee und Grundregeln:
Zwei Mannschaften spielen gegeneinander. Die angreifende Mannschaft versucht, durch Passen einen Ball in einem der 4 Kreise, die hinter einer Linie aufgemalt werden, abzulegen. Ein Spieler der abwehrenden Mannschaft ist Torwart und kann beliebig einen der vier Reifen besetzen. In dem Reifen, den der Torwart gerade besetzt, darf kein Ball abgelegt werden!

Hinweise:
Verboten ist das Laufen mit dem Ball in der Hand, das Prellen und das Betreten der Reifenzone mit Ausnahme des Torhüters. Bei Torerfolg gelangt die andere Mannschaft in Ballbesitz. Der Torwart wirft den Ball von einem Reifen aus wieder ins Spiel.

Spielerzahl: an ca. 10

Spieldauer: ab ca. 10 Min.

Material: Kreide, um 2x4 Kreise und 2 Linien zu malen (ggf. Gymnastikreifen), 1 Ball, Markierungshemden

Bordsteinkante

Spielidee und Grundregeln:
Die Spieler stehen sich auf den Bürgersteigen gegenüber. Ziel ist es, den Ball so gegen die gegnerische Bordsteinkaten zu werfen, dass er im Bogen zurück springt und wieder in der eigenen Hälfte gefangen werden kann. Falls das gelingt, erhält man einen Punkt und wirft erneut. Trifft man die Kante nicht oder bleibt der Ball auf der gegnerischen Seite liegen, ist der Gegner an der Reihe.

Hinweise:

Spielerzahl: ab 2

Spieldauer: ab ca. 3 Min.

Material: 1 Ball mittlerer Größe aus Plastik oder Leder, gut aufgepumpt

Tigerball / Schweinchen in der Mitte

Spielidee und Grundregeln:
Ein Spieler, der Tiger, befindet sich in der Mitte eines Kreises und muss versuchen, den Ball zu berühren, den sich die Außenspieler zu spielen. Die Außenspieler passen sich den Ball zu. Wer von den Kreisspielern vor der Tigerberührung zuletzt am Ball war, wird neuer Tiger. Der Tiger darf den Ball mit dem gesamten Körper abfangen.

Hinweise:
Bei vielen Spielern sollten ab ca. 7 bis 10 Spielern mehrere Bälle eingesetzt werden.

Spielerzahl: ca. 4 bis max. 14, z. B. 3 Spieler und 1 Tiger oder auch 4:2, 5:2, 7:3, 10:4, sonst mehrere Gruppen

Spieldauer: ab ca. 5 Min.

Material: ein oder mehrere Bälle

Variationen:

- Der Ball darf nicht den direkten Nachbarn zuspielt werden.
- Der Ball darf nur als Aufsetzer gespielt werden.
- Der Ball darf nur mit dem Fuß gespielt werden (eventuell auch Zahl der Ballkontakte vorgeben).
- Der Ball darf nur gerollt werden.

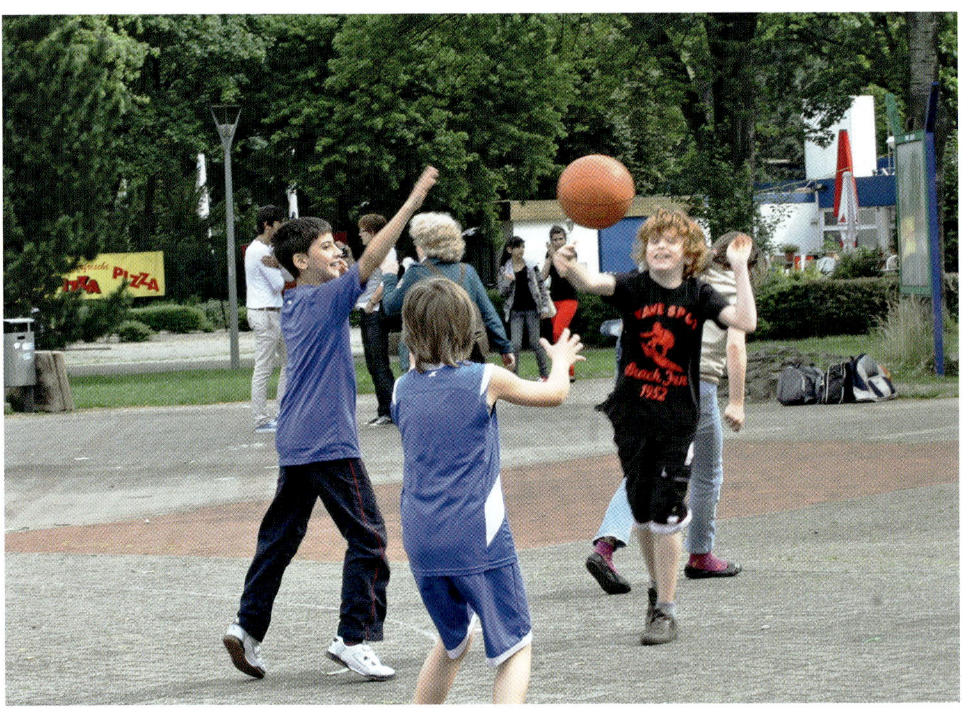

Reifentreffen

Spielidee und Grundregeln:
Jeweils zwei Mannschaften mit 1 oder 2 Spielern stehen in einigen Metern Abstand um einen Reifen und spielen miteinander oder gegeneinander. Wenn die Spieler miteinander spielen, werfen sie einen Ball so, dass die anderen den Ball fangen können. Spielen die Spieler gegeneinander wird der Ball so in einen am Boden liegenden Reifen geworfen, dass der gegnerische Spieler ihn möglichst nicht fangen kann. Ist dies der Fall erhält der Werfer einen Punkt. Der Ball muss von dort geworfen werden, wo er gefangen wurde – mit Ball darf man also nicht laufen.

Hinweise:
Spielerzahl: 2 oder 4
Spieldauer: ca. 5 Min.
Material: Tennisball oder ein anderer Ball, Reifen oder Kreidekreis

Variation:
- Bei jedem Fehler der einen Mannschaft erhält die andere Mannschaft einen Punkt. Wer zuerst 11 Punkte hat, hat gewonnen. Es können auch 3 Gewinnsätze gespielt werden.

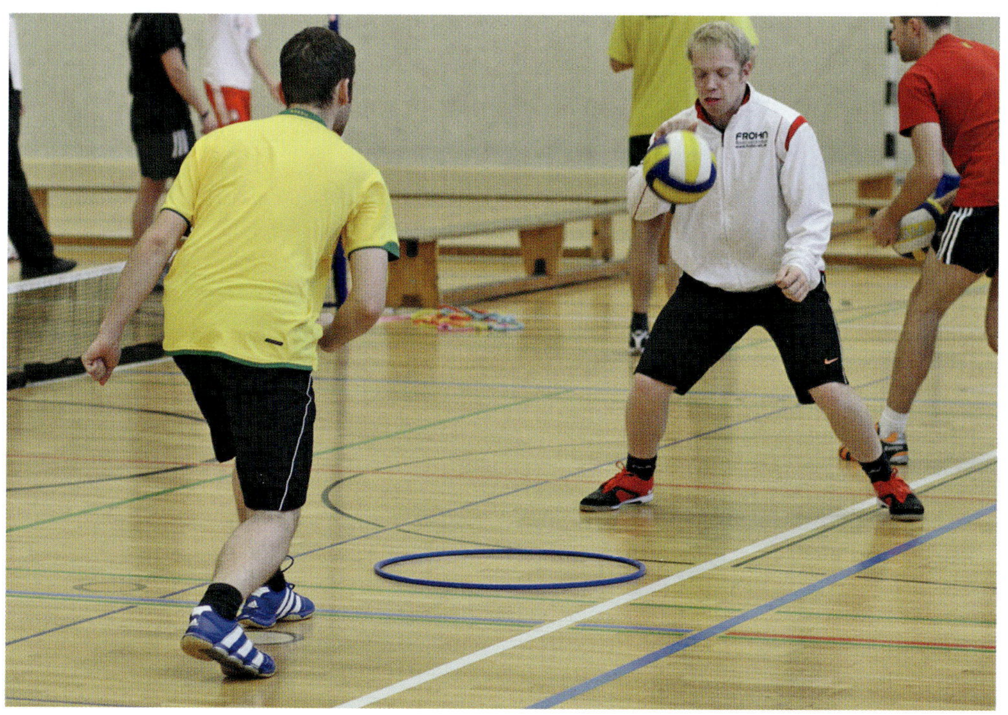

Ballprobe

Spielidee und Grundregeln:
Der Ball muss gegen die Wand geworfen und wieder aufgefangen werden. Dabei muss jeder Spieler zehn Aufgaben fehlerfrei erfüllen, zum Beispiel diese:

- 10mal gegen die Wand werfen und fangen.
- 9mal gegen die Wand werfen, ein- oder zweimal in die Hände klatschen und den Ball wieder fangen.
- 8mal gegen die Wand werfen, den Ball ticken lassen und wieder fangen.
- 7mal den Ball unter dem rechten Bein hindurch gegen die Wand werfen und wieder fangen.
- 6mal den Ball unter dem linken Bein hindurch gegen die Wand werfen und wieder fangen.
- 5mal den Ball hinter dem Körper über die linke Schulter gegen die Wand werfen und wieder fangen.
- 4mal den Ball hinter dem Körper über die rechte Schulter gegen die Wand werfen und wieder fangen.
- 3mal den Ball gegen die Wand werfen, mit beiden Händen den Boden berühren und wieder fangen.
- 2mal den Ball gegen die Wand werfen, mit einem Oberschenkel hochspielen und wieder fangen.
- 1mal den Ball gegen die Wand werfen, einmal um sich selbst drehen und den Ball wieder fangen.

Hinweise:
Spielerzahl: beliebig
Spieldauer: ab 2 Min.
Material: möglichst ein Ball je Spieler oder ein Ball für 2 Spieler.

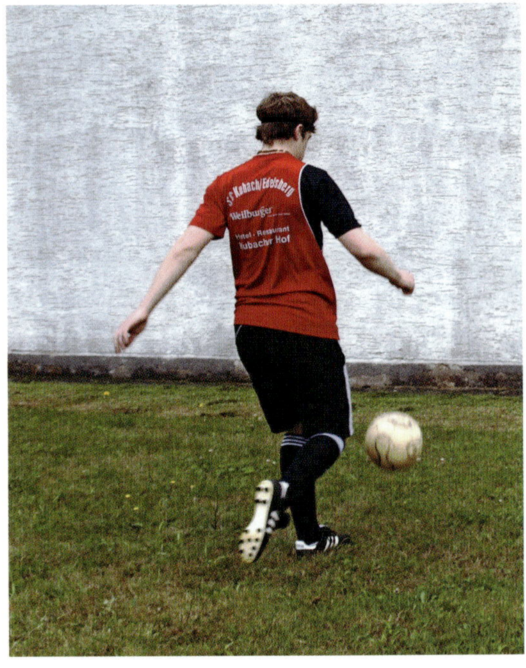

Weitere Aufgaben:
- Nur mit der rechten oder linken Hand fangen und werfen.
- Kleinere oder größere Bälle, links werfen/rechts fangen und umgekehrt.
- Werfen und hinter dem Rücken in die Hände klatschen.
- Werfen, den abprallenden Ball gegen die Wand köpfen und anschließend fangen.
- Mit dem Rücken zur Wand werfen, drehen und fangen.

Variationen:
- Jede Aufgabe muss erst zehnmal ohne Fehler geschafft werden, bevor der Spieler die neue Aufgabe beginnt.
- **Fußball-Probe**
  - Den Ball aus dem Stand mit Innen- oder Außenrist flach gegen die Wand spielen und den zurückrollenden Ball mit der Sohle, dem Innen- oder dem Außenrist stoppen.
  - Den Ball mit einem Dropkick gegen die Wand spielen.

- Den Ball flach an die Wand spielen und den zurückprallenden Ball mit dem Spann hochspielen.
- Den Ball mit dem Fuß hoch an die Wand spielen und den zurückprallenden Ball nach einma ligem Prellen oder direkt nach Bodenkontakt stoppen.
- Den Ball in ein an der Wand markiertes Feld spielen.
- Den Ball aus der Hand volley halbhoch mit der Innenseite oder dem Spann gegen die Wand spielen und wieder fangen.
- Den Ball hochwerfen, aufspringen lassen und gegen die Wand spielen.
- Den Ball zur Seite werfen und aus der Drehung (Hüftdrehschuss) gegen die Wand spielen.
- Den Ball aus der Hand hoch an die Wand spielen und weich mit dem Fuß, Kopf, Oberschenkel oder Brust aus der Luft annehmen.
- Den Ball mit der Hand aufwerfen und mit dem Kopf im Stand oder Sprung gegen die Wand spielen.
- Den Ball mehrfach mit dem Kopf gegen die Wand spielen.

Treibball

Spielidee und Grundregeln:
Zwei Spieler stehen sich in einem Spielfeld gegenüber und versuchen den Partner in einer vorgegebenen Wurftechnik (Schlagwurf, Schockwurf, beidhändig o. ä.) über dessen Grundlinie zu treiben. Es muss vom Ort des Fangens direkt und ohne Anlauf zurückgeworfen werfen. Ein Punkt ist erreicht, wenn der Gegner den Ball hinter seiner Grundlinie fangen muss. Falls der Ball nicht gefangen wird, muss vom Ort des erstens Auftickens geworfen werden.

Hinweise:
Die jeweilige Spielfeldgröße muss den Wurffähigkeiten der Spieler angepasst werden.
Spielerzahl: ab 2 bis nahezu unbegrenzt: Die Anzahl der Paare ist abhängig vom Platz, der zur Verfügung steht.
Spieldauer: ab ca. 4 Min.
Material: je Spielerpaar 1 beliebiger Ball

Variationen:
- Es kann mit verschiedenen Bällen gespielt werden.
- Wettkämpfe mit unterschiedlichen Wurf- oder Schusstechniken: Schlagwurf, Druckwurf, Einwurf, Dropkick, Volley aus der Hand, mit rechts oder mit links.
- Als Mannschaftsspiel, bei dem 2 Mannschaften mit ca. 2 bis 10 Spielern gegeneinander spielen.

Namen rufen / Stoppball

Spielidee und Grundregeln:
Alle Spieler stehen im Kreis. Ein Spieler steht in der Mitte, wirft einen Ball über sich in die Luft und ruft den Namen eines Mitspielers. Alle anderen laufen weg bzw. bringen sich in Sicherheit. Der aufgerufene Spieler versucht, den Ball zu fangen, bevor dieser den Boden berührt. Gelingt ihm dieses, ruft er den Namen eines anderen Mitspielers. Gelingt es ihm nicht, den Ball direkt zu fangen, ruft er, sobald er den Ball in den Händen hält, laut „Stopp!“. Alle Mitspieler müssen sofort stehen bleiben. Der Ballbesitzer darf drei große Schritte gehen und dann versuchen, einen Spieler mit dem Ball abzuwerfen. Gelingt ihm dieses, bekommt der Abgeworfene einen Minuspunkt. Gelingt dieses nicht, bekommt der Werfer einen Minuspunkt. Den nächsten Hochwurf führt immer derjenige Spieler aus, der den Minuspunkt erhält. Wer dreimal abgeworfen wurde bekommt von der Gruppe einen neuen Namen und darf dann wieder bei Null starten.

Hinweise:
Spielerzahl: ab ca. 4 bis 15
Spieldauer: ab ca. 3 Min.
Material: 1 Soft- oder Volleyball

Variation:
- Der Spieler mit Ball versucht den Ball so zu rollen, dass er die Füße eines Mitspielers berührt.

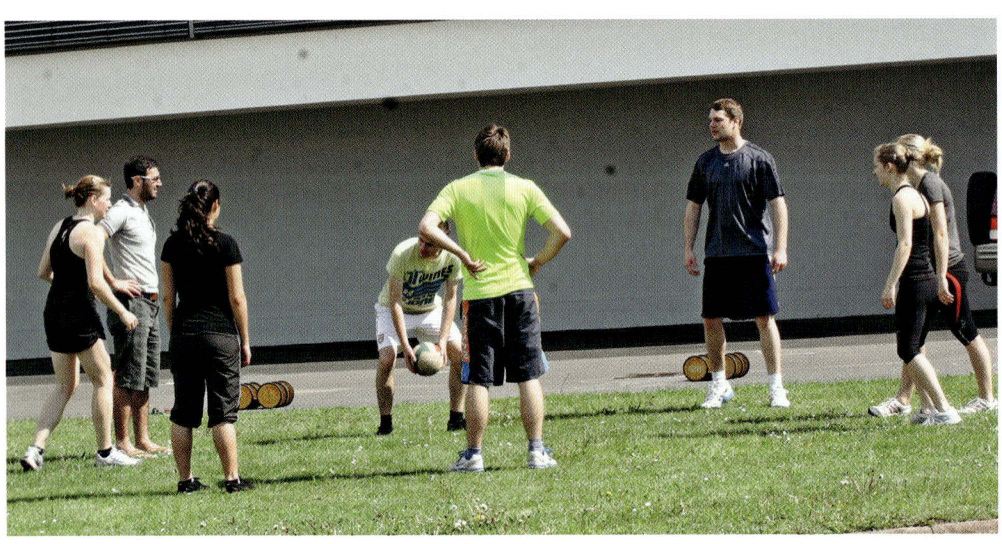

Ball über die Schnur

Spielidee und Grundregeln:
Zwei Mannschaften spielen gegeneinander über eine Schnur oder ein Netz mit dem Ziel, einen Ball so in das gegnerische Feld zu spielen, dass er den Boden berührt oder nur fehlerhaft zurückgespielt werden kann. Gespielt wird bis 11 (15), jeder Punkt zählt. Wer den Punkt macht, erhält die Aufgabe. Es darf nur geworfen werden. Bei jedem Ballbesitz darf der Ball dreimal innerhalb der eigenen Mannschaft gespielt werden.

Hinweise:
Die Spielfeldgröße entspricht in etwa dem Angriffsfeld des Volleyballfeldes. Die Schnur oder das Netz sollte sich oberhalb der Reichhöhe des größten Spielers befinden.

Spielerzahl: ab 3 bis ca. 8 Personen je Mannschaft
Spieldauer: ab 5 Min.
Material: 1 Ball, Hütchen zur Spielfeldmarkierung

Variationen:

- Tennis, Badminton (Feld eventuell etwas größer), Ringtennis
- Wer den Ball über das Netz gespielt hat, muss die Seite wechseln. Das Spiel läuft weiter.
- Kein Spieler darf zweimal hintereinander den Ball auf die andere Seite werfen.
- Für geübte Spieler ist dies auch als Kopfballspiel möglich.

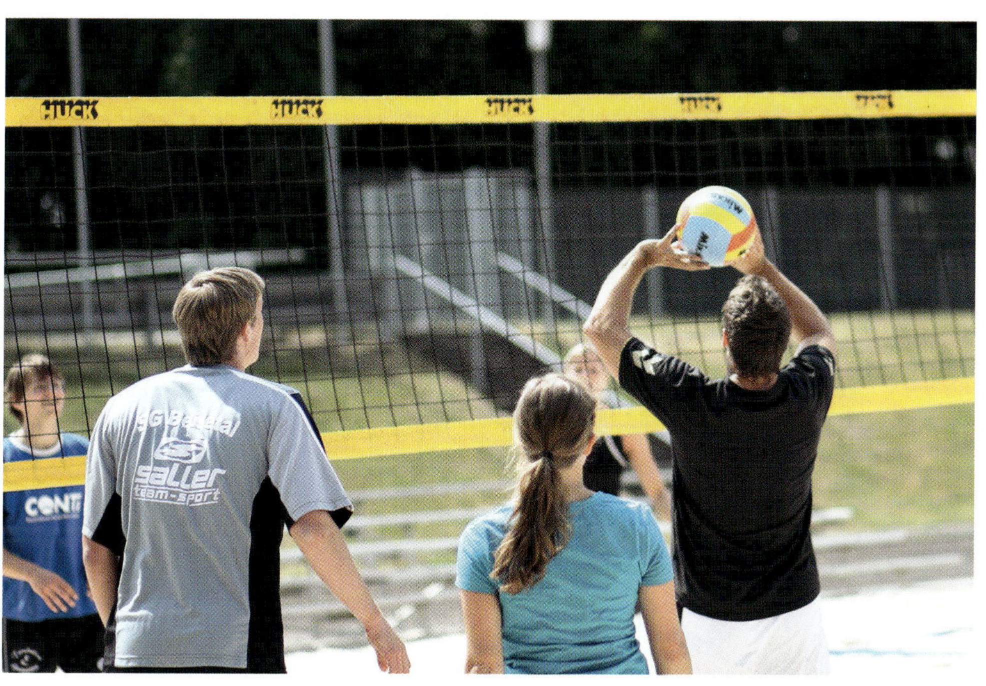

Volleyball / King of the Court / Handtuchball

Spielidee und Grundregeln:
Zwei Mannschaften spielen gegeneinander mit dem Ziel, den Ball nach Volleyballregeln über das Netz auf den Boden der gegnerischen Spielfeldhälfte zu bringen und zu verhindern, dass er in der eigenen Spielfeldhälfte zu Boden fällt. Der Ball wird von einem Aufschlagspieler hinter der eigenen Grundlinie ins Spiel gebracht. Der Ball darf mit jedem Körperteil und dreimal innerhalb einer Mannschaft gespielt werden. Punkten kann jedes Team, egal ob es den Aufschlag hat oder nicht. Wer zuerst 25 Punkte erzielt, gewinnt den Satz.

Hinweise:
Spielerzahl: ab 4
Spieldauer: ab 10 Min.
Material: 1 Netz, 1 Volleyball

Variationen:
- **Rundlauf**
- **Werfen oder mit Volleyballtechniken**
- **King of the court**
  - Es werden drei Dreiermannschaften gebildet: Zwei spielen gegeneinander bis 3 Punkte, eine Mannschaft wartet. Die Gewinnermannschaft bleibt auf dem Feld. Die Mannschaft, die neu herein kommt, schlägt auf. Nach maximal drei Siegen hintereinander muss auch die Siegermannschaft das Feld verlassen.
- **Handtuchball:**
  - Immer zwei Spieler fassen die Schmalseiten eines Handtuchs an, fangen den Ball mit dem Handtuch auf und schleudern ihn wieder auf die andere Seite.

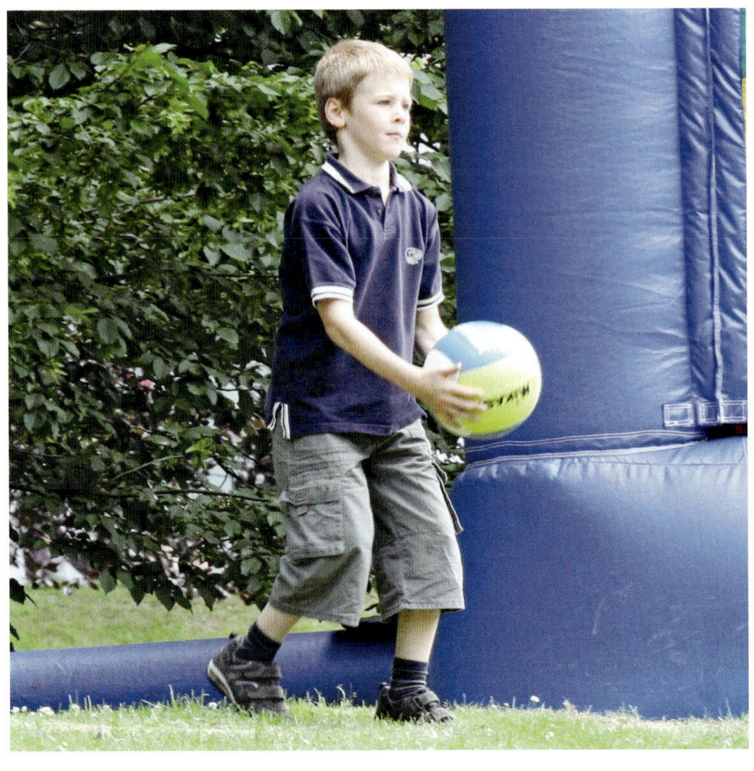

Völkerball und Völkerballvariationen

Spielidee und Grundregeln:
Zwei Mannschaften spielen gegeneinander und versuchen, die Feldspieler des Gegners abzuwerfen. Jede Mannschaft bestimmt einen König, der sich zunächst hinter das gegnerische Feld an die Grundlinie stellt. Der König darf auch abwerfen. Die abgeworfenen Spieler stellen sich an die gegnerische Grund- bzw. an die Seitenlinien. Gelingt es ihnen, einen Gegner abzuwerfen, dürfen sie wieder in ihr Spielfeld zurück. Sind alle Feldspieler oder alternativ auch alle bis auf einen Feldspieler abgeworfen, muss der König ins Feld. Er hat drei Leben. Wirft sich ein zusätzlicher Mitspieler wieder ins Feld, verlässt es der König wieder. Gefangene Bälle, Kopftreffer und Bodentreffer zählen nicht.

Hinweise:
Durch geschicktes Passen um das gegnerische Feld, sollten die Gegner solange gejagt werden, bis eine günstige Wurfmöglichkeit entsteht. Ein zu frühes Werfen ist riskant.

Spielerzahl: ab ca. 8 (4 gegen 4) bis ca. 20
Spieldauer: ab 10 Min.
Material: 1 Soft- oder Volleyball, Kreide oder Hütchen zum Markieren des Feldes

Variationen:
- Auch Bodentreffer zählen.
- Spiel mit 3 Königen, die sich an den 3 Seitenlinien ihrer Mannschaft verteilen. Jeder von ihnen hat am Ende ein Leben.
- **Völkerball verkehrt**
  - Der König ist zu Beginn im Feld, alle anderen Spieler spielen von draußen. Treffen die Außenspieler den König oder einen anderen Spieler im Feld, dürfen sie auch in das Feld. Getroffene Spieler bleiben im Feld. Gewonnen hat die Mannschaft deren Spieler komplett im Feld stehen.
- **Kreisvölkerball**
  - 2 Jäger, die außerhalb eines Kreises von ca. 6 Metern Durchmesser stehen, versuchen, die übrigen im Kreis befindlichen Spieler mit einem Ball durch einen Bodenpass abzuwerfen. Wer getroffen wurde, wird ebenfalls Jäger.
- **ABC-Völkerball**
  - Die drei Außenlinien der Felder werden mit A, B und C gekennzeichnet und zu Beginn des Spiels mit drei Spielern besetzt. Ein Spieler, der getroffen wurde, wechselt hinter die Linie A. Alle drei Außenspieler rücken eine Position weiter: A hinter Linie B, B hinter Linie C und C wieder ins eigene Spielfeld.
- **Zombievölkerball**
  - Wenn derjenige Spieler, von dem man getroffen wurde, selbst getroffen wird und in das Außenfeld muss, ist man wieder im Spielfeld.
- **Völkerball mit Freilaufen**
  - Abgeworfene Spieler dürfen jederzeit von der hinteren Grundlinie des gegnerischen Feldes aus versuchen, über die Mittellinie in ihr eigenes Feld zu laufen. Werden sie dabei von einem Spieler der gegnerischen Mannschaft berührt, müssen sie wieder ins Außenfeld. Gelingt es ihnen, spielen sie wieder im Feld mit.
- **Bienenkönigin/James Bond/König und Joker**
  - Jede Mannschaft bestimmt zu Beginn geheim einen König und einen Joker und teilt diese dem Spielleiter mit. Wird der König getroffen, ist das Spiel sofort beendet. Der Joker hingegen genießt Immunität und scheidet nicht aus, auch wenn er getroffen wird. Er fungiert als möglichst unauffälliges Schutzschild für den König.
- **Völkerball mit Joker**
  - Jede Mannschaft kennzeichnet einen Spieler als Joker. Wird dieser von außen getroffen, sind alle Außenspieler des Werfers frei. Der getroffene Joker gibt seine Markierung einem Mitspieler und begibt sich ins Außenfeld.
- **Battle**
  - Ein abgeworfener Spieler wechselt in den Außenbereich des Spielfeldes. Sobald dort ein vom Gegner abgeworfener Spieler erscheint, tragen beide einen Einzelwettkampf (battle) aus, zum Beispiel einen Zieh- oder Schiebekampf oder Seilchen springen. Beide Spieler wechseln anschließend in das Feld des Siegers. Es verliert die Mannschaft, die keinen Spieler mehr im Feld hat.
- **Flaschenvölkerball**
  - Jeder Spieler stellt eine leere Plastikflasche im Feld auf. Ziel ist es, die Flaschen zu treffen. Fällt eine Flasche um, muss sein Besitzer ins Außenfeld.

Eckball

Spielidee und Grundregeln:
4 äußere Spieler stehen an den Ecken eines Quadrats von ca. 10m Seitenlänge, 4 innere Spieler darin. Die äußeren Spieler werfen sich den Ball solange zu, bis einer von ihnen versucht, einen Innenspieler mit dem Ball zu treffen. Wird ein Innenspieler getroffen, darf dieser schnell den Ball aufheben, „Stopp!" rufen und einen der äußeren Spieler abwerfen. Der äußere Spieler darf nicht ausweichen. Trifft er, heben sich beide Treffer auf. Trifft er nicht, bekommt die innere Mannschaft einen Strich. Trifft ein Außenspieler nicht, bekommt seine Mannschaft einen Strich. Ein Außerspieler darf nur abtreffen, wenn er selbst den Ball seines Mitspielers gefangen hat.

Hinweise:
Die Spielfeldgröße muss den Wurffähigkeiten der Spieler angepasst werden.
Spielerzahl: 6 bis 10
(Dreieck, Viereck oder Fünfeck)
Spieldauer: ab ca. 3 Min.
Material: 1 Soft- oder Volleyball, Kreide

Variation:
- Bei 6 Spielern wird ein Dreieck gebildet, bei 10 ein Fünfeck, bei mehr als 10 ein Kreis.

Büßerball / Verliebt-Verlobt-Verheiratet

Spielidee und Grundregeln:
Die Spieler bilden einen Kreis und werfen sich den Ball beliebig zu. Wer ihn nicht fängt oder so ungenau passt, dass der Ball nicht gefangen werden kann, muss „büßen", d. h. er muss aus einer erschwerten Position weiter spielen. Nach dem ersten Fehler wird im Kniestand weiter gespielt, nach dem zweiten Fehler im Sitzen und nach dem dritten Fehler in Bauchlage. Fängt der „Büßer" einen Ball, darf er wieder in die Ausgangsposition zurück.

Hinweise:
Die Spielfeldgröße sollte an das Können der Spieler angepasst werden.
Spielerzahl: 5 – 10 Spieler pro Kreis
Spieldauer: ab ca. 5 Min.
Material: 1 Soft- oder Volleyball

Variationen:
- Täuschungen, Finten und irreführende Zurufe sind erlaubt.
- Bodenpässe zählen.
- Der Ball muss gepritscht werden.
- Vor dem Fangen des Balls müssen die Spieler einmal in die Hände klatschen.

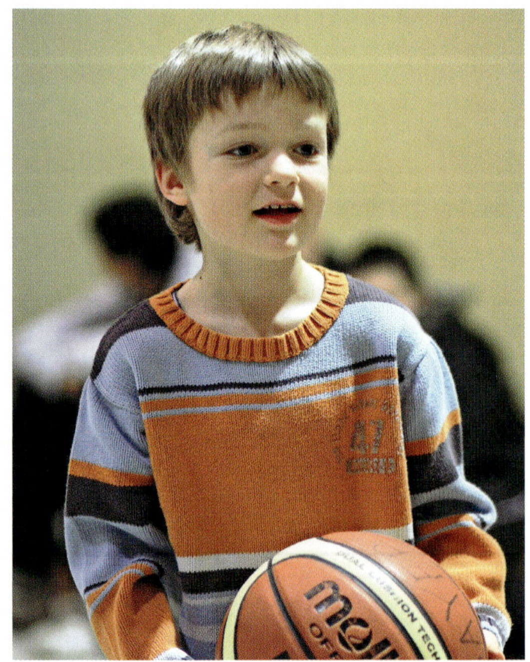

Flaschen leer schießen

Spielidee und Grundregeln:
In einem Spielfeld werden ca. 10 mit Wasser gefüllte unverschlossene Plastikflaschen aufgestellt. 2-3 Wächter versuchen nun, die Plastikflaschen zu bewachen. Alle anderen Spieler versuchen, mit 1-2 Bällen die Plastikflaschen umzuschießen. Die Wächter müssen die Flaschen so schnell wie möglich wieder aufstellen, damit der Wasserverlust nicht zu groß wird. Haben die Wächter nach 2 Minuten „Beschuss" noch Wasser?

Hinweise:
Spielerzahl: ab 10
Spieldauer: ab 5 Min.
Material: Für jeden Spieler eine Plastikflasche

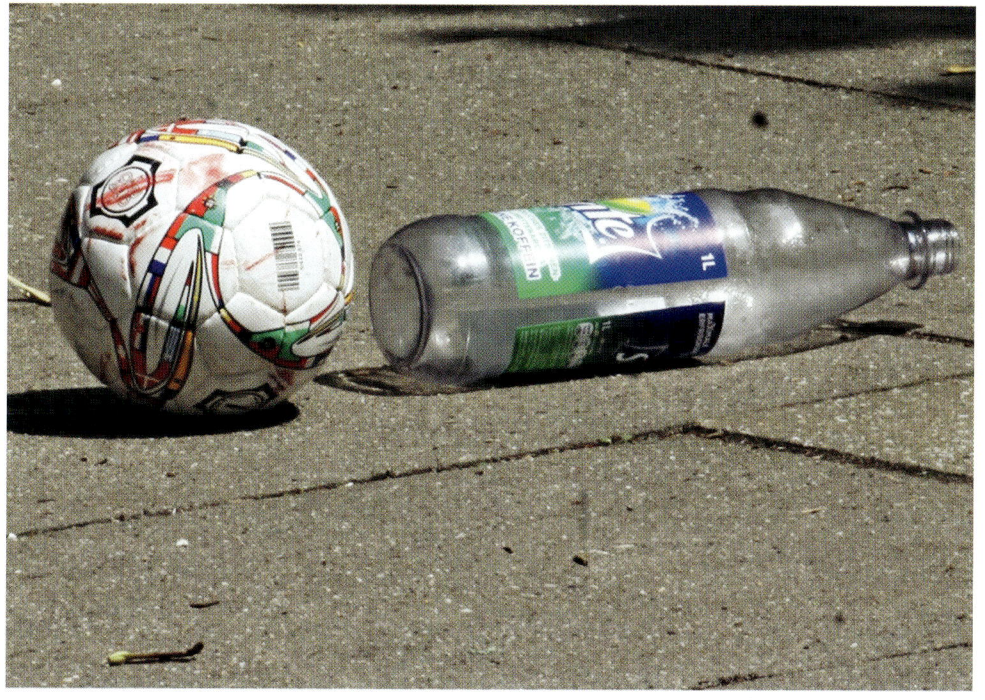

Ligaprellen

Spielidee und Grundregeln:
Das Spielfeld wird in drei Zonen A, B, C eingeteilt. Zu Beginn prellen alle Spieler ihren Ball in der Zone A. Sie versuchen, sich gegenseitig die Bälle mit der freien Hand wegzuspielen. Hat ein Spieler seinen Ball verloren, das Spielfeld verlassen oder den Ball in beide Hände genommen, so steigt er in die tiefere Liga ab. Von der Zone B und C kann nach erfolgreichem Wegspielen des Balles wieder in die nächst höhere Zone aufgestiegen werden.

Hinweise:
Mit Kreide werden die Zonen aufgemalt.
Spielerzahl: ab 8
Spieldauer: ab 3 Min.
Material: für jeden Spieler einen Basketball oder Handball

Variationen:
- Die Spieler starten in der untersten Liga. Wer jemanden anderen einen Ball weggespielt hat, steigt auf.
- Die Spieler führen einen Ball am Fuß.

Hütchen-Handball / Lebendes Tor auf der Linie

Spielidee und Grundregeln:
Zwei Mannschaften spielen nach Handballregeln gegeneinander. Allerdings darf ein Spieler mit Ball nicht laufen. Jedes Team bestimmt einen „Hütchenhalter", der ein Hütchen mit beiden Händen beliebig vor, neben oder über sich hält. Beide „Hütchenhalter" stehen auf gezeichneten Linien, die parallel etwa 10 - 20 Meter voneinander entfernt sind. Sie dürfen sich nur mit Sidesteps auf der Linie auf und ab bewegen. Die Mitspieler von „Hütchenhalter A" müssen den Ball in sein Hütchen werfen, Team B muss das verhindern und den Ball in das Hütchen des eigenen „Hütchenhalters" werfen (nicht hineinlegen). Wer die meisten Bälle im eigenen Hütchen unterbringt, gewinnt.

Hinweise:
Spielerzahl: ab 12
Spieldauer: ab 5 Min.
Material: 2 Hütchen, ein Ball, der in das Hütchen passt, Kreide, um die Linien für die „Hütchenträger" zu markieren

Variation:
- **Lebendes Tor auf der Linie**
    - Zwei Spieler bilden ein lebendiges Tor und dürfen sich auf der Linie hin und her bewegen. Wird Handball gespielt, eignet sich ein Reifen, der zwischen den Spielern gehalten wird, um das Tor zu markieren. Wird Fußball gespielt, geben sich die Torspieler die Hand und bilden so das Tor.

Rollball / Rückwärtsball

Spielidee und Grundregeln:
Zwei Mannschaften spielen gegeneinander mit dem Ziel, einen Ball über die gegnerische Grundlinie zu rollen. Der Ball darf grundsätzlich nur gerollt (oder bis maximal Kniehöhe gespielt werden). Mit dem Ball darf man höchstens 3 Schritte laufen, muss dabei den Ball aber rollen. Nach diesen 3 Schritten muss abgespielt werden. Der Ballbesitzer kann nur angegriffen werden, wenn der Ball in Bewegung ist. Bei Schrittfehlern oder zu hohen Bällen über Kniehöhe bekommt der Gegner den Ball.

Hinweise:
Seitenlinien und vor allem die hinteren Begrenzungslinien sollten deutlich markiert werden. Die Tore sind jeweils die hinteren Begrenzungslinien des Spielfeldes. Die Mannschaften sollten mit Hemden oder Bändchen markiert werden.

Spielerzahl: ab 10

Spieldauer: ab 5 Min.

Material: 1 Ball, Markierungshemden

Variationen:

- Das Abspiel darf nur nach hinten erfolgen, dafür sind aber 6 Schritte mit dem Ball erlaubt.
- Gespielt wird auf drei oder mehr offene Hütchentore. Ein Tor wird nur dann gewertet, wenn ein Mitspieler den Ball auf der anderen Seite des Tores annehmen kann.

- **Rückwärtsball**
  - Der Ball darf nur rückwärts durch die Beine gepasst werden. Auch Tore dürfen nur so erzielt werden. Hierdurch eröffnen sich ganz neue Perspektiven auf das Spiel.

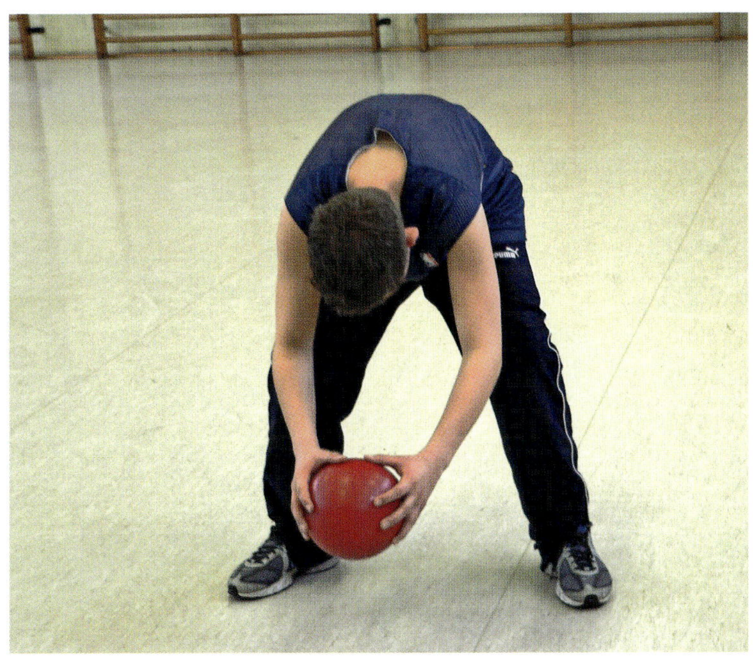

Prellball

Spielidee und Grundregeln:
3 bis 5 Spieler sind in einer Mannschaft. Beim Prellball soll der Ball (Volley- oder Faustball) mit der Faust (oder auch mit der flachen Hand) über eine Schnur in das Spielfeld des Gegners geschlagen werden. Dabei muss er aber vorher noch im eigenen Feld aufprellen. Der Gegner darf den Ball entweder direkt annehmen oder nachdem er einmal im eigenen Feld aufgesprungen ist. Anschließend schlägt er ihn auf die gleiche Weise zurück. Jede Mannschaft hat die Möglichkeit, den Ball zweimal in ihrem Feld zu spielen, um einen günstigen Angriffsschlag vorzubereiten. Jedoch darf kein Spieler zweimal hintereinander schlagen. Beim Aufschlag, den jeder Spieler von einem beliebigen Platz aus vornehmen kann, wird der Ball mit der einen Hand in Hüfthöhe gehalten und mit der anderen schräg gegen den Boden geprellt, so dass er in das gegnerische Feld fliegt. Den Aufschlag führt die Mannschaft aus, die den Fehler beging. Der Ball darf im Gegensatz zu Faustball nur von oben geschlagen werden und nie von unten nach oben. Punkte erhält man, wenn der Gegner folgende Fehler begeht:

- Der Ball wird direkt in das gegnerische Feld geschlagen, ohne Aufprall im eigenen Spielfeld.
- Der Ball oder Spieler berührt die Leine oder Bank bzw. der Ball fliegt unter der Leine hindurch.
- Der Ball berührt zwischen zwei Prellschlägen mehr als einmal den Boden.
- Ein Spieler schlägt zweimal hintereinander.
- Der hinübergeschlagene Ball prallt außerhalb der Spielgrenzen auf.
- Mehr als drei Prellschläge werden hintereinander von der Mannschaft ausgeführt.
- Der Ball berührt den Körper.

Hinweise:
Spielerzahl: 4 bis ca. 8 Spieler je Feld
Spieldauer: ab 5 Min.
Material: 1 Ball je Feld

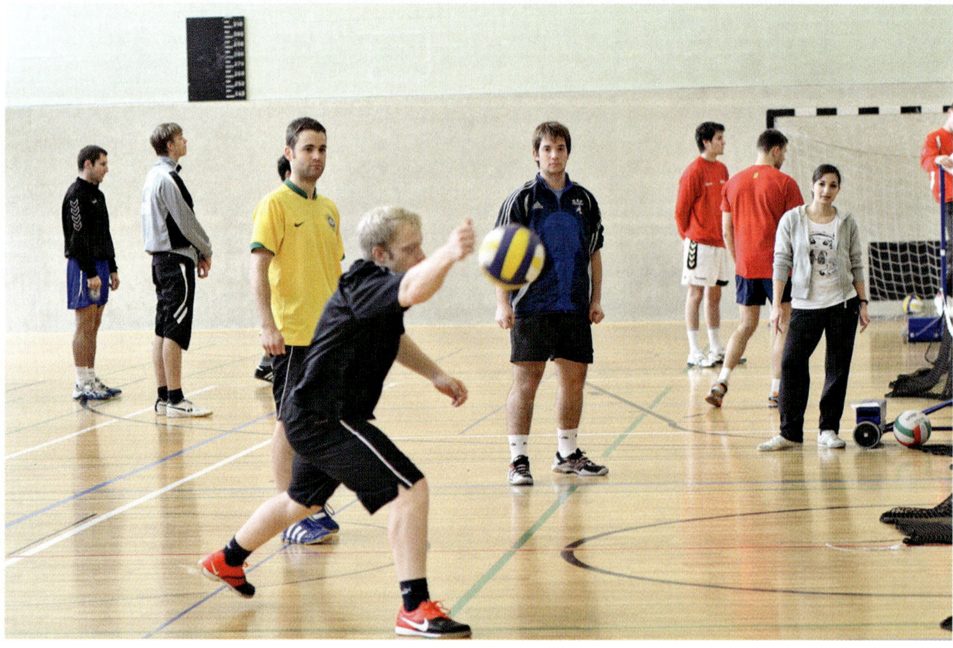

Prellball im Kreis

Spielidee und Grundregeln

4 Spieler je Kreis; Kreise von etwa 2m Durchmesser; gut springende Volleybälle, Gymnastik- oder Tennisbälle (diese werden nur mit der offenen Hand geprellt). Um den Kreis verteilen sich vier Spieler. Jeweils zwei bilden eine Mannschaft. Die aufschlagende Mannschaft versucht, den Ball so in den Kreis zu prellen, dass der gegnerischen Mannschaft das Zurückprellen erschwert ist. Der Aufschlag wird von der Mannschaft ausgeführt, die einen Fehler beging. Die Gegenmannschaft erhält einen Pluspunkt, wenn die andere Mannschaft folgende Fehler begeht:

- Der Ball wird nicht in den Kreis zurückgeprellt.
- Der Ball springt mehr als einmal außerhalb des Kreises auf.
- Der Gegner wird absichtlich beim Schlagen behindert.
- Die Spieler schlagen zweimal hintereinander.

Schwieriger wird das Spiel, wenn der Ball sofort beim Herausspringen aus dem Kreis wieder hineingeprellt werden muss, ohne den Boden außerhalb des Kreises zu berühren. Dieses Spiel lässt sich auch 1:1 spielen, dann verwendet man einen Gymnastikreifen.

Hinweise:

Spielerzahl: 2 bis ca. 6 Spieler je Kreis

Spieldauer: ab 5 Min.

Material: 1 Ball je Kreis

Variation

- Rundlauf-Prellball: wie Rundlauf-Tischtennis

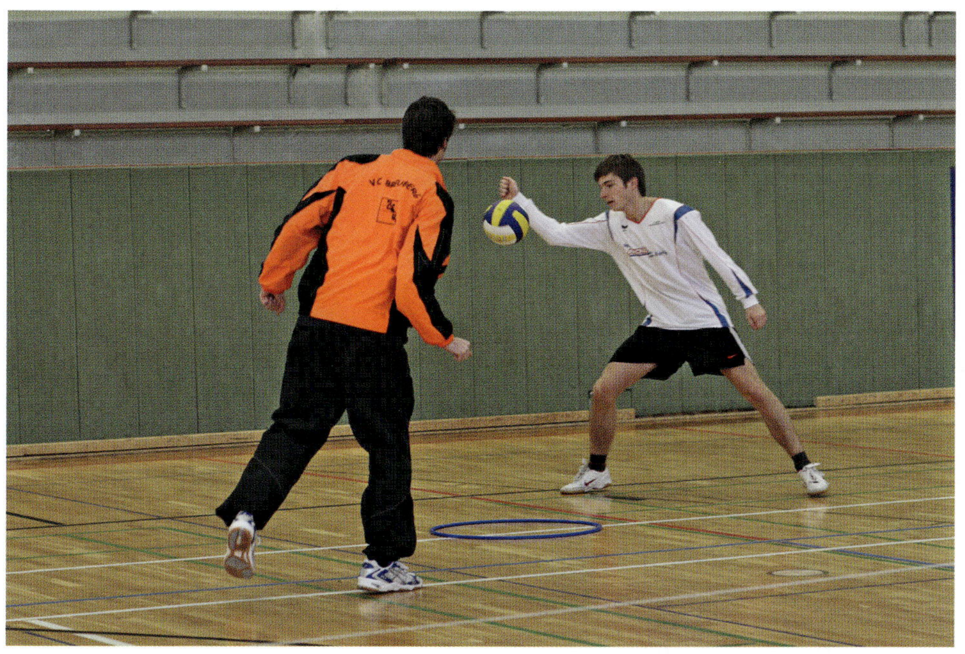

Parteiball / Zehnerball

Spielidee und Grundregeln:
Zwei Mannschaften spielen gegeneinander mit dem Ziel, sich einen Ball so oft wie möglich innerhalb der eigenen Mannschaft zuzupassen, ohne dass der Gegner an den Ball kommt. Bei einer vorher festgelegten Anzahl von Pässen, z.B. 10, erhält die Mannschaft einen Punkt und der Ball wechselt zum Gegner. Kommt die gegnerische Mannschaft in Ballbesitz, versucht sie ihrerseits möglichst viele Pässe zu spielen. Mit dem Ball darf nicht gelaufen werden und er darf nicht zu dem Spieler zurück gespielt werden, von dem man den Ball erhalten hat.

Hinweise:
Jeder erfolgreiche Pass wird von den Spielern laut mitgezählt. Die Mannschaften werden gekennzeichnet oder es spielt hell gegen dunkel.

Spielerzahl: 6-12

Spieldauer: ab 5 Min.

Material: ein beliebiger Ball, Markierungshemden

Variationen:

- Mit dem Ball darf nicht gelaufen werden.
- Der Ball darf nicht zu dem Spieler zurück gespielt werden, von dem man den Ball erhalten hat.
- Die Pässe werden nur mit dem Fuß gespielt.
- Bei ungerader Spielerzahl wird mit einem deutlich gekennzeichneten Joker gespielt, der immer die Mannschaft in Ballbesitz verstärkt.
- Es müssen abwechselnd Pässe und Bodenpässe gespielt werden.
- Der zugeworfene Ball muss mit einem vorher festgelegten Körperteil, z.B. dem Oberschenkel, vorgestoppt und anschließend mit beiden Händen gefangen werden.
- Der Ballbesitz wechselt bei einer Berührung durch einen Gegenspieler.

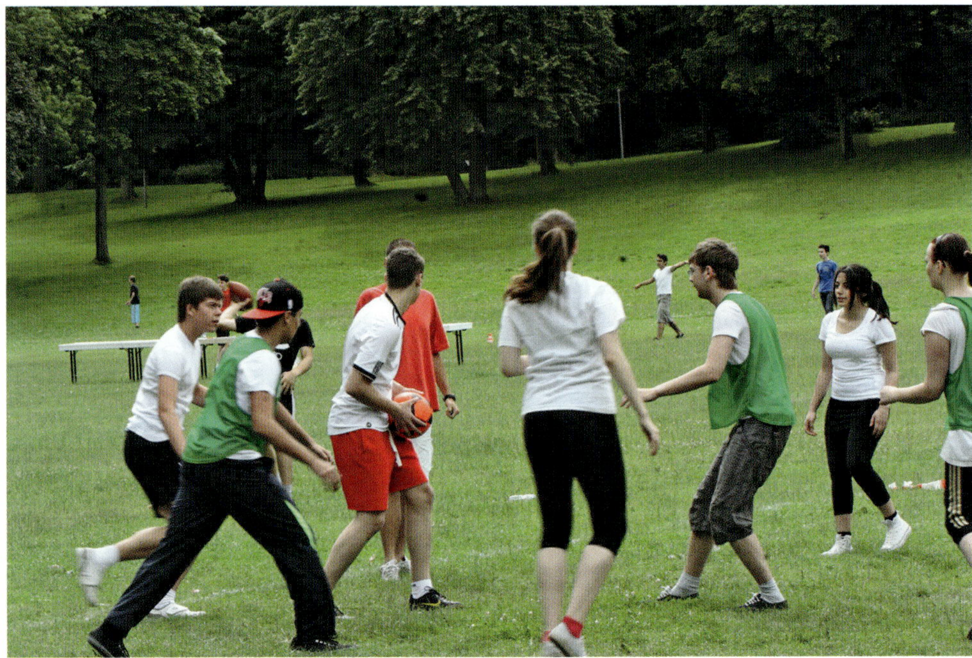

Reifenball

Spielidee und Grundregeln:
Drei Angreifer versuchen, einen Ball möglichst oft in einen von 4 leeren Reifen zu legen. Drei Abwehrspieler können dieses verhindern, indem sie sich in einen Reifen stellen. Haben sie einen Fuß im Reifen, kann dort kein Punkt mehr erzielt werden. Jede Mannschaft hat zwei Minuten Zeit, möglichst viele Punkte sammeln bzw. verhindern. Dann erfolgt ein Rollenwechsel.

Hinweise:
Spielerzahl: 6
Spieldauer: ab 5 Min.
Material: 1 beliebiger Ball, Markierungshemden

Variationen:
- Die Angreifer dürfen mit dem Ball in der Hand nicht laufen, sondern müssen ihn prellen.
- Das Ablegen des Balles in den Reifen ist nur unmittelbar nach einem Zuspiel möglich.
- Die Angreifer dürfen mit dem Ball in der Hand nur einen Schritt ausführen und dürfen ihn nicht prellen.
- Laufende Rollenwechsel, wenn die Abwehrspieler den Ball erobern. Wer hat zuerst 5 Punkte?
- Punktgewinn, wenn ein im Reifen stehender Mitspieler ein Zuspiel fangen kann, ohne dass ein Gegenspieler den Fuß in den Reifen hält.
- 4 gegen 4 mit 5 Reifen

Flaschenhockey

Spielidee und Grundregeln:
Zwei Mannschaften spielen gegeneinander mit dem Ziel, einen Tennisball mit einer leeren Plastikflasche in das gegnerische Tor oder über die gegnerische Grundlinie zu spielen. Der Ball darf nur mit der Flasche gespielt werden. Ein absichtliches Spiel mit dem Fuß ist nicht erlaubt. Bei einem Regelverstoß erhält der Gegner einen Freischlag.

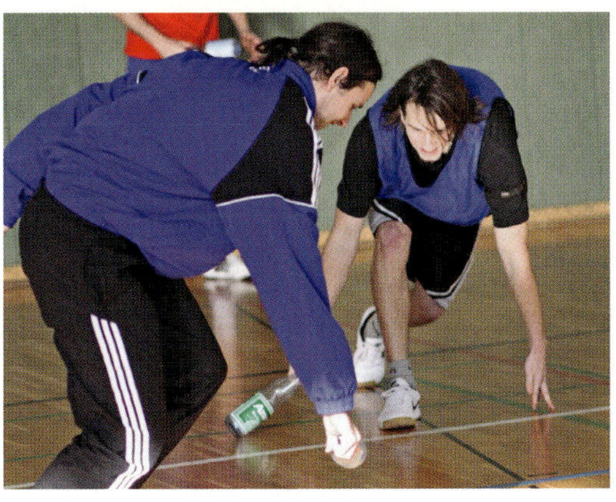

Hinweise:
Spielerzahl: 4-8 Spieler pro Mannschaft
Spieldauer: ab 10 Min.
Material: für jeden Spieler eine leere Plastikflasche, ein Tennisball, Markierungshemden

Variation:
- Zeitungshockey
  - Jeder Spieler baut sich vor Beginn des Spiels seinen Schläger aus mehreren Zeitungsdoppelbögen. Anschließend spielen 2 Mannschaften gegeneinander Hockey mit einem Tennisball oder Softball auf Tore, Hütchentore oder auf die gegnerische Grundlinie. Geht ein Schläger während des Spiels kaputt, darf der betroffene Spieler erst wieder weiter spielen, wenn er sich einen neuen Schläger gebaut hat.

Sautreiben mit 4 Mannschaften

Spielidee und Grundregeln:
Vier Mannschaften spielen gegeneinander mit dem Ziel, durch geschickte Würfe einen Pezziball oder Medizinball, die Sau, über eine gegnerische Linie zu treiben. Gespielt wird auf Zeit. Jeder Ball, der die eigene Linie überquert, bringt einen Minuspunkt. Anschließend wird die Sau wieder in die Mitte des Spielfeldes gelegt. Die Mannschaft mit den meisten Minuspunkten verliert. Man kann natürlich auch die erfolgreichen Versuche zählen.

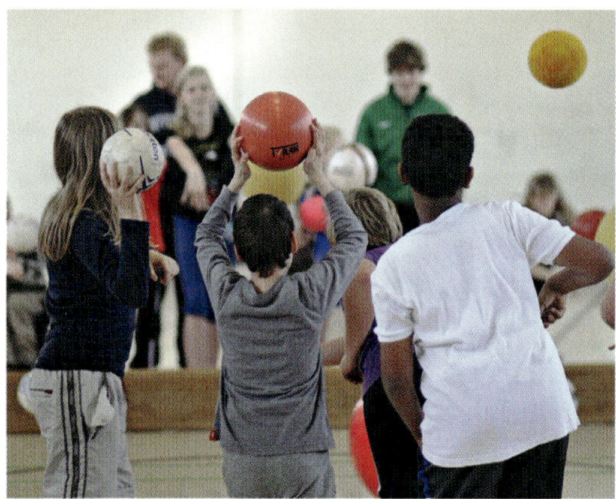

Hinweise.
Die Mannschaften stellen sich so auf, dass sie ein quadratisches Spielfeld begrenzen. Innerhalb dieses Feldes wird ein kleines Quadrat mit den Ziellinien aufgemalt. Die Spielfeldgröße wird den werferischen Fähigkeiten angepasst und Bälle, die im Feld liegen bleiben, dürfen vorsichtig geholt werden.
Spielerzahl: ab 20
Spieldauer: ab 5 Min.
Material: für jeden Spieler einen Ball, einen Pezzi- oder runden Medizinball als Sau, Kreide für die Linien.

Balljagd

Spielidee und Grundregeln:
8-12 Spieler bilden einen großen Kreis.
Zwei Spieler mit je einem Ball stellen sich Rücken an Rücken in der Mitte des Kreises auf. Auf ein Signal des Spielleiters passen beide Mitspieler im Uhrzeigersinn zu den Kreisspielern. Diese fangen den Ball und passen diesen schnell wieder zu dem jeweiligen Mittelspieler zurück. Aufgabe ist es, den Ball des anderen Mittelspielers einzuholen oder eine komplette Runde als erster abzuschließen.

Hinweise.
Spielerzahl: ca. 12 bis 24
Spieldauer: ab 3 Min., bei Wechsel der Kreisspieler auch deutlich länger
Material: 2 beliebige Bälle, auch Rugby, Football, Frisbee, Hockeyschläger und Ball

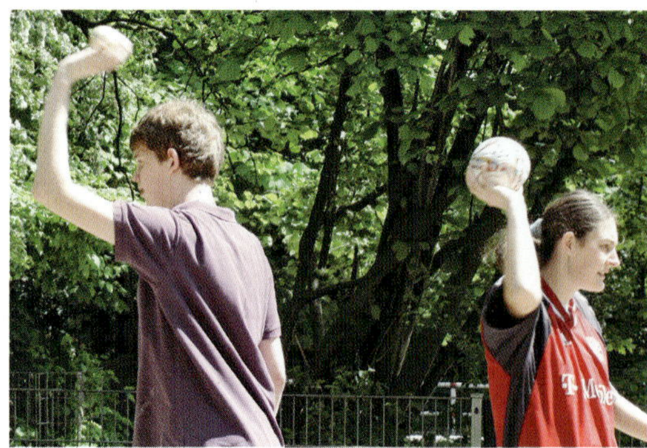

Fußball ist nicht nur bei Jungen eines der beliebtesten Pausen- und Freizeitspiele. Leider ist mancherorts das Fußballspielen auf dem Pausenhof verboten. Die Begründungen der Schule sind oft ähnlich: Fußball führe oft zu Verletzungen; durch den Fußball könnten Fenster, Wände oder Kleidung kaputt gehen oder dreckig werden; das Fußballspiel störe die anderen Schüler usw. In der Regel gibt es für diese Behauptungen keinen Beleg. Aus Schülersicht ist mancherorts das tägliche Fußballspiel wichtiger als der Unterricht und damit ein freudvoller Akzent im schulischen Tagesablauf.

Wir sind klare Befürworter von Sportspielen und insbesondere des Fußballspiels auf dem Pausenhof. Maßgeblich sollte hierfür die Gestaltung sein. Wo Fensterscheiben gefährdet sind, kann mit kleineren leichteren Bällen gespielt werden. Wenn der Schulhof sehr klein ist, müssen klare Regeln gelten, wer wo spielen darf. Und wenn der Platz für das „richtige Fußballspiel" nicht ausreicht, können viele andere Variationen zum Einsatz kommen. Wir möchten nachfolgend einige Spielvarianten vorschlagen.

Für uns ist Fußball ein ideales Pausen- und Freizeitspiel, weil meist alle Kinder und Jugendlichen die Grundregeln kennen, und weil Ballspiele mit dem Fuß viele Besonderheiten aufweisen. So wird der Ball nie wirklich kontrolliert (wie zum Beispiel wenn er mit zwei Händen gehalten wird) und ist deshalb immer frei spielbar. Hieraus resultieren zahlreiche unerwartete Spielsituationen, die es auch leistungsschwächeren Spieler erlauben erfolgreich mitzuspielen. Hinzukommt, dass Fußballspiele meist relativ bewegungsintensiv sind: Endlich können Kinder und Jugendliche mal so richtig laufen und das sollen sie auch.

Aus unserer Sicht werden die vielen kleinen Konflikte rund um das Fußballspiel überbewertet. In der Regel können Spieler jeder Altersgruppe solche Konflikte selbstständig lösen. Schüler erwerben so eine „allgemeine Spielfähigkeit", die es ihnen erlaubt ein Spiel zu initiieren, selbstständig durchzuführen und das Spiel gegen Widerstände aufrecht zu erhalten. Fußball leistet so auch einen Beitrag zum sozialen Lernen in der Schule.

Fußballspiele haben zudem den entscheidenden Vorteil fast überall mit wenig Aufwand gespielt werden zu können. Es braucht dazu nur einen Ball oder manchmal sogar nur ein ballähnliches Spielgerät. Das Spiel kann leicht und vielfältig den vorhandenen Bedingungen (Feldgröße, Bäume, Untergrund usw.) angepasst werden. Und wo keine Tore vorhanden sind, können diese aus Jacken, Pullovern, Flaschen, Tornistern, Hütchen oder Ästen schnell gebaut werden.

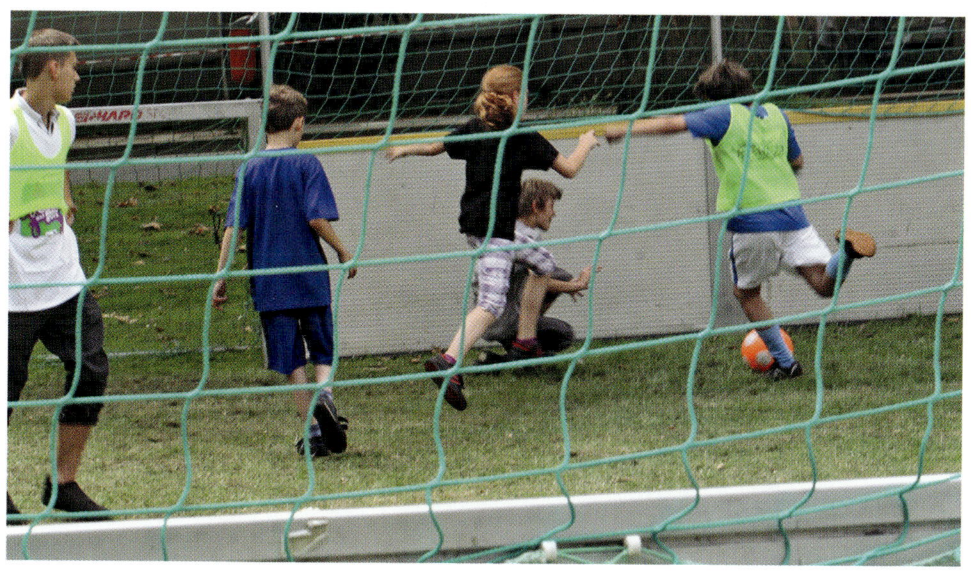

Königsball

Spielidee und Grundregeln:
Mit Kreide wird ein Kreis von ungefähr 10m Durchmesser gezeichnet. In ihm befindet sich ein weiterer Kreis von maximal 2m Durchmesser. Ein Spieler, der König, befindet sich im kleinen Innenkreis. Er soll durch schnelle, flache Pässe mit dem Fuß von seinen 5-6 Mitspielern, die sich außerhalb des 10-m-Kreises befinden, angespielt werden. 3 Abwehrspieler im 10m-Kreis versuchen, das Zuspiel zu verhindern. Die Spieler in Ballbesitz dürfen sich den Ball untereinander zuspielen.

Hinweise:
Der erfolgreiche Passspieler wird neuer König, der König wird Abwehrspieler und der Abwehrspieler wird Passspieler.
Spielerzahl: ca. 10
Spieldauer: ab ca. 2 Min.
Material: 1 Fuß- oder anderer geeigneter Ball, ggf. Kreide

Variationen:
- Die Abwehrspieler dürfen ihren Kreis verlassen und auch das Passspiel der Angreifer stören.
- Werfen statt schießen.

Fußball

Spielidee und Grundregeln:
Zwei Mannschaften spielen gegeneinander mit dem Ziel, den Ball über die Torlinie des gegnerischen Tores zu spielen. Der Ball wird mit dem Fuß gespielt, darf aber auch mit anderen Körperteilen mit Ausnahme der Arme, Hände und Schultern gespielt werden. Nur der Torwart darf den Ball innerhalb des Strafraums mit den Händen spielen. Sieger ist die Mannschaft, die am Ende einer vereinbarten Spielzeit die meisten Tore erzielt hat.

Hinweise:
Spielerzahl: ab 4
Spielerdauer: ab 5 Min.
Material: 1 Ball, eventuell Markierungshemden, 2 Tore oder Hütchentore

Variationen:
- Spiel auf 4 Tore
- **Pfostenfußball**
  - Ein Tor wird erzielt, wenn man die Pfosten oder die Latte des gegnerischen Tores trifft.

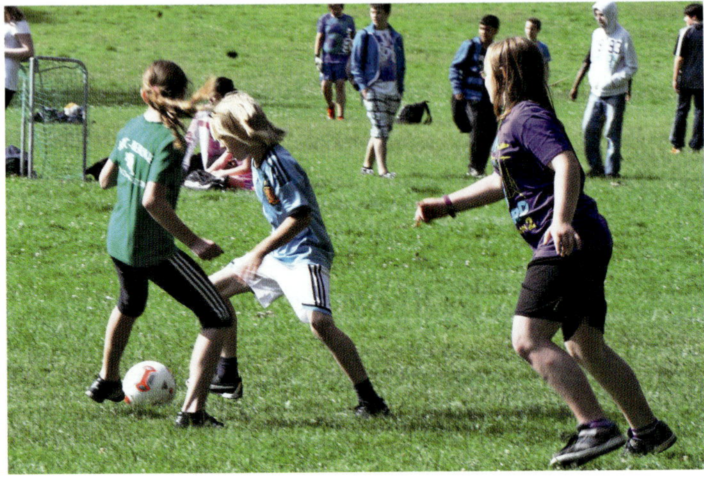

Mäuse-Fußball

Spielidee und Grundregeln:
Im Mäuse-Fußball ist alles etwas kleiner als beim richtigen Fußball: Die Tore sind nur ca. 1 bis 2 Meter breit, das Feld höchstens 20 Meter lang, die Mannschaften sollten nicht mehr als 5 Spieler umfassen und gespielt wird mit einem Tennisball, der gerne etwas älter sein darf, damit er nicht mehr so gut springt.

Hinweise:
Durch den kleinen Tennisball werden technische Vorteile der leistungsstarken Spieler etwas ausgeglichen. Auch wird oft nicht so „gebolzt“, sondern mehr miteinander gespielt. Es kann auch auf einem Feld mit 4 Mannschaften überkreuz gespielt werden.

Spielerzahl: je Feld ca. 10 Spieler, bei überkreuz bis 20 Spieler

Spieldauer: ab 5 Min.

Material: ein Tennisball oder ein anderer kleiner Ball je Feld, ggf. Markierungen für Tore

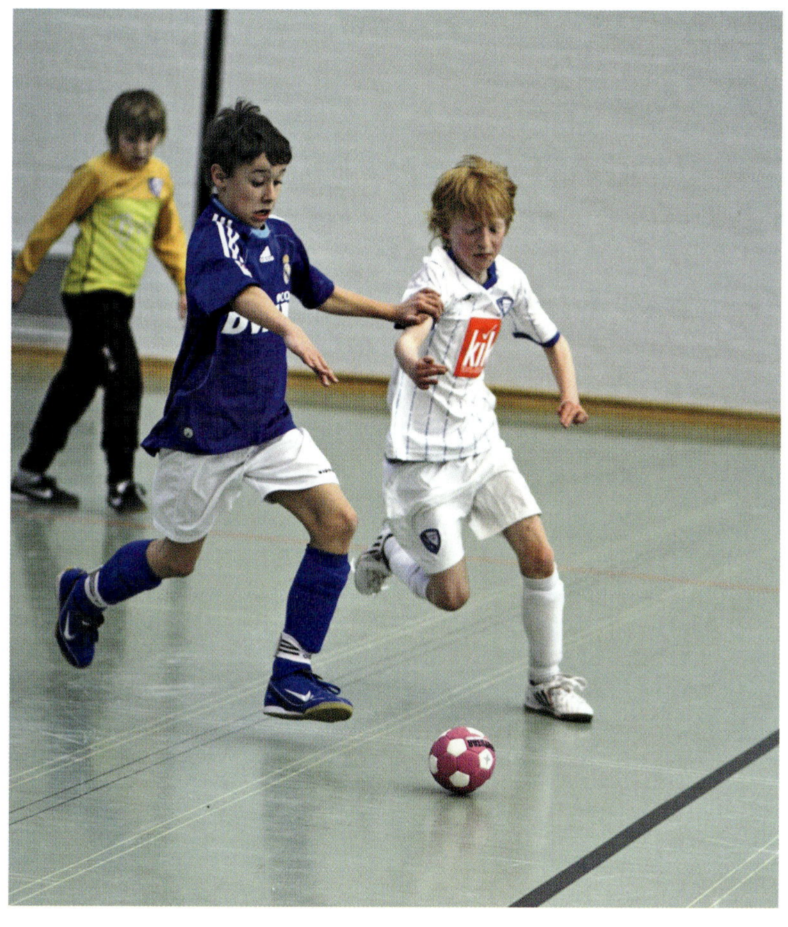

Siamesischer Fußball / Zwillingsfußball

Spielidee und Grundregeln:
Zwei Mannschaften spielen gegeneinander Fußball, jedoch müssen sich immer 2 Spieler an den Händen halten und paarweise Tore erzielen oder verhindern. Die Pärchen dürfen sich während des gesamten Spiels nicht loslassen. Gespielt wird nach Fußballregeln auf 2 oder 4 Tore ohne einen festen Torwart.

Hinweise:
Spielerzahl: 4 – 10 Spieler pro Mannschaft
Spieldauer: ab 10 Min.
Material: 1 Ball (Soft-, Fuß-, Tennisball), ggf. Markierungsleibchen, Hütchen oder Tore

Fußballtennis

Spielidee und Grundregeln:
Zwei Mannschaften oder Spieler spielen gegeneinander über ein Netz, eine Zauberschnur oder eine Bank. Ziel ist es, den Ball so in das gegnerische Feld zu spielen, dass der Ball nicht mehr oder nur fehlerhaft zurück gespielt werden kann. Der Ball wird durch einen „Aufschlag" (der Ball wird volley mit dem Fuß aus der Hand gespielt) ins Spiel gebracht. Der Ball darf bei jedem Spieler einmal aufticken und bei jedem Angriff innerhalb der Mannschaft mehrfach mit Fuß, Oberschenkel, Schulter, Brust oder Kopf gespielt werden. Gespielt wird wie beim Tie-Break, d. h. man kann immer unabhängig vom Aufschlagsrecht punkten. Die Mannschaft, die punktet, erhält das Aufschlagsrecht. Wer zuerst 11, 15, 21 oder 25 Punkte hat, gewinnt den Satz. Bei jedem erneuten Aufschlaggewinn wechseln die Spieler die Positionen.

Hinweise:
Spielerzahl: 1 – 4 Spieler pro Mannschaft
Spieldauer: ab 5 Min.
Material: Fuß-, Gymnastik- oder Tennisball; Netz, Bank oder Zauberschnur

Variationen:
- Der Ball darf bei jedem Angriff innerhalb der Mannschaft maximal dreimal/muss mindestens zweimal gespielt werden
- Der Ball darf bei jedem Ballwechsel innerhalb einer Mannschaft insgesamt nur einmal ticken
- **Volleyballtennis**
  - Der Volleyball darf zwischen jedem Schlag einmal den Boden berühren und mit jedem beliebigen Körperteil gespielt werden. Der Aufschlag erfolg durch Einwerfen des Balls mit beiden Händen von unten hinter der eigenen Grundlinie.

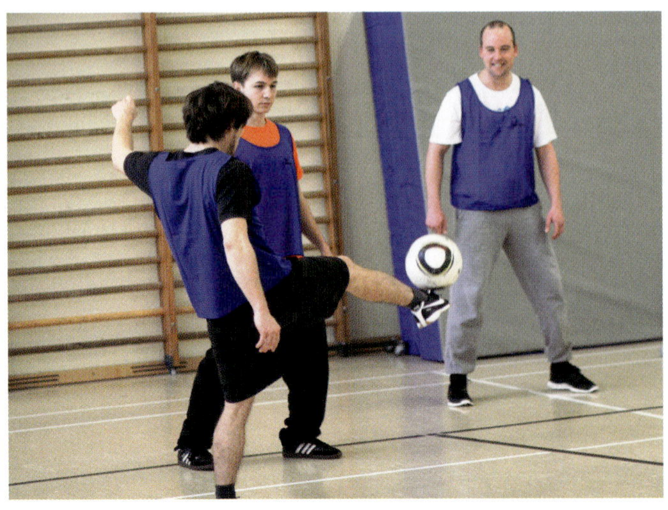

Elferkönig

Spielidee und Grundregeln:
Ziel des Spiels ist es, durch gut geschossene Elfmeter die Punkte des im Tor stehenden Spielers zu verringern. Begonnen wird mit Lattenwerfen, um den ersten Torwart zu bestimmen. Alle Spieler werfen von einer vorgegebenen Markierung auf die Latte. Wer trifft, muss nicht ins Tor. Alle, die nicht getroffen haben, werfen solange weiter, bis nur noch ein Spieler übrig bleibt, der nicht getroffen hat. Er ist dann erster Torwart. Zu Beginn des Spiels haben alle Spieler 5 Punkte, der Torwart 6. Auch andere Werte sind natürlich möglich. Der erste Spieler schießt einen Elfmeter. Hält der Torwart oder geht der Schuss vorbei, muss der Schütze ins Tor. Trifft der Spieler, bekommt der im Tor stehende Spieler einen Punkt abgezogen. Wer keinen Punkt mehr hat, scheidet aus. Wer den Torwart „raus" schießt, muss ins Tor. Der Spieler, der als letzter übrig bleibt, ist Elfmeterkönig.

Hinweise:
Spielerzahl: ab 3 bis ca. 10
Spieldauer: ab 5 Min.
Material: 1 Ball; 1 (Fußball)Tor
Variationen:

- Siebenmeterkönig beim Handball
- **Elferkönig mit festem Torwart**
  - Alle Spieler haben zu Beginn 10 Punkte, der Torwart 11. Alle Schützen werden durchnummeriert. In der ersten Runde schießt jeder Schütze einen Elfmeter. Trifft einer der Schützen, bekommt der Torwart einen Punkt abgezogen. Verschießt ein Schütze oder hält der Torwart, bekommt der Schütze einen Punkt abgezogen. Ist die erste Runde beendet, wird Schütze Nummer 2 Torwart. Es beginnt ein kompletter zweiter Durchgang, die Punkte werden übernommen und laut gezählt. Wer den Torwart „raus" schießt, so dass er 0 Punkte hat, wird sofort neuer Torwart. Alle Spieler, die 0 Punkte haben, scheiden aus. Sieger ist, wer zuletzt mindestens noch einen Punkt hat.
- **Abschuss**
  - Ein Spieler steht seitlich auf der Grundlinie und rollt den Ball zum ersten Schützen. Dieser muss den Ball direkt schießen, aber so lange warten, bis der Ball aus einer markierten Zone (z. B. Strafraum) herausgerollt ist. Hält der Torwart den Ball oder geht er daneben, wird der Schütze automatisch der neue Zuspieler.
- **Schütze-Torwart-Duell**
  - Alle Schützen spielen gegen den Torwart. Jeder Schütze versucht, ein Tor zu erzielen. Der Torwart versucht, dieses zu verhindern. Die Schützen schießen nacheinander von einer festgelegten Position auf das Tor. Jeder Schütze hat einen Versuch. Jedes erzielte Tor zählt als Punkt für den Schützen, jeder nicht verwandelte Schuss als Punkt für den Torwart. Nach einem Durchgang gewinnen, je nach Punktzahl, entweder der Torwart oder die Schützen.

Fußball mit Football oder Rugby-Ei

Spielidee und Grundregeln:
Zwei Mannschaften spielen Fußball mit einem American Football oder Rugby-Ei gegeneinander. Wer die meisten Tore erzielt, gewinnt. Die Spieler müssen sich immer neu auf das Flug- und Rollverhalten des Footballs einstellen und entsprechend reagieren. Wer sich für einen begnadeten Fußballspieler hält, kann „alt“ aussehen und Spieler ohne Erfahrung haben Erfolgserlebnisse. Gute Alternative zum Fußball in heterogenen Gruppen.

Hinweise:
Auf dem Pausenhof sollte ein separates Fußballfeld zur Verfügung stehen, da Treffer mit dem Football oder Rugby-Ei wehtun können.
Spielerzahl: 4 bis 11 je Mannschaft
Spieldauer: ab ca. 5 Min.
Material: American Football oder Rugby-Ei, 2 Fußball- oder Hütchentore, Markeriungshemden

Variationen:

- Fußball mit einem großen Schaumstoffwürfel. Jedes Tor zählt so viele Punkte, wie der Würfel im Tor anzeigt
- 4 Hütchentore, 2 werden verteidigt und auf 2 wird angegriffen

Touch-Football

Spielidee und Grundregeln:
Zwei Mannschaften spielen gegeneinander. Die Angreifer versuchen, durch Passen, Werfen und Schießen einen Football in die gegnerische Hälfte zu befördern und dort hinter der Torauslinie abzulegen. Die verteidigende Mannschaft versucht, dieses zu verhindern und selbst in Ballbesitz zu kommen. Dieses erreicht sie, wenn sie es schafft, den jeweils ballführenden Spieler zu berühren. Blocken oder Tackeln ist nicht erlaubt.

Hinweise:
Spielerzahl: 4 bis 11 je Mannschaft
Spieldauer: ab 5 Min.
Material: Football oder auch ein anderer Ball, ggf. Markierungshemden

Variation:

- Jeder Spieler bekommt ein Tuch, das er in die Hose steckt. Verliert der ballführende Spieler sein Tuch an einen Verteidiger, wechselt der Ballbesitz.

Hochball / Fußball aus der Luft

Spielidee und Grundregeln:
Jeder spielt gegen jeden mit dem Ziel, durch volley erzielte Tore die Punktzahl des im Tor stehenden Spielers zu verringern. Tore dürfen nach Vorlage eines Mitspielers nur direkt aus der Luft erzielt werden. Eine Selbstvorlage zählt nicht. Fällt aus einem regelgerechten Torschuss ein Tor, bekommt der Torwart einen Punkt abgezogen. Er bleibt im Tor. Geht der Ball ins Tor- oder Seitenaus, muss der Schütze ins Tor. Der Torwart bringt den Ball durch einen Einwurf wieder ins Spiel. Dieser Einwurf zählt auch als Vorlage. Wer keinen Punkt mehr hat, scheidet aus. Das Spiel ist beendet, wenn nur noch zwei Spieler übrig sind.

Hinweise:
Spielerzahl: ab 3 bis ca. 8
Spieldauer: ab 5 Min.
Material: 1 Fuß- oder anderer geeigneter Ball, 1 Tor

Variationen:

- Vor dem Tor wird ein ca. 5m großer Torraum eingezeichnet. Spieler, die in diesem Feld stehen, dürfen Tore nur mit dem Kopf, der Hacke oder dem Knie erzielen. Aus dem äußeren Feld zählen Schüsse aller Art.
- Wenn ein Spieler 0 Punkte hat, bleibt ihm noch ein sogenannter „Gummipunkt“. Mit diesem kann er bestimmen, wie die im Spiel verbleibenden Spieler ihre Tore erzielen müssen.

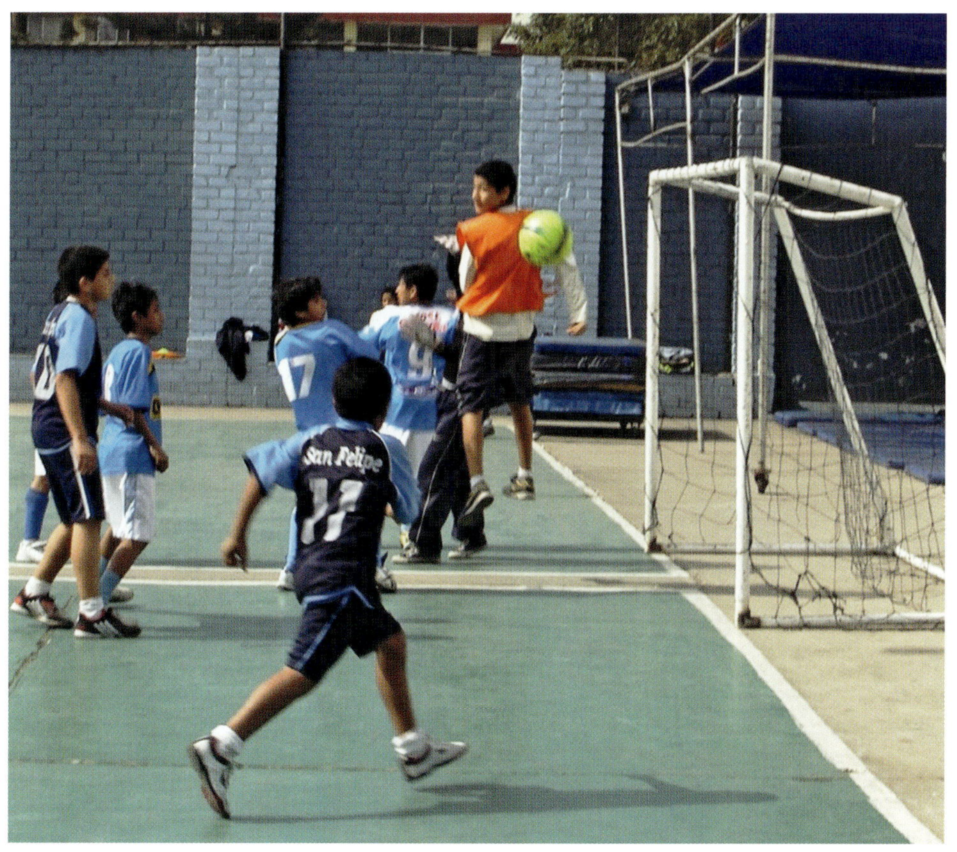

Doppeltor / Vieltorball

Spielidee und Grundregeln:
Zwei Mannschaften spielen gegeneinander auf 3 oder mehr im Raum verteilte Hütchentore entweder nach Fußball-, Handball- oder Basketballregeln. Ziel ist es, die Tore so von einer Seite zu durchspielen, dass ein Mitspieler diesen Pass durch das Tor auf der anderen Seite annehmen kann, ohne dass ein Gegner an den Ball kommt. Es darf nicht zweimal hintereinander durch dasselbe Tor gespielt werden. Bei Hand- oder Basketball ist dribbeln ggf. nicht erlaubt.

Hinweise:
Spielerzahl: 4 – 12 Spieler je Mannschaft
Spieldauer: ab 3 Min.
Material: 1 Ball (Fußball, Tennisball, Handball, Basketball), je nach Anzahl der Spieler 6 bis 10 Hütchen, Markierungshemden
Variation:

- Es können auch drei Mannschaften gleichzeitig gegeneinander spielen.

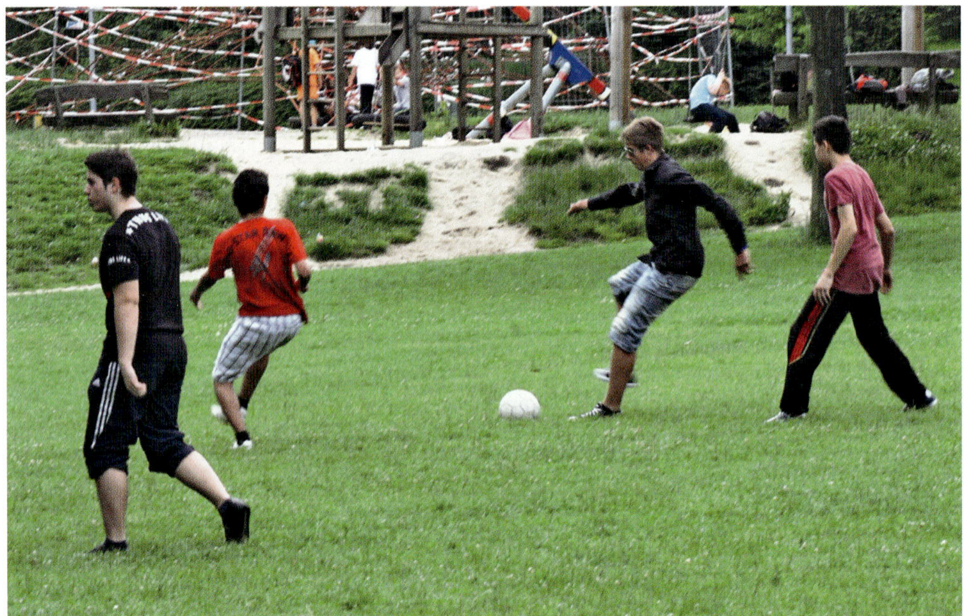

Handball-Squash / Fußball-Squash

Spielidee und Grundregeln:
Zwei Spieler spielen einen Ball abwechselnd mit der Hand oder dem Fuß so gegen eine Wand, dass der Partner den zurückspringenden Ball nicht mehr erreichen oder gegen die Wand spielen kann.

Hinweise:
Es kann mit Kreide oder Kreppband eine Begrenzungshöhe markiert werden, über /unter die der Ball gespielt werden muss. Die Spieler dürfen sich nicht behindern und der Ball muss – je nach Könnensstand – direkt oder nach einmal aufspringen gespielt werden. Nach einer bestimmten Zahl an Minuspunkten oder nach einer vorgegebenen Zeit wird gewechselt.

Spielerzahl: 2 bis 4 je Spielfeld
Spieldauer: ab ca. 5 Min.
Material: gut springender Ball

Variationen:

- Die Partner spielen miteinander. Die gespielten Bälle werden gezählt. Welches Paar schafft die meisten Pässe?
- Es wird 2 gegen 2 als Doppel gespielt. Der Ball muss abwechselnd gegen die Wand gespielt werden. Der Ball darf nicht dem Partner zugespielt werden.
- 2 Mannschaften spielen gegeneinander „Squash“. Jede Mannschaft hat maximal zwei Zuspielmöglichkeiten, die nicht durch die gegnerische Mannschaft behindert werden dürfen. Bei mehr als drei Kontakten oder einer Bodenberührung beim Zuspiel erhält der Gegner einen Punkt (oder wechselt das Aufschlagsrecht).
- Es reicht aus, wenn der Ball zuerst den Boden und anschließend die Wand berührt.
- An der Wand wird ein Feld markiert, welches berührt werden muss (z. B. nur unteres Wanddrittel als Berührungsfläche)
- Die Spieler legen eine Reihenfolge fest, in der geschossen wird, und eine seitliche Spielfeldbegrenzung. Jeder Spieler versucht den Ball so gegen die Wand zu schießen, dass der Nachfolger den Ball nicht mehr gegen die Wand spielen kann. Der Ball muss direkt gespielt werden. Wer einen Fehler macht, scheidet aus und das Spiel geht weiter. Am Ende bleibt der Sieger übrig.

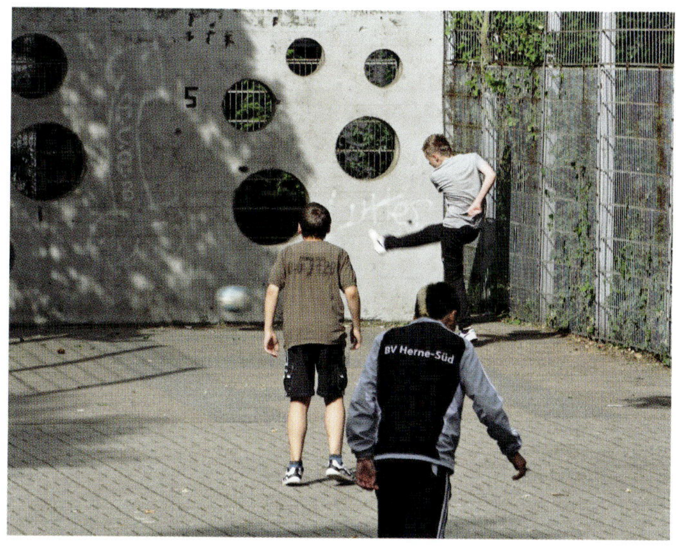

Torwart gegen Torwart

Spielidee und Grundregeln:
Zwei Spieler spielen gegeneinander. Ziel ist es, aus der eigenen Hälfte eine vorgegebene Anzahl von Toren zu erzielen. Der Ball darf aber nicht mit der Hand berührt werden, sondern muss mit dem Körper abgewehrt werden. Die Mittellinie darf nicht übertreten werden, aber in der eigenen Hälfte darf man sich mit dem Ball frei bewegen. Der Ball darf bis zur Mittellinie gedribbelt werden. Wer zuerst eine vorgegebene Anzahl von Toren erzielt, z. B. 5, gewinnt die Runde.

Hinweise:
Bei diesem Spiel wird meist fest und hoch geschossen. Es sollte folglich ein gesondertes Spielfeld zur Verfügung stehen, auf dem sich nur Spieler befinden.

Spielerzahl: 2, als Turnierform auch mit mehr Spielern

Spieldauer: ca. 5 bis 15 Min.

Material: 1 Ball, 2 Tore

Soft-Gaelic-Football

Spielidee und Grundregeln:
Zwei Mannschaften spielen gegeneinander mit dem Ziel, dass ein Mitspieler einen zugespielten Ball in der Endzone fangen kann. Der Ball muss – wie beim Torwartabschlag – aus der Hand mit dem Fuß zum Mitspieler geschossen werden. Der Spieler in Ballbesitz darf mit dem Ball in der Hand maximal 3 Schritte machen. Es darf nicht gedribbelt werden. Der Ball muss nicht unbedingt direkt gefangen werden, er darf daher auch vom Boden aufgehoben werden. Der Spieler mit Ball darf nicht angegriffen werden, nur die Pässe dürfen abgefangen werden.

Hinweise:
Bei diesem Spiel kann fest und hoch geschossen werden. Es sollte folglich ein gesondertes Spielfeld zur Verfügung stehen, auf dem sich nur Spieler befinden.

Spielerzahl: ca. 6 bis 20

Spieldauer: ab 5 Min.

Material: ein Fußball, 2 Endzonen

Aufsteigen – Absteigen

Spielidee und Grundregeln:
Jeder spielt gegen jeden mit dem Ziel, möglichst viele Tore zu erzielen. Vor einem Tor mit Torwart werden in verschiedenen Abständen Schuss- oder Wurflinien markiert. Die gewählten Abstände orientieren sich an den Wurf- oder Schussfähigkeiten der Spieler. Allen Linien wird eine bestimmte Liga zugeordnet: die Kreisliga ist die tornächste Linie, die Championsleague am weitesten entfernt. Alle Spieler starten in der untersten Liga. Ziel ist es, von der Linie ein Tor zu erzielen. Wer zweimal hintereinander von der gleichen Linie trifft, steigt in die nächst höhere Liga auf. Wer dreimal verschießt oder verwirft, steigt ab. Es wird in einer festgelegten Reihenfolge geschossen oder geworfen. Sieger ist, wer bei Spielende in der höchsten Liga spielt.

Hinweise:
Spielerzahl: beliebig; bei vielen Spielern auf ein zweites Tor spielen
Spieldauer: ab ca. 5 Min.
Material: pro Schütze ein Handball oder Fußball; Hütchen oder Kreide zur Markierung der Ligen
Variationen:

- Es darf nur mit dem „schwachen" Fuß geschossen bzw. mit der „schwachen" Hand geworfen werden.
- Die Wurf- oder Schussart wird vorgegeben (Innenseite, Außenseite, Spann, volley aus der Hand).
- Statt auf ein Tor mit Torwart kann auch auf andere Ziele (z. B. Basketballkorb) gespielt werden.
- Around the clock im Basketball: Es wird von verschiedenen Positionen und Abständen rund um die Zone auf den Korb geworfen. Trifft ein Spieler, darf er eine Position weiterrücken.
- Risiko: Wirft ein Spieler daneben, kann er „Risiko" ansagen und noch einmal werfen. Trifft er, darf er normal weiterspielen und wieder werfen, bis er nicht mehr trifft. Wirft er daneben, muss er zum Anfang zurück.

Das lebendige Tor

Spielidee und Grundregeln:
Zwei Mannschaften spielen Fußball gegeneinander. Jede Mannschaft wählt zwei Spieler aus, die gemeinsam einen Gymnastikstab hochhalten und ein Tor darstellen. Die „Tore" müssen durch gemeinsames Umherlaufen und Richtungswechsel verhindern, dass die gegnerische Mannschaft den Ball zwischen ihnen hindurch schießt und so ein Tor erzielt. Die „Tore" dürfen sich nicht verkleinern oder die Höhe des Stabes variieren und auch nicht berührt werden. Wer die meisten Tore schießt, gewinnt.

Hinweise:
Entweder wird auf die Zeit gespielt oder man vereinbart ein Punktelimit vor dem Spiel.
Spielerzahl: ab 14
Spieldauer: ab 5 Min.
Material: 2 Gymnastikstäbe oder ähnliches, ein Fußball, Markierungshemden

Variation:

- Die Tore bewegen sich nur auf der gegnerischen Grundlinie.

Weltmeister

Spielidee und Grundregeln:
Jeder spielt gegen jeden Fußball auf ein Tor mit Torwart. Ziel ist es, möglichst schnell ein Tor zu erzielen. Gespielt wird nach Fußballregeln. Es gibt so viele Runden, bis ein Sieger feststeht. Wer ein Tor erzielt, stellt sich hinter das Tor und wartet die nächste Runde ab. Wer zum Schluss einer Runde noch auf dem Feld steht, scheidet aus. Die beiden bis zum Schluss übrig gebliebenen Spieler spielen das Finale um die Weltmeisterschaft.

Hinweise:
Spielerzahl: mind. 5
Spieldauer: ab ca. 10 Min.
Material: 1 Fußball, 1 Tor

Variation:

- Jeweils 2 Spieler spielen als Team miteinander gegen andere Zweierteams.

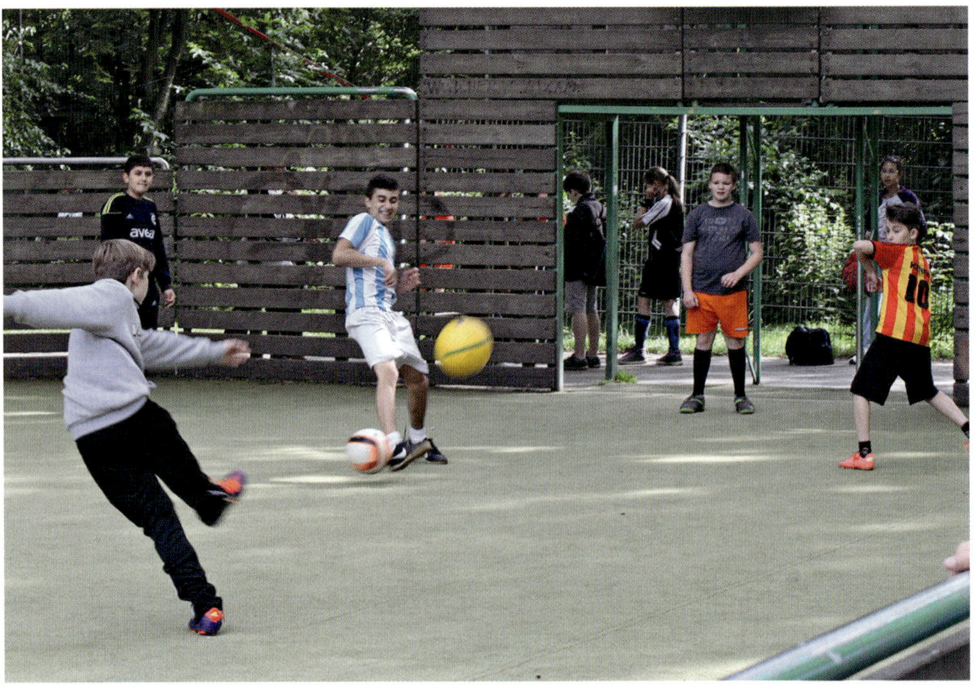

Basketball und seine Variante Streetball gehören zu den beliebtesten sportlichen Freizeitaktivitäten bei Jugendlichen. Durch die Beliebtheit der Sportart Basketball in einigen Herkunftsländern der größten Einwanderungsgruppen in Deutschland übernimmt Basketball eine wichtige Rolle in den Bemühungen um eine erfolgreiche Integration. In Kroatien, Slowenien, Serbien, Griechenland und der Türkei ist Basketball eine der drei großen Volkssportarten und in vielen Basketballvereinen, aber auch besonders durch Streetball, wird die Integration ausländischer Jugendlicher unterstützt.

Benötigt wird auf jeden Fall ein Korb, der normgerecht in 3,05m angebracht ist. Grundsätzlich leidet aber insbesondere das Spiel jüngere Spieler nicht darunter, wenn eine solche Höhe nicht möglich sein sollte. Der wesentliche Unterschied zu anderen Torschussspielen ist, dass ein Punkterfolgt nicht durch einen direkten Wurf oder Schuss mit gerader Wurfbahn erzielt werden kann, sondern dass der Ball von oben durch einen Ring geworfen wird. Damit überwiegt nicht Wurfstärke sondern Wurfgeschicklichkeit bzw. –genauigkeit. Dieser Aspekt macht Basketball und andere Korbwurfspiele für Freizeit und schulische Pause interessant, weil keine zu fest geworfenen bzw. geschossenen Bälle andere Spieler oder Personen in der Nähe gefährden. Derlei Präzisionsaufgaben wollen zudem immer wieder geübt werden und motivieren täglich neu zu vielen Wiederholungen.

Basketbälle haben die Eigenschaft relativ laute Prellgeräusche abzugeben. Wo dies stört, zum Beispiel, wenn in der Nähe unterrichtet werden soll, können viele Spiele auch ohne Dribbeln durchgeführt werden. Die Spieler dürfen dann mit dem Ball nicht laufen und können einen Raumgewinn nur durch ein gutes Passspiel erreichen. Solcher Art abgewandelter Spielvariationen können auch mit leisen großen Softbällen (ähnlich Streethandball) durchgeführt werden.

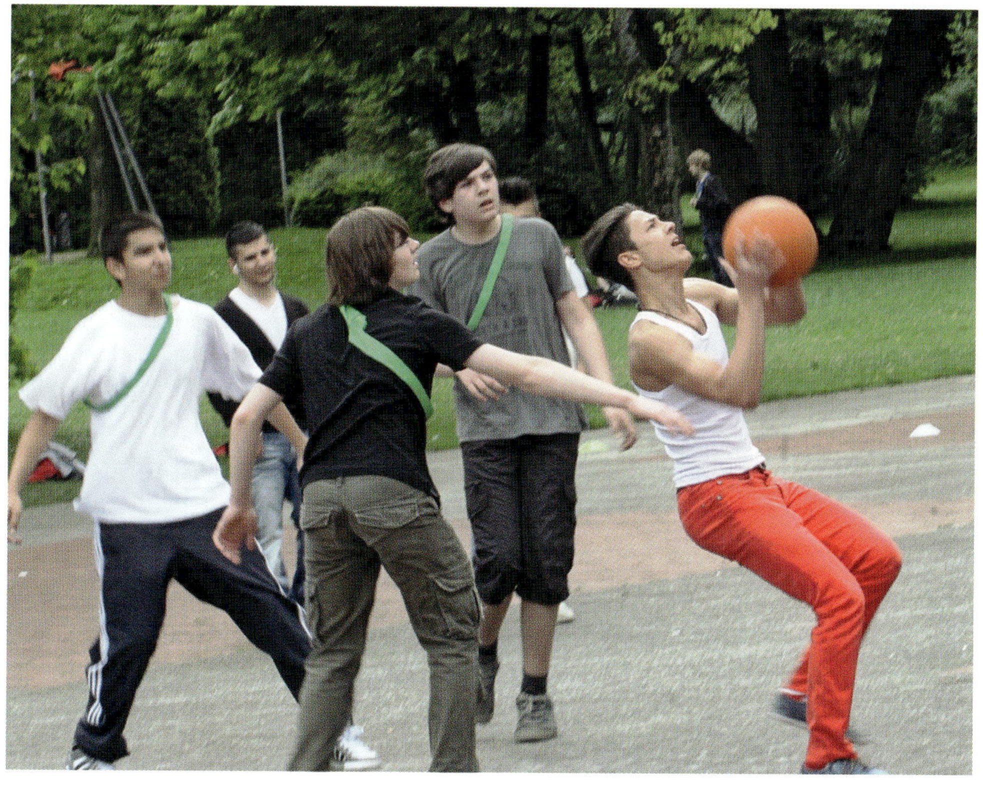

Basketball (auf 2 Körbe)

Spielidee und Grundregeln:
Zwei Mannschaften spielen gegeneinander mit dem Ziel, einen Basketball in den gegnerischen Korb zu werfen. Nach einer Regelübertretung findet ein Einwurf von der Seitenlinie oder der Grundlinie statt. Wird ein Spieler beim Korbwurf gefoult, erhält der gefoulte Spieler bis zu drei Freiwürfe. Ein Korb außerhalb der Drei-Punkte-Linie zählt drei Punkte, innerhalb der Drei-Punkte-Linie bekommt man für einen Korb zwei Punkte. Ein Freiwurf zählt einen Punkt. Nach einem Korberfolg wird der Ball hinter der Grundlinie wieder eingespielt.

Hinweise:
Spielerzahl: ab 6
Spieldauer: ab 5 Min.
Material: 1 Basketball, 2 Körbe, Markierungshemden

Streetball (auf einen Korb)

Spielidee und Grundregeln:
Zwei Mannschaften mit jeweils 3 Spielern spielen auf einen Korb gegeneinander auf einem halben Basketballfeld. Es wird so lange gespielt, bis eine Mannschaft max. 15 Punkte erreicht hat. Ein Korberfolg zählt dabei 1 Punkt, ein Korberfolg außerhalb der Dreierlinie zählt 2 Punkte. Der Spieler mit Ball darf nur zwei Schritte machen, ansonsten erhält der Gegner den Ball. Nach jedem Korberfolg wechselt der Ballbesitz. Bei jedem Wechsel des Ballbesitzes muss der Ball aus der Zone heraus gespielt werden. Die Angreifer müssen erst einmal passen, bevor sie einen Korb erzielen dürfen.

Hinweise:
Spielerzahl: je nach Spielform 2 bis 8
Spieldauer: ab 5 Min.
Material: 1 Basketball, 1 Korb

Variation:
- Es kann auch 2:2 , 4:4 oder auch 1:1 gespielt werden.

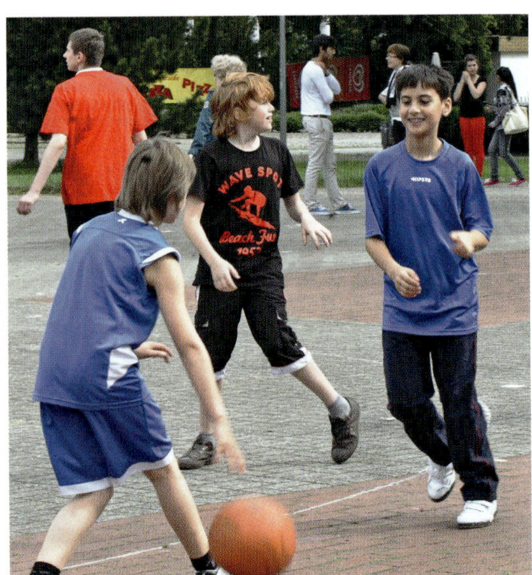

10er Serie

Spielidee und Grundregeln:
Die Spieler legen abwechselnd eine Wurfposition und eine Wurftechnik fest (Korbleger links oder rechts, Hakenwurf, Floater, mit dem Rücken zum Korb). Anschließend hat jeder Spieler zehn Versuche, auf die vorgegebene Art und Weise zu treffen. Wer in einem Durchgang die meisten Körbe erzielt hat, bekommt einen Punkt.

Hinweise:
Spielerzahl: ab 2 bis ca. 6
Spieldauer: ab 5 Min.
Material: Basketball, Korb

Variation:

- H-O-R-S-E: Zwei oder mehr Spieler spielen gegeneinander. Ziel ist es, die Aktionen der Mitspieler zu kopieren. Der Startspieler denkt sich eine Aufgabe aus, beispielsweise einen Freiwurf mit geschlossenen Augen. War er dabei erfolgreich, müssen alle anderen Spieler diese Aufgabe kopieren. Jeder Spieler, dem dieses nicht gelingt, bekommt einen Buchstaben des Wortes HORSE. Wer zuerst alle fünf Buchstaben gesammelt hat, verliert. Scheitert der Startspieler an seiner Aufgabe, gibt es sofort einen neuen Startspieler.

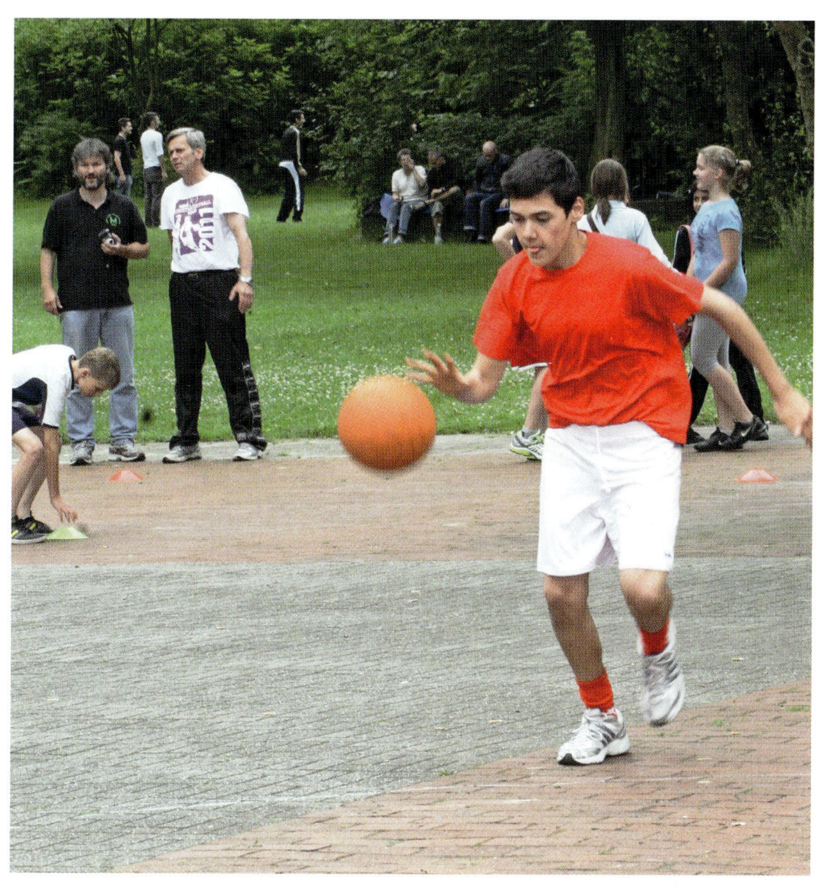

Bump

Spielidee und Grundregeln:
Alle Spieler stellen sich in einer Reihe hintereinander an einer vorgegebenen Abwurflinie vor einem Basketballkorb auf. Ziel ist es, in den Korb zu treffen, bevor der Hintermann trifft. Der 1. Spieler beginnt mit einem Korbwurf von der festgelegten Markierung, zum Beispiel der Freiwurflinie. Trifft dieser Spieler direkt, holt er seinen Ball, passt diesen zum 3. Spieler und stellt sich hinten wieder an. Der Hintermann darf sofort werfen, wenn der Vordermann seinen Ball abgeworfen hat. Trifft der erste Spieler den Korb nicht direkt, holt er so schnell wie möglich seinen Rebound und wirft so lange von einer jetzt beliebigen Position, bis er trifft. Trifft er eher als sein Hintermann, bleibt er im Spiel, passt seinen Ball zum ersten der Reihe und stellt sich hinten wieder an. Trifft der Hintermann eher, scheidet der Vordermann aus. Absichtliches Ballwegspielen oder Behindern ist nicht erlaubt. Sieger ist, wer zuletzt übrig bleibt.

Hinweise:
Spielerzahl: ab 4 bis ca. 16
Spieldauer: ab 5 Min.
Material: 2 Basketbälle, 1 Korb

Variationen:
- Würfe von der Freiwurflinie oder auch „Dreierbump“ (von der 3-Punkte-Linie)
- Spiel mit drei Bällen, so dass sogar zwei Spieler gleichzeitig ausscheiden können
- DirtyBump: Absichtliches Wegschießen der gegnerischen Bälle mit dem eigenen Ball ist erlaubt

Chaos am Korb

Spielidee und Grundregeln:
4 Mannschaften spielen von 4 vorher festgelegten Positionen auf einen Korb mit dem Ziel, möglichst viele Körbe zu erzielen. Alle Spieler einer Mannschaft stellen sich hintereinander auf. Nach dem Startkommando werfen die 4 ersten Spieler jeder Mannschaft auf den Korb, holen ihren Ball wieder (Rebound) und passen diesen zum jeweils nachrückenden zweiten Spieler ihrer Mannschaft. Die eigenen Treffer werden laut mitgezählt. Hat eine Mannschaft an einer Position 10 Treffer erreicht, ruft sie „stopp“ und alle Mannschaften rotieren im Uhrzeigersinn auf die nächste Position. Hier werden die Treffer fortlaufend weiter gezählt. Gewonnen hat die Mannschaft, die zuerst 40 Punkte erzielt oder wer am meisten Punkte hat, wenn von jeder Position jeweils eine Mannschaft 10 Punkte erzielt hatte.

Hinweise:
Spielerzahl: ab 12 bis ca. 24
Spieldauer: ab 10 Min.
Material: 4 Basketbälle, 1 Korb

Basketball-Dart

Spielidee und Grundregeln:
Zwei oder mehrere Mannschaften spielen gegeneinander. Ziel ist es, so schnell wie möglich 21 Punkte abzubauen. Sieger ist die Mannschaft, die zuerst 0 Punkte hat. Innerhalb der Mannschaften wird nacheinander geworfen. Jeder Spieler hat immer einen Wurf (oder je nach Vereinbarung auch zwei). Das Spielfeld wird in 3 Zonen eingeteilt:

- Zone 1 (Birne): Treffer zählen 1 Punkt,
- Zone 2 (zwischen 3er-Linie und Birne): 2 Punkte,
- Zone 3 (außerhalb der 3er-Linie): 3 Punkte

Hinweise:
Spielerzahl: 3 – 4 Spieler pro Mannschaft
Spieldauer: ab ca. 5 Min.
Material: 1 Basketballkorb, je Mannschaft 1 Basketball

Variationen:

- Der letzte Wurf darf kein 1-Punkte-Wurf sein.
- Die Startpunktzahl kann beliebig erhöht werden.

Trifft – Trifft nicht

Spielidee und Grundregeln:
Jeder Spieler spielt gegen jeden. Vor jedem Wurf wird entschieden, ob der Werfer trifft oder nicht. Alle Spieler einer Gruppe befinden sich an einem Korb. Der erste Spieler wirft von einer vorgegebenen oder beliebigen Position auf den Korb. Alle anderen Spieler müssen entscheiden: „Der Spieler trifft!“, dann stellen sie sich links neben dem Korb auf oder „Der Spieler trifft nicht!“, dann gehen sie auf die rechte Seite. Alle Spieler, die falsch entschieden haben, müssen eine bestimmte Strecke laufen. Anschließend wirft der nächste Spieler und es wird erneut entschieden, so lange, bis jeder Spieler einmal geworfen hat. Wer am wenigsten laufen musste, gewinnt.

Hinweise:
Spielerzahl: ca. 4 bis max. 20
Spieldauer: je nach Spielerzahl 5 bis 15 Min.
Material: Basketball, Basketballkorb

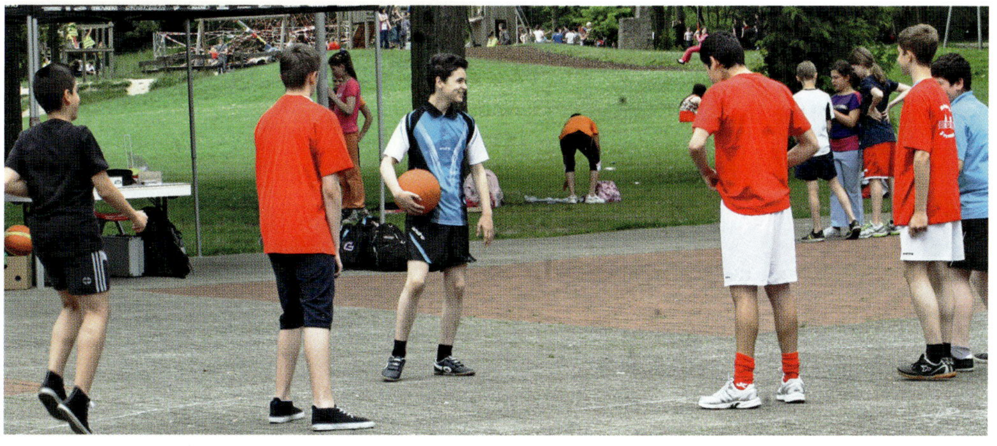

21

Spielidee und Grundregeln:
Das Spiel beginnt mit Spieler A beim Freiwurf. Trifft er, bekommt er einen Punkt und darf so lange weiter werfen, bis er daneben wirft. Trifft er nicht, muss Spieler B von dort werfen, wo er den Ball fängt. Trifft er, darf er an die Freiwurflinie. Danach gilt dieselbe Abfolge wie am Anfang. Der Spieler, der als erstes 21 Punkte hat, gewinnt.

Hinweise:
Spielerzahl: 2
Spieldauer: 5 bis 15 Min.
Material: 1 Basketball, 1 Basketballkorb

Variationen:
- Maximal drei Freiwurftreffer, danach ein 3-Punkte-Wurf. Wird dieser getroffen, hat der Spieler wieder maximal drei Freiwurftreffer.
- Bei einem Fehlwurf wird 1-1 bis zum nächsten Treffer gespielt

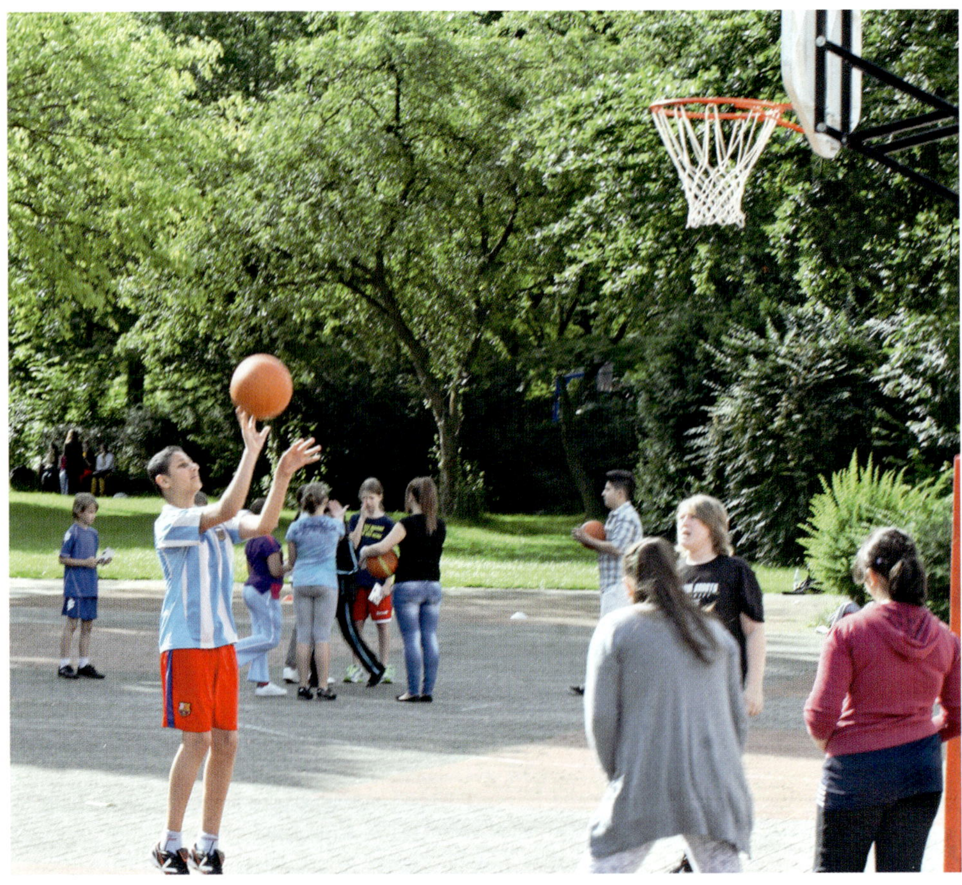

Schusswettbewerb

Spielidee und Grundregeln:
An jedem Korb steht ein Team aus mindestens 2 Spielern mit jeweils einem Ball. Vor Beginn des Wettbewerbs werden die Schussposition und die Anzahl der benötigten Treffer festgelegt. Auf ein Kommando beginnen die Mannschaften, schnellstmöglich die vorgegebenen Treffer aus der Schussposition zu erzielen. Dabei stehen die Spieler der Teams hintereinander und werfen immer nacheinander. Nach dem Wurf muss der Schütze seinen eigenen Rebound holen und zu seinem Mitspieler zu passen.

Hinweise:
Spielerzahl: ca. 6 bis 18
Spieldauer: ab 5 Min.
Material: mindestens 2 Körbe und 2 Bälle

Reboundball

Spielidee und Grundregeln:
Zwei Mannschaften spielen nach Basketballregeln gegeneinander mit dem Ziel, einen Ball so gegen das gegnerische Basketballbrett zu spielen, dass ein Mitspieler den abprallenden Ball aus der Luft fangen kann. Jeder gefangene Ball zählt einen Punkt, die gegnerische Mannschaft bekommt anschließend den Ball. Fällt der abgeprallte Ball auf den Boden, gibt es keinen Punkt und das Spiel wird fortgesetzt.

Hinweise:
Die Mannschaften sollten gekennzeichnet werden.
Spielerzahl: 6-14
Spieldauer: ab 10 Min.
Material: ein beliebiger Ball, Markierungshemden

Variationen:
- Es darf nicht gedribbelt werden.
- Berührt der Ball den Ring und wird dann gefangen, gibt es zwei Punkte.
- Ziel ist es, den Ball so gegen das Brett zu werfen, dass er anschließend den Boden berührt.

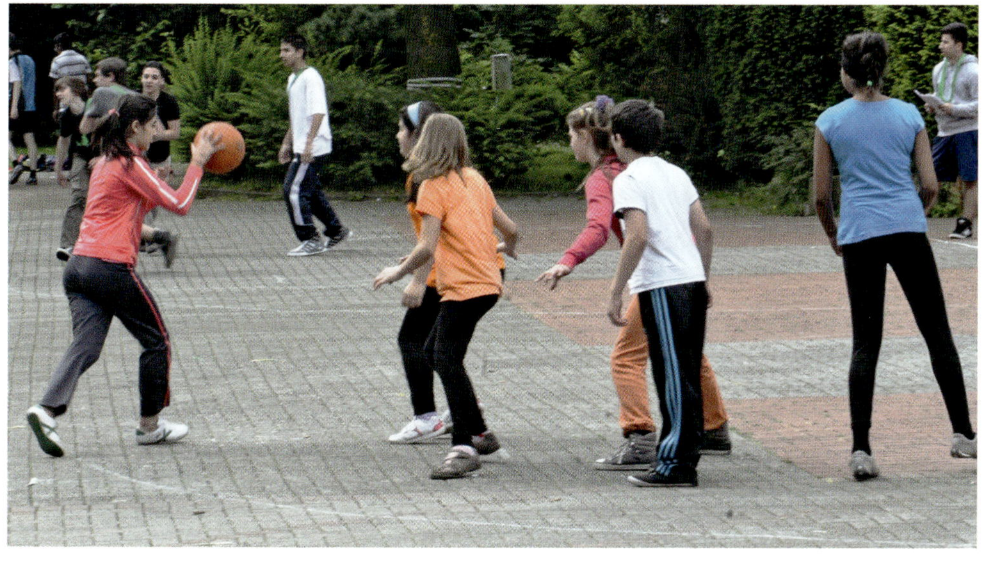

Spiele mit einfachen von Schülern mitgebrachten Geräten garantieren seit vielen Generationen Spielspaß in den Pausen. Gummitwist, Seilchenspringen und viele andere Spielformen leben von den selbst bestimmten Regeln und Liedern. In Wellen werden diese Spiele zu Moden, um dann eine Zeit lang von Hüpfkästchen und anderen abgelöst zu werden. Gemeinsam ist diesen Spielen, dass kleine Gruppen einfach nur ungestörte Ecken brauchen, in denen sie die Spiele auch selbst entwickeln, ausprobieren und spielen können.

Seilspringen fördert Ausdauer, Sprungkraft, Koordination und Rhythmusgefühl und stärkt Knochenmasse und Knochendichte. Bei jüngeren Schülern können auch sehr gut Urkunden zum Seilspringen ausgegeben werden, wenn die Kinder und Jugendlichen eine vorgegebene Anzahl von Übungen erfolgreich in der Pause geübt haben und vorführen können.

Beim Gummitwist werden vor allem Geschicklichkeit, Körperbeherrschung und Auge-Bein-Koordination geschult. Hüpfspiele sind alte Straßen- und Hofspiele, die von Generation zu Generation ohne schriftlich fixiertes Regelwerk überliefert worden sind. Hüpfspiele mit Bodenbemalungen sind in der Regel Gruppenspiele und haben oft einen Wettkampfcharakter. Die Spielfelder setzen sich aus unterschiedlich angeordneten Kästchen zusammen, die jeweils auf eine bestimmte Art durchhüpft werden. Sie bieten viel Bewegung auf kleinem Raum ohne große Vorbereitung. Bei manchen Spielen muss man nicht nur hüpfen, sondern auch mit kleinen Steinen Ziele treffen, rechnen oder auch Wörter bilden. Die Hüpfmuster können mit Straßenkreide auf den Boden gemalt und so individuell immer wieder neu gestaltet werden oder aber mit Farbe und Pinsel dauerhaft aufgetragen werden.

Seilspringen und Variationen

Spielidee und Grundregeln:
Zwei Kinder drehen ein langes Seil oder 3 zusammengeknotete Seilchen so, dass es immer unten für kurze Zeit den Boden berührt. Ein oder mehrere Kinder laufen in das drehende Seil ein und springen mit beiden Beinen (oder je nach Können auch nur mit einem Bein) solange darüber bis ein Spieler einen Fehler macht und hängen bleibt. Er löst dann einen drehenden Spieler ab. Wer schafft die meisten Sprünge?

Hinweise:
Spielerzahl: ab 3 bis ca. 10
Spieldauer: ab 5 Min.
Material: 1 Sprungseil oder anderes ca. 4 Meter langes Seil.

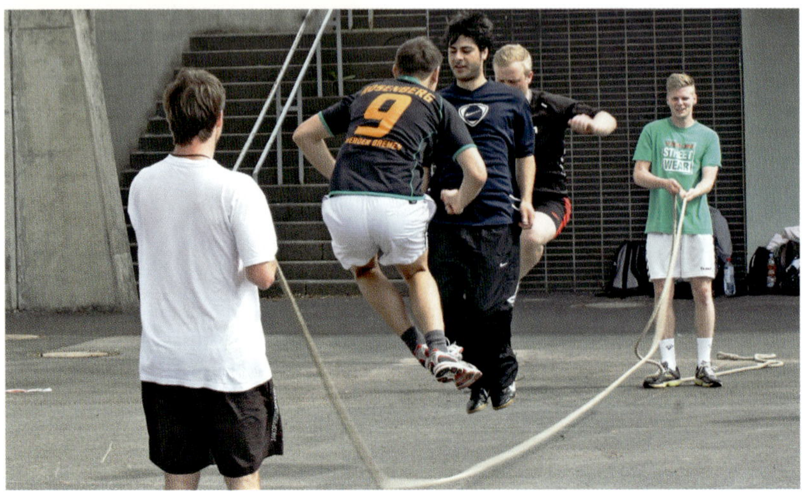

Springverse

Teddybär
Die das Seil drehenden Spieler singen ein Lied und der oder die Springer führen zusätzlich die entsprechenden Bewegungen aus. Bleibt ein Springer am Seil hängen, wird gewechselt, schafft man die Bewegungsfolge ohne Fehler, ist der nächste Spieler an der Reihe.

Teddybär, Teddybär, dreh´ dich um:
Teddybär, Teddybär, dreh´ dich um,
Teddybär, Teddybär, mach' dich krumm,
Teddybär, Teddybär, zeig' deinen Fuß,
Teddybär, Teddybär mach' einen Gruß,
Teddybär, Teddybär bau' ein Haus
Teddybär, Teddybär und spring' hinaus!

Und auf Englisch:

Teddy Bear, Teddy Bear, turn around,
Teddy Bear, Teddy Bear, touch the ground.
Teddy Bear, Teddy Bear, show your shoe,
Teddy Bear, Teddy Bear, that will do.
Teddy Bear, Teddy Bear, reach up high,
Teddy Bear, Teddy Bear, wink one eye.
Teddy Bear, Teddy Bear, slap your knees,
Teddy Bear, Teddy Bear, sit down please.
Teddy Bear, Teddy Bear, touch your nose,
Teddy Bear, Teddy Bear, touch your toes.
Teddy Bear, Teddy Bear, shut the door,
Teddy Bear, Teddy Bear, count to four.
Teddy Bear, Teddy Bear, climb the stairs,
Teddy Bear, Teddy Bear, say your prayers.
Teddy Bear, Teddy Bear, turn out the light,
Teddy Bear, Teddy Bear, say goodnight.
Teddy Bear, Teddy Bear, where are you?
Teddy Bear, Teddy Bear, give me a clue.
Teddy Bear, Teddy Bear, are you near?
Teddy Bear, Teddy Bear, wish you were here.
Teddy Bear, Teddy Bear, I feel bad.
Teddy Bear, Teddy Bear, I feel sad.
Teddy Bear, Teddy Bear, all alone,
Teddy Bear, Teddy Bear, please come home!

Hernriette
Henriette, gold'ne Kette, gold'ner Schuh,
wie alt bist du?
Eins – Zwei – Drei – Vier – Fünf... etc.

Es wird solange gesprungen, bis der Springer einen Fehler macht oder sein Alter erreicht.

Salat

Salat, Salat, das ganze Jahr Salat: im Januar, im Februar, ... - wer schafft alle Monate?

Der Kaiser von Rom
Der Kaiser von Rom, der hatte einen Sohn.
Der Sohn, der war zu klein, um Kaiser zu sein.
Er ruckte vor und ruckte zu-
rück und schloss das Tor

(Grätschsprung, um das Seil zwischen den Füßen zu stoppen).

Achterbahn

Ein Spieler nach dem anderen läuft zuerst durch das Seil, anschließend um einen der beiden Seildreher herum, wieder durch das Seil und zum Schluss um den anderen Dreher herum, also eine Acht.

Die Uhr
Zwei Spieler schlagen das Seil. Einer sagt: „Die Uhr schlägt 0!". Nun müssen alle Spieler nacheinander einmal durch das Seil laufen. Anschließend heißt das Kommando: „Die Uhr schlägt 1!" Alle Spieler laufen nacheinander in das Seil, springen einmal und laufen wieder hinaus. So geht es weiter, bis die Uhr 24 schlägt. Wer einen Fehler macht, löst einen Seilschläger ab.

Pfeffer und Salz
Die Seilschwinger bestimmen das Tempo, die Springer müssen aufpassen. Rufen die Schwinger „Pfeffer!“, schwingen sie das Seil schneller und schneller. Rufen sie „Salz!“, wird das Seil wieder langsamer.

Zahlenspringen

Die Spieler stellen sich hintereinander auf. Jeder bekommt eine vorher vereinbarte Zahl von Sprüngen. Sobald ein Spieler seine Zahl gesprungen ist und herausläuft, springt sofort der nächste Spieler ins Seil.

„A, B, C, ...“
Beginnend bei A wird bei jedem Durchschlag der nächste Buchstabe des Alphabets genannt, bis der Spieler hängen bleibt. Mit dem zuletzt genannten Buchstaben wird ein Name gesucht (bei hüpfenden Mädchen ein Jungenname und umgekehrt) und dann geht es zum Beispiel folgendermaßen weiter: „Micha, Micha, liebst du mich, ja, nein, ja, nein, ...“

Mutter ruft die Kinder rein

Ein Spieler läuft ins Seil und beginnt zu springen. Anschließend ruft er: „Mutter ruft die Kinder rein, Hanna Müller komm herein!“ Beide Spieler springen dann gemeinsam und rufen den dritten Springer herein. Ein Durchgang dauert so lange, bis alle Spieler gemeinsam springen oder eine Person hängen bleibt.

Kunststücke
- in die Hocke gehen und wieder aufrichten
- zum anderen Seilschwinger umdrehen, also eine halbe Drehung machen
- eine ganze Drehung
- mit gegrätschten Beinen springen
- mit gekreuzten Beinen springen
- einen besonderen „Luftsprung“ machen: z.B. Beine in der Luft grätschen, spreizen, anhocken
- von beiden Füßen auf beide Hände und wieder zurück springen
- auf einem Bein springen und regelmäßig auf das andere wechseln: z.B. rechts – links oder rechts – rechts – links – links oder rechts – links – links – links – rechts – rechts

Double Dutch

Zwei gegenüberstehende Spieler schlagen zwei Seile in Gegenrichtung, dabei dürfen ihre Hände jedoch nicht über die Körpermitte bewegt werden. Wenn das entferntere Seil auf den Boden schlägt, muss der Springer von der Seite hinein und anschließend ohne Zwischensprung springen. Einfacher ist es, als Springer zunächst zwischen beiden Seilen zu stehen. Ein Seil wird dann mit Schwung über den Springer geschlagen, das andere dabei etwas nach außen gehalten. Das Herausspringen ist zu beiden Seiten möglich. Es ist wichtig, möglichst dicht am Schwinger heraus zu laufen und auf der Seite, wo der Arm gerade oben ist.

Kreuz
6 Spieler schwingen vier Seile. Dazu stellen sich vier Spieler in die Ecken eines gedachten Quadrats und zwei Spieler Rücken an Rücken in die Mitte. Die Mittelspieler schwingen zwei Seile, die äußeren Spieler ein Seil gemeinsam mit einem Mittelspieler. Alle 6 Spieler schwingen die vier Seile gleichzeitig in die gleiche Richtung. Alle übrigen Spieler springen in die Seile ein und können beliebig wechseln.

Spinne

Vier Spieler stellen sich kreuzförmig auf, jeweils zwei gegenüberstehende Spieler schwingen ein Langseil so, dass beide Seile gleichzeitig in der Mitte auf den Boden kommen. Die übrigen Spieler dürfen beliebig springen.

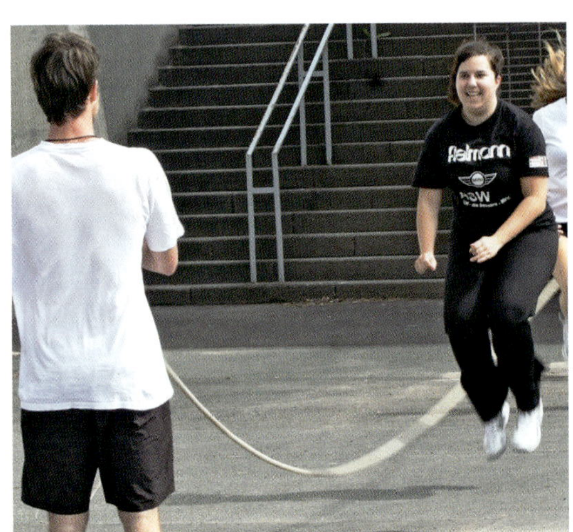

Teufelstanz / Hexenkreisel

Spielidee und Grundregeln:
Ein Spieler hat ein Ende eines Springseils in der Hand. An dessen anderes Ende wird eine Socke geknotet, in der sich ein Tennisball befindet. Nun beginnt der Spieler das Seil so um sich zu kreisen, dass der Tennisball auf dem Boden bleibt. Alle anderen Spieler müssen über das sich drehende Seil springen. Wer einen Fehler macht, scheidet aus. Wer bleibt zuletzt übrig?

Hinweise:
Um nicht schwindelig zu werden, sollte man beim Drehen das Seil immer von einer in die andere Hand übergeben.

Spielerzahl: ab 3 bis ca. 15

Spieldauer: ab 3 Min.

Material: Seilchen, Socke mit Tennisball oder ein Tennisring, Bohnensäckchen

Variation:
- Wer einen Fehler macht, muss das Seil drehen.

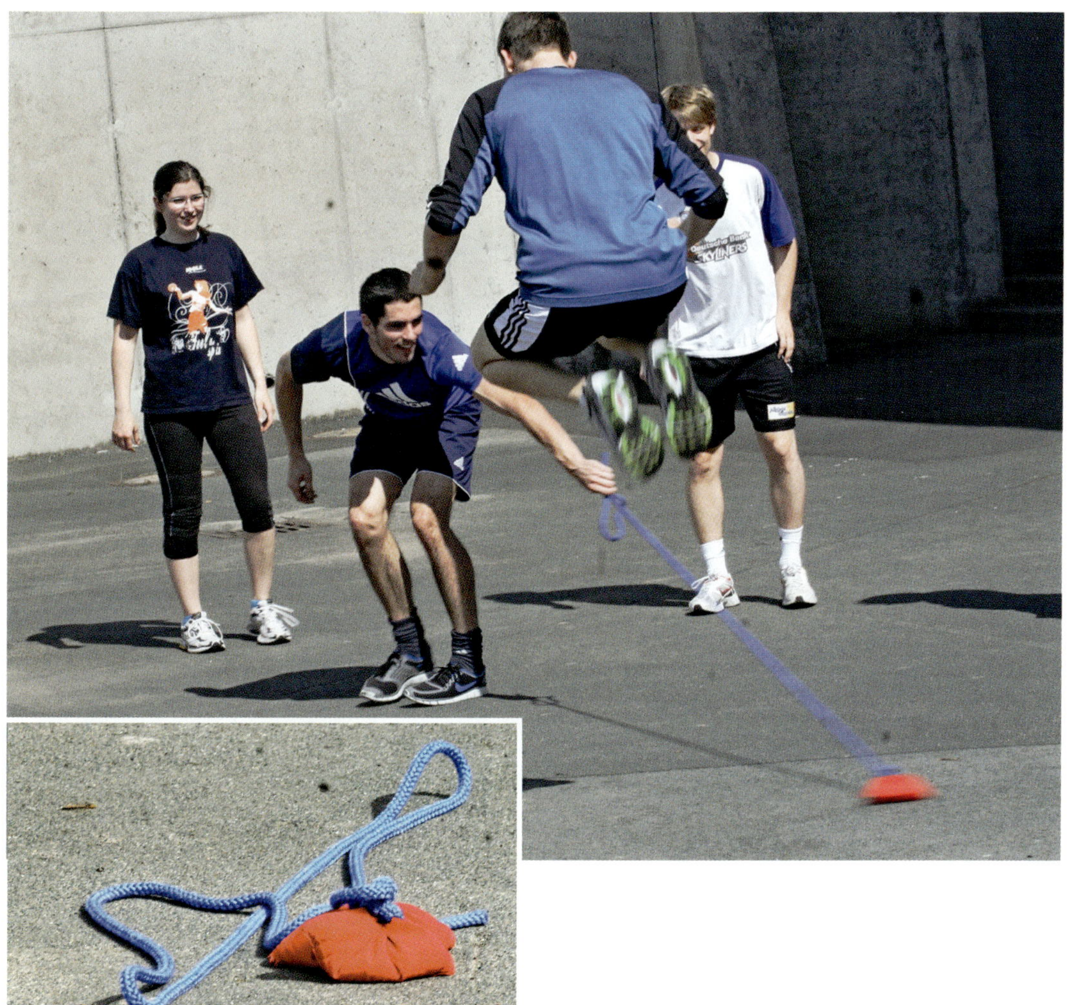

Jump for fun

Spielidee und Grundregeln:
Jeder Spieler bekommt ein Seilchen. Es müssen verschiedene Aufgaben bewältigt werden:

Easy
Mit geschlossenen Beinen springen.

Double under
Doppelsprünge, also einmal hochspringen und zweimal das Seilchen unter den Beinen durchschlagen.

Backward
Rückwärts springen.

Can Can
Grundsprung – ein Bein anhocken – Grundsprung – ein Bein strecken, anschließend dasselbe mit dem anderen Bein.

Hampelmann
Bei jedem Seilschwung die Beine im Wechsel schließen und grätschen.

Criss Cross
Grundsprung, anschließend die Arme vor dem Körper kreuzen, Grundsprung.

On tour
Mit dem Seil vorwärts oder rückwärts laufen: 2 Schritte und ein Seilschlag oder 1 Schritt bei jedem Seilschlag.
Auf einem Bein, mit gekreuzten Beinen, Treppen steigen: abwechselnd auf dem rechten und dem linken Bein springen, mit Zwischenhüpfern, vorwärts laufen und über das Seil springen, mit nach vorne ausgestreckten Beinen abwechselnd rechts und links springen, rückwärts springen.

Hinweise:
Spielerzahl: beliebig
Spieldauer: ab 5 Min.

Variationen:

- **Sprünge zu zweit mit einem Seil**
  - Beide Spieler stehen nebeneinander, jeder fasst mit seiner äußeren Hand das Seil an, vorwärts und rückwärts springen.
- **Sprünge zu zweit mit einem Seil**
  - Beide Spieler stehen voreinander (wahlweise mit dem Gesicht zueinander oder abgewandt), ein Spieler schwingt das Seilchen, beide springen.
- **Sprünge zu zweit mit einem Seil**
  - Rein und raus! Beide Spieler stehen sich mit Abstand gegenüber. Jeder hat ein Seilende in der Hand. Nun schwingen beide das Seil so, dass jeder ein ‚O' vor seinem Körper „schreibt". Einer läuft nun –während er weiter dreht- ins Seil hinein, springt einige Male mit und läuft wieder hinaus. Jetzt ist der andere Spieler an der Reihe.
- **Wheel**
  - Beide Springer stehen nebeneinander. Das eigene Seil wird in der äußeren Hand gehalten, das des Partners in der inneren. Das Seil, das auf dem anderen liegt, wird zuerst geschlagen. Anschließend werden beide Seile abwechselnd geschlagen: Während das eine

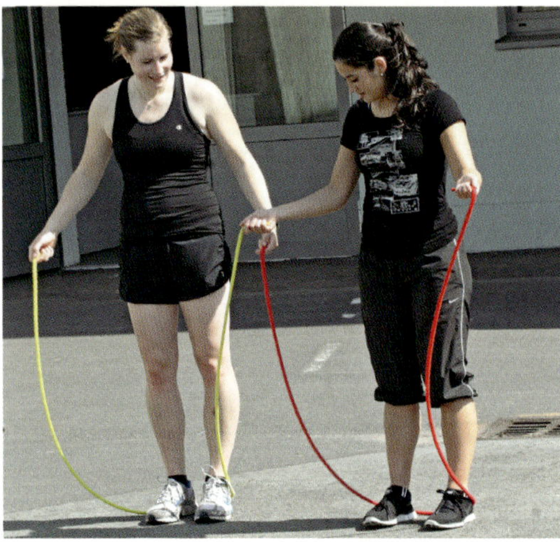

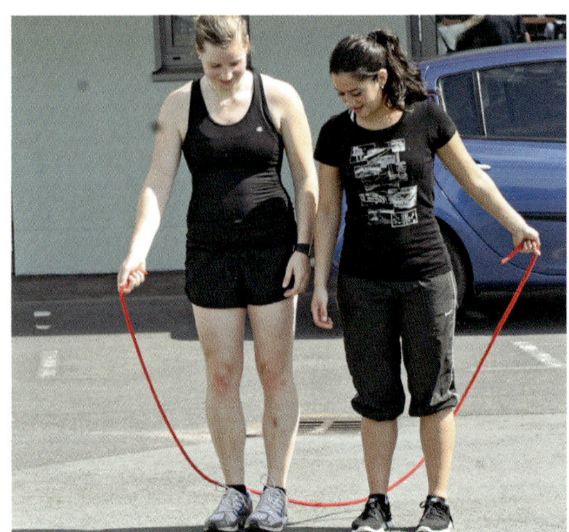

oben ist, springt ein Partner über das andere. Man sollte sich dabei nur auf seine äußere Hand konzentrieren.

- Wettbewerbe
  - Wer schafft die meisten Sprünge in der vorgegebenen Art? Wer schafft die meisten Sprünge in einem Mehrkampf? Wer schafft die meisten Sprünge in der vorgegebenen Zeit?
- Horse
  - Der beginnende Spieler entscheidet sich für eine Sprungvariation und führt sie vor. War sie erfolgreich, müssen die anderen Mitspieler diese kopieren. Jeder Spieler, dem dies nicht gelingt, bekommt einen Buchstaben des Wortes „HORSE“. Wenn ein Spieler alle fünf Buchstaben gesammelt hat, hat er verloren und die restlichen Spieler spielen solange weiter, bis ein Sieger feststeht.
- Synchronspringen
  - Mit einem Partner eine vorgegebene Abfolge von verschiedenen Sprüngen einüben und anschließend synchron springen: Zum Beispiel 8x Grundsprung rückwärts – 2x Arme kreuzen – 2 x Beine kreuzen – 4x rechtes Bein – 4x linkes Bein. Schafft ihr es, die Gestaltung synchron zu springen und uns vorzuführen?

Seilprobe

Spielidee und Grundregeln:

- Seilspringen am Ort oder in der Fortbewegung in Anlehnung an die Ballprobe:
- 10 x Normalsprünge
- 9 x rückwärts
- 8 x auf einem Bein
- 7 x auf dem anderen Bein
- 6 x Überkreuzen
- 5 x Überkreuzen der Arme
- 4 x Überkreuzen, der Arme rückwärts
- 3 x in der tiefen Hocke
- 2 x Doppelschlag
- 1 x Doppelschlag rückwärts

Hinweise:
Spielerzahl: beliebig
Spieldauer: ab 5 Min.
Material: je Spieler oder je Paar eine Seich.

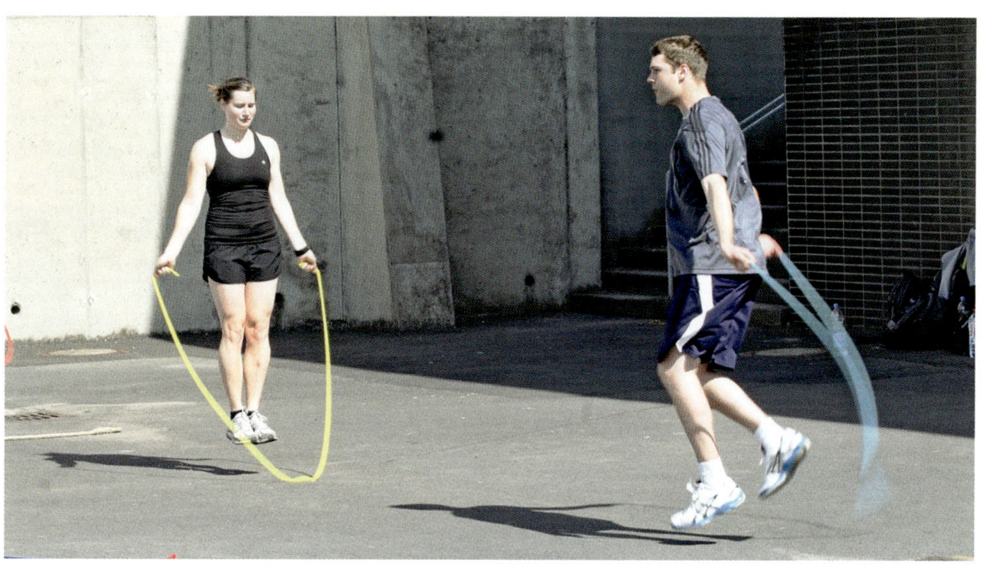

Gummitwist

Spielidee und Grundregeln:
Ein ca. 5 Meter langes Gummiband, z.B. ein Hosengummi, wird an den Enden zusammen geknotet. Zwei Spieler stehen sich gegenüber und haben das Gummiband um ihre Beine gespannt. Der oder die übrigen Spieler springen bestimmte vorher festgelegte Muster. Machen sie dabei einen Fehler, wechseln sie mit einem der beiden stehenden Spieler. Als Fehler gelten:

- ein falscher Hüpfer, der nicht dem festgelegten Muster entspricht,
- hängen bleiben,
- im falschen Moment auf das Gummi treten oder das Gummi verfehlen.
- Schaffen die Springer einen kompletten Durchgang ohne Fehler, wird das Gummi auf Kniehöhe und ggf. auf Beckenhöhe gezogen. Im nächsten Durchgang schließen die Außenspieler ihre Beine. Das jetzt engere Gummi befindet sich wieder zunächst auf Knöchelhöhe (dann auf Knie und ggf. auf Beckenhöhe). Zum Schluss stellen die Außenspieler nur noch ein Bein in das Gummi. Jeder Spieler startet immer wieder bei der Übung, bei der er vorher den Fehler gemacht hat.
- Eine mögliche Folge sieht so aus (jeder Sprung wird mit einer Zahl gekennzeichnet):
  - 0: Über beide Gummis springen.
  - 1: Mit einem Fuß in das Gummirechteck springen und auf der anderen Seite wieder heraus.
  - 2: Mit dem linken Fuß zuerst auf das vordere Gummi treten, anschließend mit dem rechten auf das hintere Gummi laufen.
  - 3: Gleichzeitig mit jeweils einem Fuß auf das vordere und das hintere Gummiband springen, anschließend zweimal hinteres und vorderes Bein wechseln, herausspringen.
  - 4: Mit beiden Füßen auf das vordere, das hintere, das vordere und wieder das hintere Gummispringen, herausspringen.
  - 5: Mit dem linken Fuß unter dem vorderen Gummi hindurch, zweimal hintereinander auf das hintere Gummi treten, anschließend dasselbe zweimal mit dem rechten Fuß, mit beiden Füßen unter dem vorderen Gummi auf das hintere springen und nach vorne herausspringen.
  - 6: Wechselspringen links, rechts, links nur auf dem vorderen Gummi, mit einer 180°-Drehung mit rechts auf das hintere Gummi springen und ebenso drei Wechselsprünge machen.
  - 7: Mit einem Fuß das vordere Gummi über das hintere heben und sich mit dem Fuß in die entstandene Schlaufe stellen, anschließend eine halbe Drehung springen, sodass sich jetzt der andere Fuß in der Schlaufe befindet, insgesamt siebenmal, dann herausspringen.
  - 8: Mit beiden Füßen zwischen beide Gummibänder springen und auf der anderen Seite herausspringen, insgesamt achtmal.
  - 9: Seitlich so in das Gummirechteck springen, dass sich ein Fuß innerhalb und ein Fuß außerhalb befindet (vor dem ersten Gummi), anschließend wechseln, so dass jetzt der andere Fuß innerhalb ist und der zweite außerhalb des hinteren Gummis, insgesamt neunmal, anschließend herausspringen.
  - 10: So springen, dass sich ein Fuß unterhalb und der andere auf dem vorderen Gummi befindet, anschließend ebenso auf das hintere Gummi springen, wieder rückwärts auf das vordere usw., insgesamt zehnmal, anschließend herausspringen.

Hinweise:
Spielerzahl: je Gummi ca. 3 bis 7
Spieldauer: ab 5 Min.
Material: Gummitwist oder geknotetes Hosengummi

Variationen:

- Sprungkombination
  - Seite, Seite, Mitte, Grätsche, Seite, Seite, Mitte, raus. Ist diese Sprungkombination ohne Fehler durchgeführt, wird die Höhe des Gummitwist gesteigert.
  - Diese Sprungfolge ohne Pause springen (beliebige andere Folgen sind denkbar).

- Weitere Sprungkombination

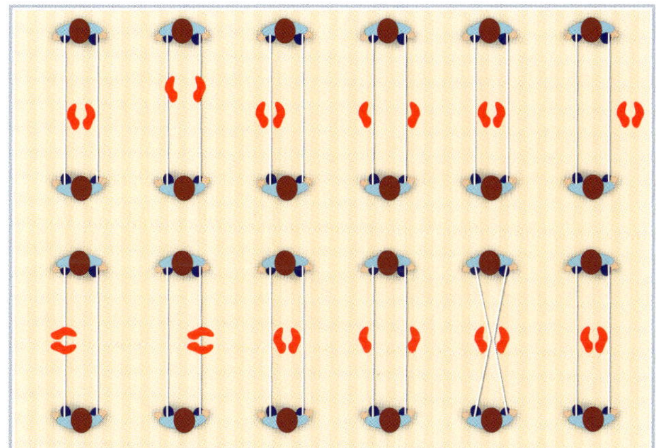

- Schneewittchen

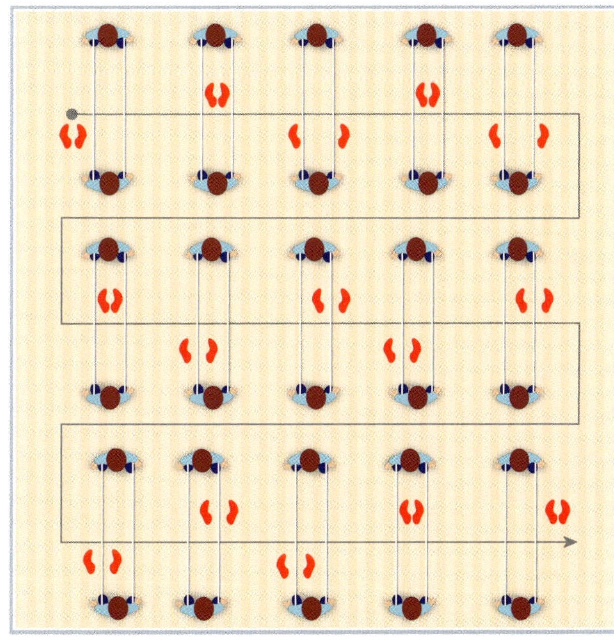

- Mickey Maus

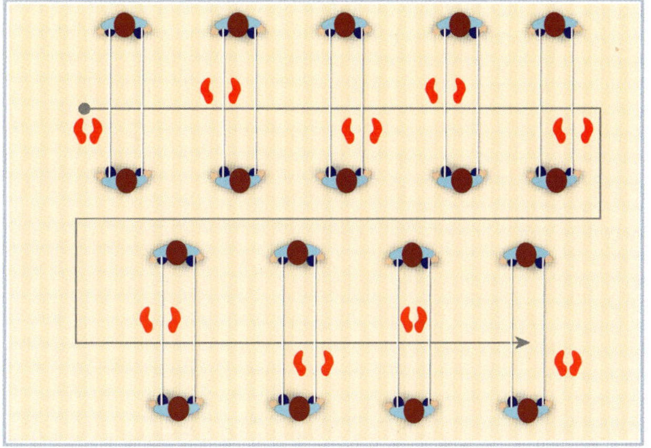

Schnecken hüpfen

Spielidee und Grundregeln:
Die Spieler malen mit Kreide eine Schnecke auf den Boden, teilen diese in Felder ein und geben jedem Feld eine Nummer. Anschließend hüpfen sie der Reihe nach in die einzelnen Felder, ohne dabei eine Linie zu berühren. Gelingt es einem Spieler, auf diese Weise in die Mitte zu kommen, darf er ein beliebiges Feld markieren. Daraufhin müssen alle anderen Spieler dieses Feld überspringen. Derjenige, der das letzte Feld markiert, ist Sieger.

Hinweise:
Spielerzahl: ab 2 bis ca. 8
Spieldauer: ab ca. 3 Min.
Material: Kreide

Variationen:

- Buchstaben hüpfen:
  - Die Spieler malen 5x4 Kästchen auf den Boden und schreiben in jedes Kästchen einen Buchstaben. Nun hüpft der erste Spieler in ein beliebiges Kästchen und nennt innerhalb von 3 Sekunden einen Vornamen, ein Tier, ein Land usw., dass mit diesem Buchstaben beginnt. Dies geht so weiter, bis er eine Linie berührt oder ihm kein Name einfällt. Oder die Mitspieler geben vor, welches Wort gehüpft werden muss.
- Handynummern hüpfen:
  - 2 Handytastaturen werden nebeneinander mit Kreide auf den Boden gemalt. Immer zwei Spieler treten gegeneinander an. Der Spielleiter hält eine auf ein Plakat geschriebene Handynummer hoch. Jetzt müssen beide Spieler so schnell wie möglich mit Schlusssprüngen die vorgegebene Nummer hüpfen. Der Sieger bekommt einen Punkt und die nächsten beiden Spieler starten. Als Variante kann auch eine SMS gehüpft werden.
- Taschenrechner:
  - Die Spieler müssen eine Rechenaufgabe in den Taschenrechner eintippen (hüpfen), anschließend in das Ergebnisfeld springen und das richtige Ergebnis nennen.

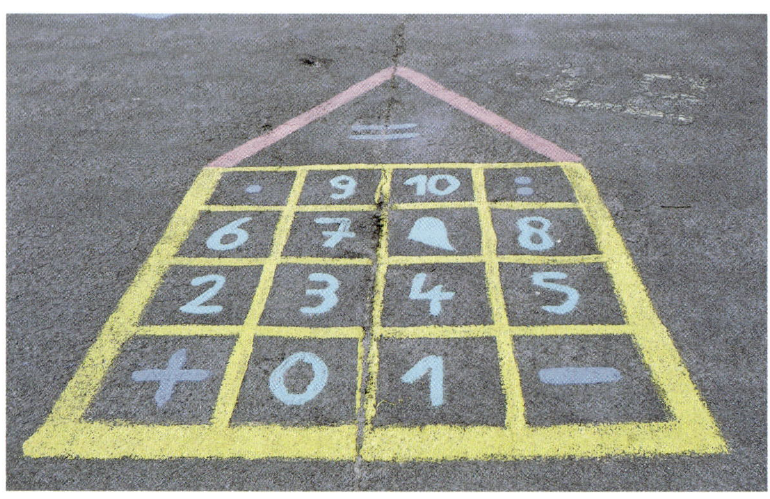

Himmel und Hölle

Spielidee und Grundregeln:
Mit Kreide wird das Spielfeld auf den Boden gezeichnet. Der Startspieler wirft einen Stein in das erste Kästchen, hüft hinein, hebt den Stein auf und hüpft zurück. Der zweite Spieler muss den Stein ins zweite Kästchen werfen, der Dritte in das Dritte. Gelingt es nicht, mit dem Stein das entsprechende Kästchen zu treffen, bekommt man eine Zusatzaufgabe. Folgende Regeln können aufgestellt werden:

- Keine Linie darf berührt werden.
- Die Reihenfolge der Felder muss eingehalten werden.

Hinweise:
Spielerzahl: ab 2 bis ca. 6
Spieldauer: ab 5 Min.
Material: Kreide, ein Steinchen

Variationen:

- Der erste Spieler wirft seinen Stein in Feld 1, überspringt dieses Feld, springt weiter in die Felder 3, 4, 5 bis zum Himmel und wieder zurück, holt seinen Stein aus Feld 1 und hüpft auf die Erde zurück. Anschließend wirft er den Stein in Feld 2. Verstößt er gegen eine Regel, ist der nächste Spieler an der Reihe. Gewinner ist derjenige Spieler, welcher seinen Stein in der vorgegebenen Art als Erster von der Erde bis zum Himmel und wieder zurück transportiert hat.
- Es wird ein Kreis mit 12 nummerierten Kästchen gezeichnet. Jeder Spieler muss eine Runde hüpfen, indem er in das erste Feld springt und anschließend immer 2 Felder vor, 1 Feld zurück. Wer die Runde ohne Fehler schafft, startet in der nächsten Runde nur mit dem rechten Bein und dritten der dritten Runde nur auf dem linken Bein.
- Auf einem Bein hüpfen, mit gekreuzten Beinen hüpfen, rückwärts hüpfen, mit geschlossenen Beinen hüpfen, mit einer halben oder ganzen Drehung
- Felder mit einem X versehen, die nicht berührt werden dürfen.
- Im Himmel zwei „psst-Felder" einfügen: Wer ein solches berührt, darf bis zum Ende des Durchgangs nicht mehr sprechen oder lachen.

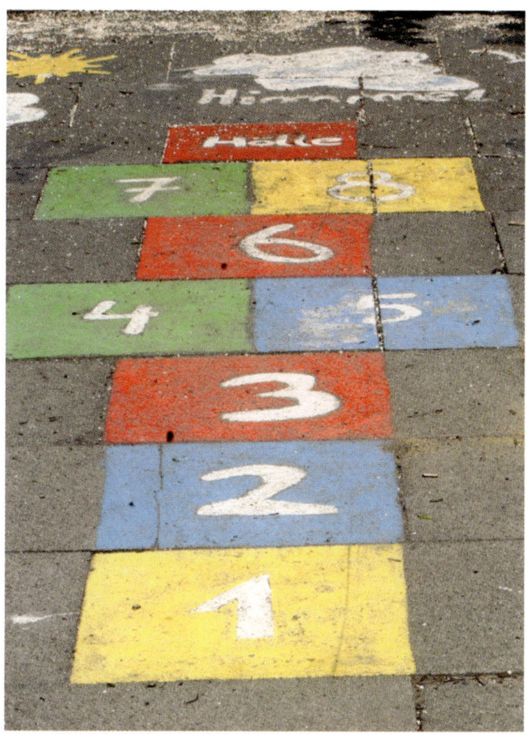

Vogel aus dem Nest

Spielidee und Grundregeln:
Alle Spieler stehen als Vögel in einem großen Kreis mit einem Abstand von zwei bis drei Schritten. Jeder Spieler malt jetzt mit Kreide einen kleinen Kreis um seine Füße, das Nest. Mit einem Abzählreim wird bestimmt, welcher Spieler sein Nest verlassen muss. Sobald dieses leer ist, springt ein Nachbar in das leer gewordene Nest. Alle anderen Vögel hüpfen so schnell wie möglich in die neuen leeren Nester. Der Spieler ohne Nest muss versuchen, sich ein leeres Nest zurück zu erobern. Gelingt ihm dieses, muss der Spieler ohne Nest in die Mitte.
Abzählreime können beispielsweise sein:
Eins, zwei, drei, vier, fünf, sechs, sieben,
eine alte Frau kocht Rüben,
eine alte Frau kocht Speck,
und du bist weg!

Oder noch kürzer:
Ene, mene, meck,
und du bist weg!

Hinweise:
Spielerzahl: ca. 6 bis 25
Spieldauer: ab ca. 3 Min.
Material: Kreide

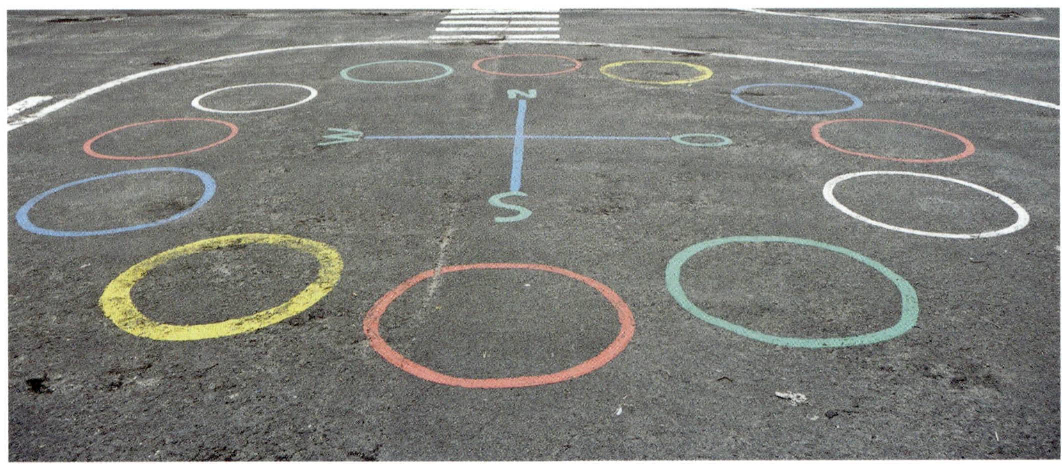

Brief abschicken

Spielidee und Grundregeln:
In dem aufgemalten Spielfeld stehen die Zahlen 1 bis 11. Gesprungen wird wie folgt: Felder 1 - 4 beidbeinig geschlossen, Felder 5 und 6 beidbeinig gegrätscht, Felder 7 und 8 wieder beidbeinig geschlossen, Felder 9 und 10 beidbeinig gegrätscht, Feld 11 beidbeinig geschlossen mit halber Drehung. Anschließend ebenso zurück.

Hinweise:
Spielerzahl: ca. 2 bis 12
Spieldauer: ab 2 Min.
Material: Kreide

Variation:
- Mit einem Bein hüpfen, mit gekreuzten Beinen hüpfen.

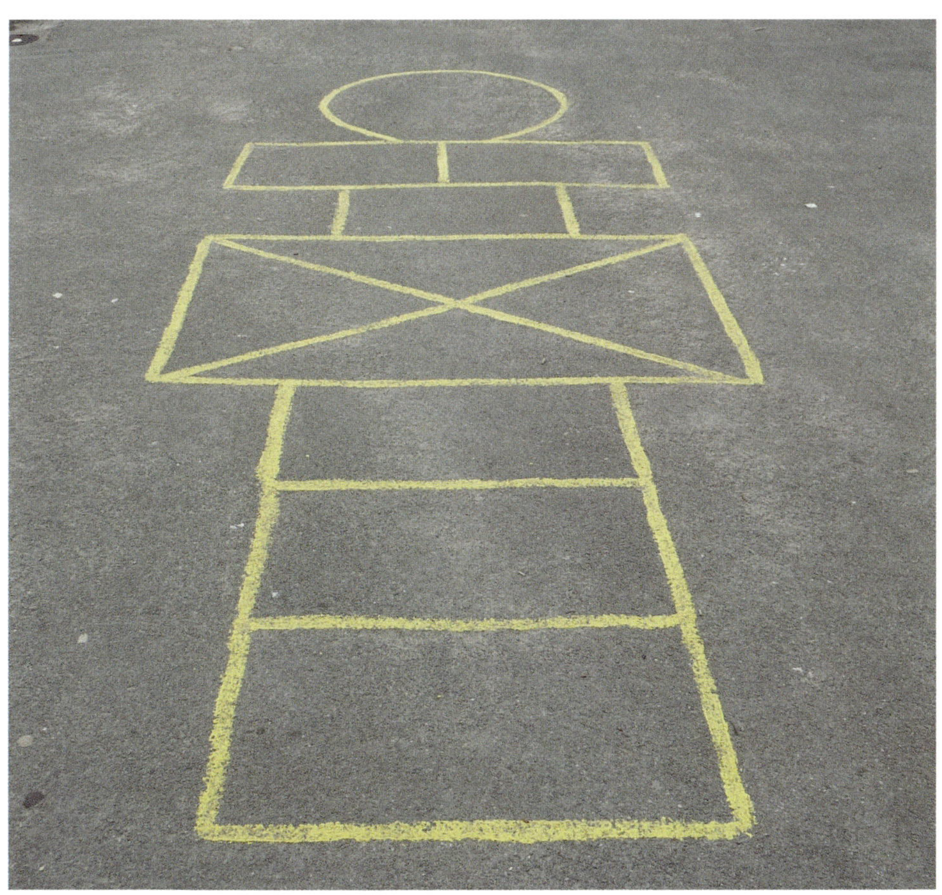

Schneckenkönig

Spielidee und Grundregeln:
Es wird mit Kreide eine Schnecke mit 10-50 nummerierten Feldern auf den Schulhof gemalt. Gehüpft wird von innen nach außen und wieder hinaus, ohne dabei auf eine Linie zu treten oder den zweiten Fuß aufzustellen. Der Startspieler hüpft auf einem Bein vom Start bis in die Mitte und auf dem anderen wieder hinaus. Wer das Hüpfmuster fehlerfrei schafft, darf eine Wohnung im Schneckenhaus beziehen und schreibt mit Kreide seinen Namen auf ein beliebiges Feld (oder markiert dieses mit einem Stein). Von nun an darf nur noch der Wohnungsbesitzer auf diesem Feld landen. Alle anderen Spieler müssen darüber hüpfen. Nach jedem erfolgreichen Durchgang werden weitere Wohnungen bezogen. Wer einen Fehler macht, versucht es beim nächsten Durchgang wieder. Gewonnen hat derjenige, der am Ende die meisten Wohnungen besitzt.

Hinweise:
Spielerzahl: ab 2 bis ca. 8
Spieldauer: ab 3 Min.
Material: Kreide

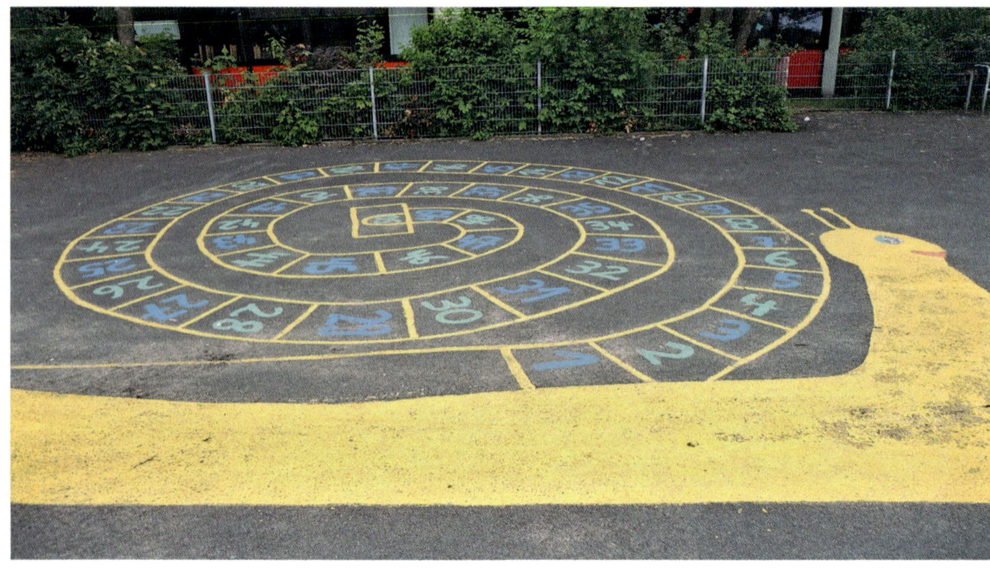

Hexentanz

Spielidee und Grundregeln:
Der Hexentanz besteht aus verschiedenen Stufen, die von Mal zu Mal schwierigere Hüpfmuster beinhalten. Pro Stufe hat jeder Spieler einen Versuch, die aktuelle Stufe fehlerfrei zu hüpfen. Wer es schafft, beginnt beim folgenden Durchgang mit der nächsten Stufe. Sieger ist, wer zuerst die letzte Stufe schafft.
Stufe 1: beidbeinig
Mit beiden Beinen in Feld 1 hüpfen, anschließend gegrätscht in Felder 2 und 3, wieder mit beiden Beinen in Feld 1. Beidbeinig in Feld 4, gegrätscht in Felder 5 und 6 und wieder mit beiden Füßen in Feld 4 hüpfen. Ebenso beidbeinig in Feld 7, gegrätscht in die Felder 8 und 9 und wieder beidbeinig in Feld 7 springen. Von Feld 7 mit einer halben Drehung beidbeinig nacheinander in die Felder 4 und 1 und heraus hüpfen.
Stufe 2: einbeinig
Auf dem rechten Bein in aufsteigender Reihenfolge in die Felder 1 bis 9 hüpfen und auf dem linken Bein in umgekehrter Reihenfolge wieder zurück.
Stufe 3: gekreuzt
Wie Stufe 1, aber jetzt bei den Grätschsprüngen die Beine überkreuzen.
Stufe 4: abwechselnd einbeinig
Abwechselnd von 1 bis 9 und wieder zurück mit dem rechten und linken Bein hüpfen.
Stufe 5: gerade und ungerade Zahlen
Auf dem Hinweg mit beiden Beinen nur in die ungeraden Felder springen, zurück nur in die geraden. Oder aber mit dem rechten Bein die ungeraden Zahlen und mit dem linken die geraden wieder zurück.
Stufe 6: Joker
Hüpfmuster der Stufe 1 mit geschlossenen Augen

Hinweise:
Spielerzahl: 2 bis 8
Spieldauer: ab 5 Min.
Material: ein Stück Kreide

Variationen:
- Bei den Stufen 2-5 den Rückweg immer rückwärts hüpfen
- **Mannschaftswettkampf:**
  - Jede Mannschaft hat ein eigenes Hüpffeld. Auf ein Kommando beginnen die Startspieler, die Stufe 1 zu hüpfen. Wer schneller fehlerfrei springt, erhält einen Punkt für sein Team.

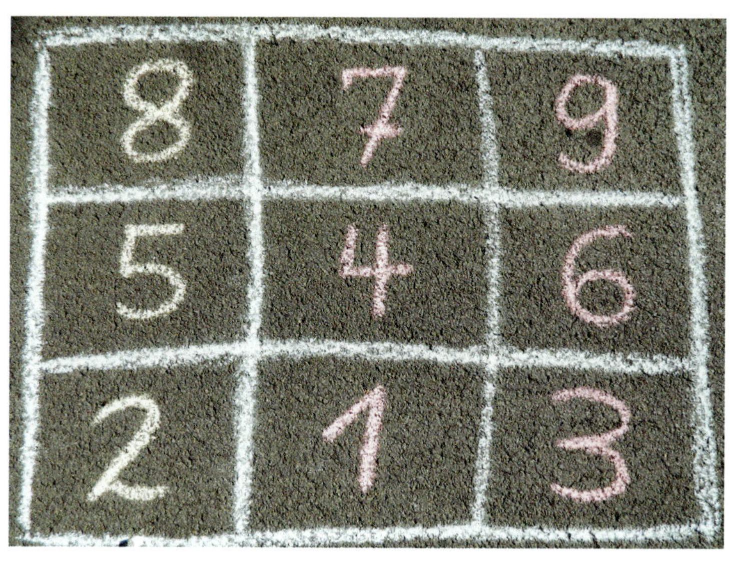

Steinwurfspringen

Spielidee und Grundregeln:
Zwei oder mehrere Mannschaften spielen gegeneinander. Sie stellen sich an der Startlinie auf. Jeder Startspringer besitzt einen kleinen, flachen Stein. Diesen wirft er so weit, wie er glaubt, aus dem Stand springen zu können. Gelingt es ihm, so weit zu springen, dass er mit mindestens einem Fuß den Stein berührt, wird diese Stelle markiert und der nächste Springer dieser Mannschaft darf von dieser Stelle den Stein werfen. Springt ein Spieler zu kurz oder zu weit, muss der nächste Springer an der zuletzt markierten Linie starten. Die Mannschaft, die auf diese Weise am weitesten kommt oder zuerst eine Ziellinie erreicht, gewinnt.

Hinweise:
Spielerzahl: ab 4 bis ca. 16
Spieldauer: ab 5 Min.
Material: für jede Mannschaft einen kleinen, flachen Stein und ein Stück Kreide

Linienspringen

Spielidee und Grundregeln:
Jeder Spieler versucht, so nah wie möglich von vorne an eine markierte Linie mit beiden Fußspitzen heran zu springen.

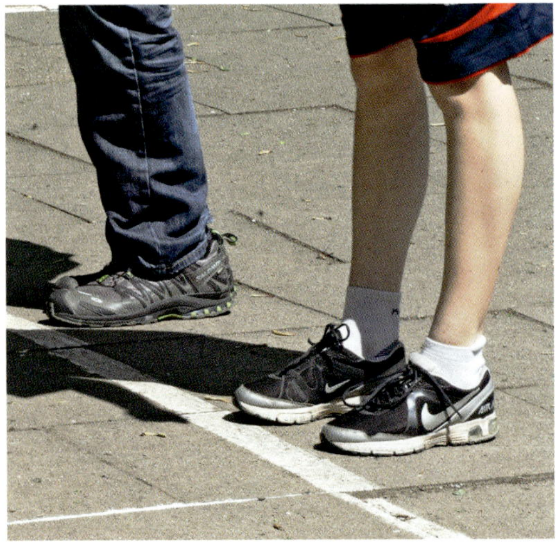

Hinweise:
Spielerzahl: ab 2
Spieldauer: ab 2 Min.
Material: Kreide für die Linie

Variationen:

- Auf einem Bein
- Rückwärts
- Seitwärts
- Nach einer halben oder ganzen Drehung um die Körperlängsachse
- **Hüpfcontest:**
  - Zehn Linien hintereinander malen in geringem Abstand. Alle Spieler bekommen verschiedene Aufgaben. Keine Linie darf berührt werden.
  - Mit beiden Füßen in jeden Zwischenraum
  - Abwechselnd beide Füße und einen Fuß
  - Sidesteps
  - Rückwärts
  - Auf einem Bein
  - Nur in jeden zweiten Zwischenraum springen
  - Zwei Linien vor, eine zurück
  - Mit jeweils einer halben oder ganzen Drehung
  - Wer ist der schnellste?

Bockspringen

Spielidee und Grundregeln:
Ein Spieler bückt sich nach vorne und stützt sich dabei mit den Händen an den Beinen ab. Er versucht, einen sicheren Stand zu haben, damit er bei dem zu erwartenden Druck auf den Rücken nicht umfällt. Mit oder ohne Anlauf versucht der Bockspringer von hinten über den Mitspieler zu springen, indem er sich mit den Händen auf dessen Rücken abdrückt und die Beine grätscht. Anschließend wechseln die Rollen.

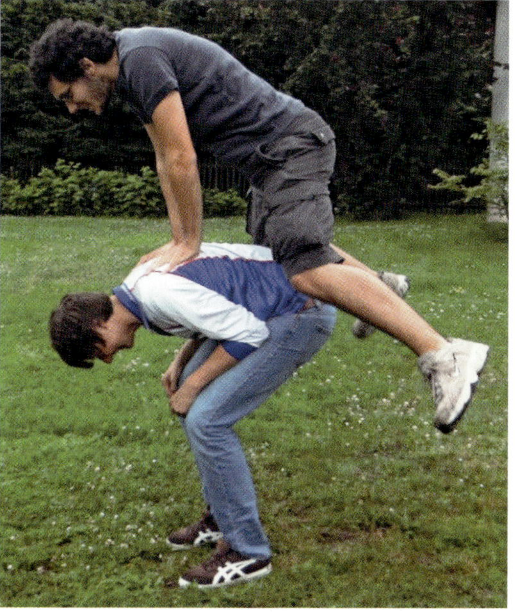

Hinweise:
Der Bock sollte nicht zu niedrig sein.
Spielerzahl: ab 2
Spieldauer: ab 2 Min.
Material: keins

Variationen:

- Bei mehreren Spielern wird eine Reihe gebildet. Der hinterste Spieler springt über alle vor ihm aufgestellten Böcke und schließt sich anschließend vorne wieder an.
- Zwei oder mehr Mannschaften spielen gegeneinander. Die Böcke stehen zwei Meter auseinander. Es gewinnt die Mannschaft, die auf diese Weise zuerst eine Ziellinie erreicht.

Weitsprung-Staffel

Spielidee und Grundregeln:
Zwei oder mehr Mannschaften spielen gegeneinander. Alle Teams stehen nebeneinander an der Startlinie, die Spieler der jeweiligen Teams hintereinander. Nach einem Startsignal springt der erste Spieler jedes Teams beidbeinig nach vorne in Richtung Ziellinie. Die gesprungenen Spieler gehen einen Schritt zur Seite und die zweiten Spieler der Mannschaften dürfen ab dem Punkt beidbeinig abspringen, wo ihr Mitspieler „gelandet" ist. Die dritten springen dann ab dem „Landepunkt" der zweiten usw. Wer zuerst die Ziellinie überquert, gewinnt.

Hinweise:
Spielerzahl: ab 4
Spieldauer: ab 3 Min.
Material: Kreide zum Markieren der Ziellinie

Klassische Pausenspiele

Klassische Pausenspiele haben sich ebenso wie Seilspringen und zahlreiche Hüpfspiele seit Generationen bewährt. Sie bieten unterschiedliche Spielerfahrungen und fördern ganz verschiedene Fähigkeiten wie Handgeschicklichkeit, schnelles Reagieren und Laufen, Kraft oder Kooperation.
Einige Spiele benötigen nur eine kleine ruhige Ecke oder Nische auf dem Schulgelände. Dies gilt zum Beispiel für die große Anzahl von Murmelspielen. Sie können auf befestigtem Untergrund sowie auf Sand oder manchmal sogar auf Rasen leicht gespielt werden. Solche kleinräumigen Spiele können meist von den Spielenden völlig selbstständig durchgeführt und gesteuert werden. Dabei sollte darauf geachtet werden, dass insbesondere Kleingruppen ihre Spiele gestalten und mögliche Konflikte selbstständig lösen können.
Andere Spiele wie „Vater liest Zeitung“ benötigen eine freie Spielfläche oder eine Wiese. Je nach Spiel müssen die Spielenden schnell reagieren oder schnell laufen. Hier bietet es sich an, in der gesamten Gruppe unter der Leitung einer Aufsicht die Spiele durchzuführen.
Selbstverständlich gibt es noch weitere klassische Pausenspiele. Um eine bessere Übersicht zu erreichen, haben wir diese meist den anderen Kapiteln dieses Buches zugeordnet. So finden sich zum Beispiel einige der zahlreichen klassischen Spiele mit dem Ball im Abschnitt „Ballspiele zum Werfen, Treiben und Fangen“.

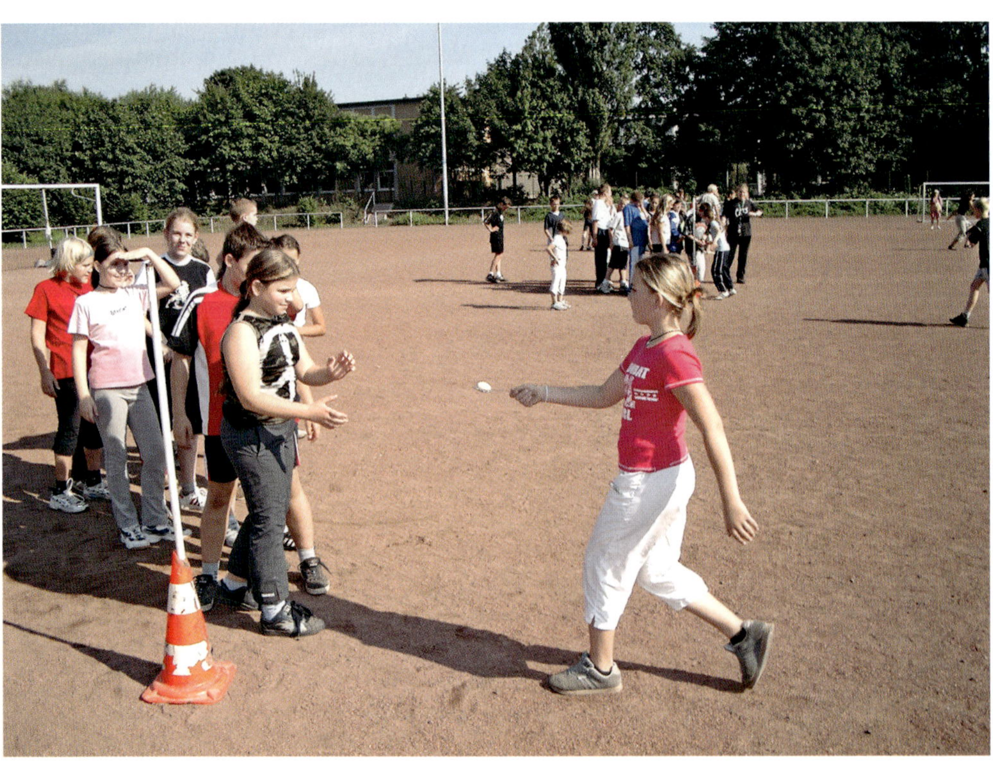

Murmelspiele

Spielidee und Grundregeln:
Murmeldart: Die Spieler malen mit Kreide einen Kreis mit einem Durchmesser von ungefähr zwei Metern. In diesen Kreis malen sie drei weitere Kreise. Der Abstand dieser Kreise sollte möglichst in etwa gleich groß sein und jeder Kreis bekommt eine Punktzahl. In drei Metern Entfernung wird eine Abrolllinie markiert. Jeder Spieler bekommt 5 Murmeln, die möglichst in einen der Kreise gerollt werden sollen. Gerollt wird abwechselnd, gegnerische Murmeln dürfen aus den Kreisen gekickt werden. Wer erreicht nach einem Durchgang die höchste Punktzahl?

Hinweise:
Spielerzahl: ab 2 bis ca. 8
Spieldauer: ab 5 Min.
Material: Kreide, für jeden Spieler 5 Murmeln

Variationen:

- **Murmel-Boccia:**
  - Ein Spieler wirft das Schweinchen, einen etwas größeren Stein. Der Reihe nach versuchen alle Spieler, ihre drei Murmeln so nah wie möglich an das Schweinchen zu rollen oder zu werfen. Der Gewinner bekommt einen Punkt und darf das Schweinchen werfen. Wer hat am Ende zuerst zehn Punkte?

- **Wandspiel:**
  - Wie Boccia, nur dieses Mal ist es das Ziel, seine Murmeln so nah wie möglich an eine Wand zu rollen oder zu werfen.

- **Murmelburg:**
  - Jeder Spieler bekommt 10 Murmeln. Ziel ist es, seine Murmeln in die Tore zu rollen und dabei möglichst viele Punkte zu erzielen.
    Material: Ein Schuhkarton o. ä., in den vier Tore geschnitten werden. Über jedem Tor steht eine Punktzahl von 1 bis 4.

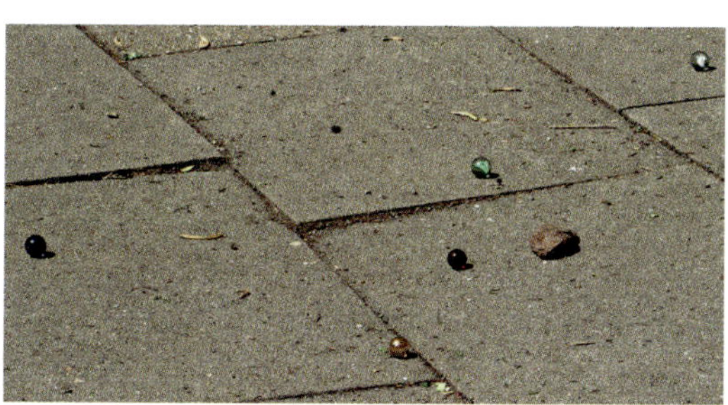

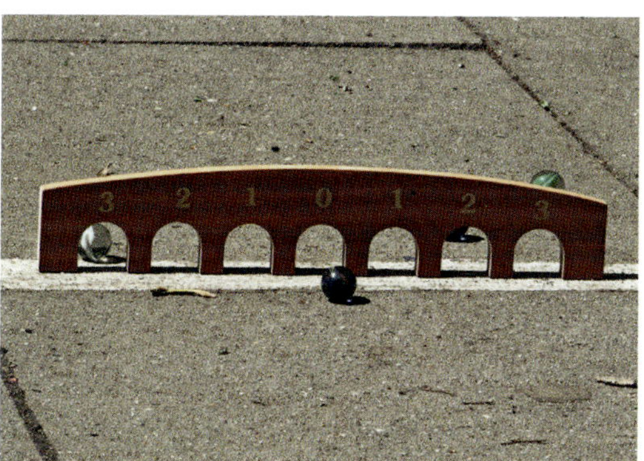

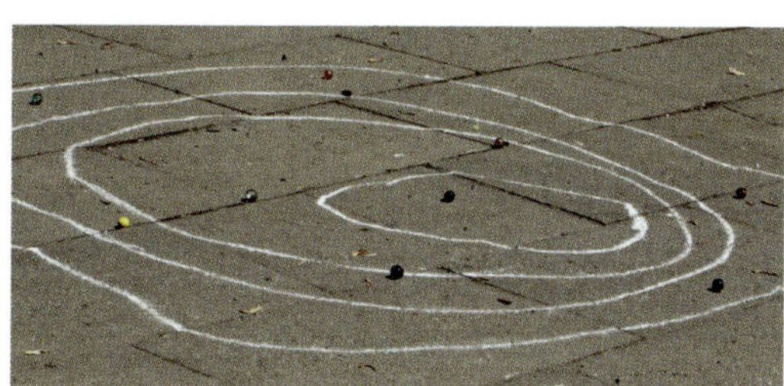

Troja

Spielidee und Grundregeln:
Auf dem Boden wird ein gleichseitiges Dreieck mit ca. 30 cm Seitenlänge gezeichnet. Nachdem die Spieler je 3 bis 5 Murmeln als Einsatz in die Mitte gelegt haben, sollen sie nacheinander aus 3 bis 5 Metern Entfernung darauf zielen. Dabei gilt es, mit einem Wurf möglichst viele dieser Murmeln aus dem Dreieck zu katapultieren. Alle Murmeln, die aus dem Dreieck rollen, gehören dem Schützen. Seine Wurfkugel lässt er liegen, wo sie gelandet ist, um von dort in der nächsten Runde das Spiel wieder aufzunehmen. Bleibt sie jedoch innerhalb des Dreiecks liegen, hat er sie verloren und der Spieler muss beim nächsten Mal mit einer neuen Murmel von der Linie aus werfen. Das Spiel wird solange fortgesetzt, bis das Dreieck leer geräumt ist. Gewonnen hat, wer die meisten Murmeln hat.

Hinweise:
Spielerzahl: ab 2 bis ca. 8
Spieldauer: ab 5 Min.
Material: 4 bis 6 Murmeln je Spieler

Variation:

- Bombe
    - Mit Kreide wird ein Kreis mit 20cm Durchmesser auf den Boden gemalt. Jeder Spieler legt eine Murmel hinein. Die Spieler werden nummeriert. Der Spieler mit der Nummer 1 darf anfangen und eine Murmel aus ungefähr einem Meter Höhe in den Kreis fallen lassen. Trifft er eine oder mehrere andere Murmeln, so dass sie aus dem Kreis fallen, gehören sie ihm. Jetzt ist Spieler zwei an der Reihe. Liegen keine Murmeln mehr im Kreis, muss jeder Spieler wieder eine Murmel hinein legen. Sobald ein Spieler keine Murmel mehr hat, ist das Spiel beendet und wird neu gestartet mit dem Spieler, der an der Reihe wäre.

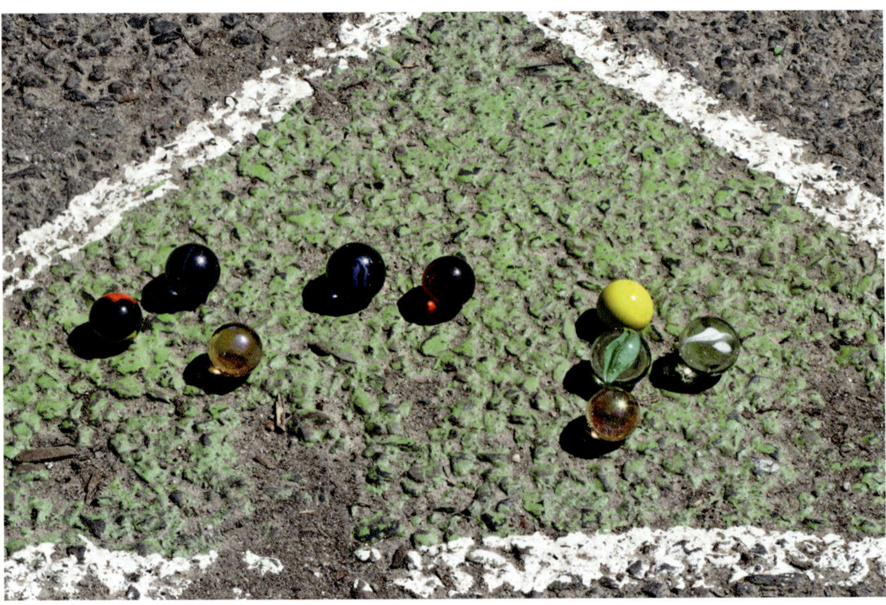

Würfelkönig

Spielidee und Grundregeln:
Alle Spieler stehen ca. 5 Meter von einer Wand entfernt, jeder Spieler bekommt einen Würfel. Ziel ist es, diesen Würfel so nah wie möglich an die Mauer zu werfen. Welcher Würfel liegt am dichtesten an der Wand? Der Sieger erhält die Punktzahl, die sein Würfel anzeigt. Wer erreicht auf diese Weise zuerst 25 Punkte?

Hinweise:
Am besten eignen sich große Schaumstoffwürfel.
Spielerzahl: ca. 3 bis 20
Spieldauer: ab 3 Min.
Material: für jeden Spieler einen Würfel

Variation:
- Münzenkönig
  - Hierbei werfen die Spieler jeweils eine kleine Spielmünze. Wessen Münze am nahesten an der Wand liegen bleibt, darf alle Münzen aufnehmen und diese werfen. Zuvor sagt er „Wappen“ oder „Zahl“. Die Münzen, die entsprechend der Ansage liegen bleiben, darf er behalten. Der Spieler, der seine Münze als zweites an der Wand platzieren konnte, wirft die verbleibenden Münzen hoch. Dieses Vorgehen wiederholt sich so lange, bis alle geworfenen Münzen wieder vergeben sind.

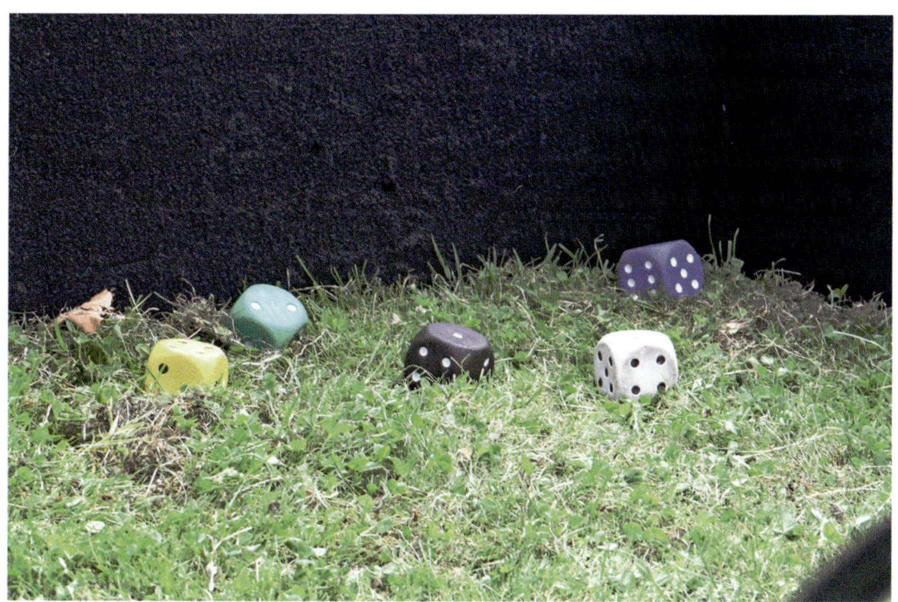

Vater liest Zeitung / Ochs am Berg

Spielidee und Grundregeln:
Ein Spieler (der Vater) steht auf einer Seite eines Spielfeldes und mindestens 10 Meter von den anderen Spielern entfernt. Er hält sich die Hände (die Zeitung) vors Gesicht, dreht sich um und ruft „Vater liest Zeitung!“. Für einen kurzen Moment können jetzt die anderen Spieler versuchen möglichst nah an den Vater heran zu kommen. Dreht sich der Vater aber um und sieht noch einen Spieler, der sich bewegt, schickt er diesen wieder zurück zum Anfang. Wer zuerst den Vater erreicht oder die Ziellinie überschreitet, wird der neue Vater.

Hinweise:
Es sollte nicht diskutiert werden, ob man sich bewegt hat oder nicht. Der sich umdrehende Spieler entscheidet!
Spielerzahl: ab ca. 10
Spieldauer: ab ca. 5 Min.
Material: kein

Variation:

- Ochs am Berg
  - Ein Spieler steht auf der gegenüberliegenden Seite mit dem Rücken zur Gruppe. Alle anderen Spieler bewegen sich solange auf diesen Spieler zu, bis er „Ochs am Berge 1, 2, 3“ ruft und sich blitzschnell umdreht. Wer sich dann noch bewegt, wird wieder zurück zur Startlinie geschickt.

Mutter, wie spät ist es? / Mutter, Mutter, wie weit darf ich reisen?

Spielidee und Grundregeln:
Die Teilnehmer stehen nebeneinander in einer Reihe. Ein Spieler, die Mutter, steht in einer Entfernung von etwa 10 Metern vor den anderen. Der erste Spieler in der Reihe fragt: Mutter, Mutter, wie spät ist die Uhr? Auf diese Frage ruft die Mutter eine Zeit, z. B. vier Uhr, und der Fragende kann vier Schritte vorwärts gehen. In gleicher Weise können alle Spieler nacheinander vorgehen. Wer als Erster die Mutter erreicht, hat gewonnen und übernimmt beim nächsten Spiel die Rolle der Mutter.

Hinweise:
Spielerzahl: ab ca. 6
Spieldauer: ab ca. 3 Min.
Material: kein

Variationen:

- Mutter, Mutter, wie weit darf ich reisen?
  - Wie oben, die Spieler fragen jedoch „Mutter, Mutter, wie weit darf ich reisen?“ Die Mutter nennt darauf die Zahl und zudem die Art der Schritte, z.B. drei Mäuse- oder zwei Elefantenschritte. Wer auf diese Weise die Mutter (bzw. eine gedachte Linie, auf der sie steht) als erster erreicht, wird neue Mutter.

Der Plumpsack geht um

Spielidee und Grundregeln:
Alle Spieler sitzen oder stehen im Kreis. Ein Spieler bekommt ein Tuch, in das ein Knoten gemacht wird, und läuft damit außen um den Kreis. Alle Spieler singen dazu: „Dreht euch nicht um, der Plumpsack der geht um, wer sich umdreht oder lacht, der kriegt den Buckel blau gemacht". In der Zwischenzeit hat der Außenspieler das Tuch möglichst unbemerkt hinter einem Spieler fallen lassen. Dieser Spieler hebt das Tuch auf und versucht, den Außenspieler zu fangen, bevor dieser eine Runde um den Kreis gelaufen ist und den frei gewordenen Platz erreicht. Gelingt ihm dieses nicht, wird er der neue Außenspieler.

Hinweise:
Das Tuch sollte möglichst schnell fallen gelassen werden, dann wird das Spiel spannender! Der Spielleiter sollte darauf achten, dass alle Spieler einbezogen werden!

Spielerzahl: ca. 10 bis 25
Spieldauer: ab ca. 3 Min.
Material: ein Tuch oder Ähnliches

Komm mit! – Lauf weg!

Spielidee und Grundregeln:
4-6 Mannschaften mit 2 bis 6 Spielern spielen gegeneinander. Die Spieler stellen sich so auf, dass sie sternförmig zur Kreismitte angeordnet sind oder – anders ausgedrückt – die Speichen eines Rades darstellen. Ein Spieler läuft außen um den Kreis, schlägt den hintersten Spieler einer Mannschaft an und ruft entweder „Komm mit!" oder „Lauf weg!". Die gesamte Mannschaft läuft jetzt entweder hinter dem Einzelspieler her oder in die entgegengesetzte Richtung um den Kreis. Wer als letzter den Ausgangspunkt der Mannschaft erreicht, findet keinen Platz mehr und wird neuer Einzelspieler.

Hinweise:
Der Boden sollte nicht rutschig sein, da die Spieler sehr schnell im Kreis laufen.

Spielerzahl: 12 bis 36
Spieldauer: ab 5 Min.
Material: kein

Variation:

- Alle Spieler stehen im Kreis.
- Ohne Mannschaften spielen. Die Spieler stehen alleine im Kreis. Bei größeren Gruppen ab 10 Spielern ist dies aber recht langweilig, weil die Spieler zu selten laufen können.

Sackhüpfen

Spielidee und Grundregeln:
Jeder Spieler steckt beide Beine in einen leeren Sack, der ihm bis unter die Hüften reicht. Alle Spieler stellen sich nebeneinander an der Startlinie auf und versuchen, nach dem Startkommando zuerst eine markierte Ziellinie zu erreichen, indem sie den Sack mit beiden Händen nach oben ziehen und möglichst schnell hüpfen.

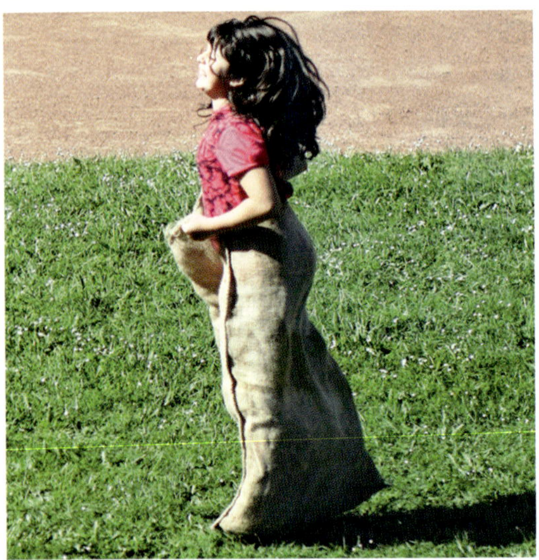

Hinweise:
Start- und Ziellinie werden markiert.
Spielerzahl: ab 2
Spieldauer: ab 2 Min.
Material: für jeden Spieler einen Sack (alter Kartoffelsack oder großer Müllsack), Kreide für die Linien

Variationen:
- Slalom hüpfen.
- Der letzte Spieler eines Durchgangs scheidet aus.
- Zwei Spieler hüpfen gemeinsam in einem Sack.

Katz und Maus

Spielidee und Grundregeln:
Alle Spieler bis auf zwei bilden einen Kreis und geben sich die Hände. An zwei Stellen bleibt allerdings eine Öffnung. Ein Spieler ist die Katze, ein anderer die Maus. Die Katze muss die Maus fangen, darf aber nur durch die Öffnungen in den Kreis und ihn auch nur dort wieder verlassen. Die Maus jedoch darf auch unter den Armen der Kreisspieler in und aus dem Kreis laufen. Gelingt es der Katze, die Maus zu fangen, oder dauert dieses zu lange, werden beide Spieler abgelöst.

Hinweise:
Spielerzahl: ab ca. 12 bis 30
Spieldauer: ab 5 Min.
Material: kein

Variation:
- Die Spieler stellen sich nicht in einem Kreis auf, sondern bilden Reihen, die sich zu einem Rechteck fügen, beispielsweise 4 Reihen mit 5 Spielern. Alle Spieler breiten die Arme nun aus und stellen sich so, dass sie die Handflächen der Nachbarn berühren. In den entstehenden Gassen können sich Katz und Maus jagen. Wenn die Maus laut piept, drehen sich die Spieler um eine Vierteldrehung. So entstehen neue Gassen und die Maus kann ggf. vor der Katze gut flüchten. Manchmal „piept“ die Maus aber auch so ungeschickt, dass die Katze leichtes Spiel hat.

Jungen fangen die Mädchen

Spielidee und Grundregeln:
Mit Kreide wird ein Gefängnis aufgemalt. Alle Jungen sind Fänger, alle Mädchen Gejagte. Wird ein Mädchen abgeschlagen, muss es sich vom Jungen ins Gefängnis bringen lassen. Dort kann es allerdings wieder von ihren Mitspielerinnen durch Abschlagen auf die Hand befreit werden. Anschließend werden die Rollen gewechselt.

Hinweise:
Spielerzahl: ab 10 bis nahezu unbegrenzt
Spieldauer: ab 5 Min.
Material: kein

Variationen:

- Mädchen fangen die Jungen
- Piraten fangen die Räuber: Eine Hälfte der Spieler sind die Piraten, die anderen die Räuber.
- Die Blonden fangen die Braunen: Spieler mit eher hellen Haaren fangen die Spieler mit eher dunklen Haaren.
- Die Großen fangen die Kleinen: Eher große Spieler fangen die kleinen Spieler und umgekehrt.

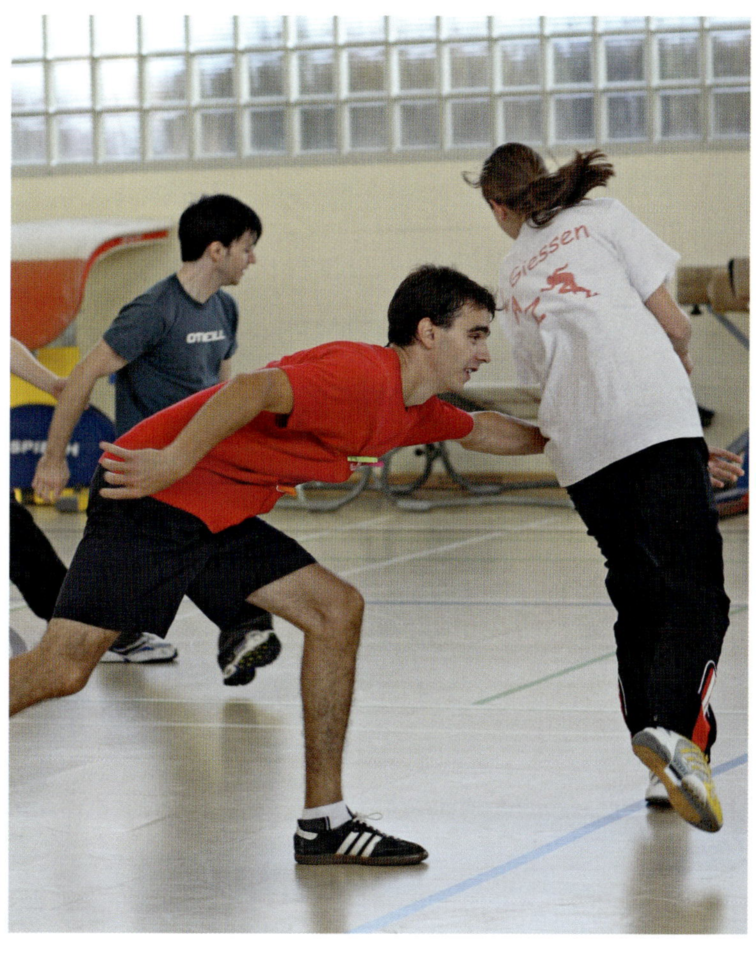

Tauziehen

Spielidee und Grundregeln:
Zwei Mannschaften spielen gegeneinander. Mannschaft A und Mannschaft B stehen sich mit Blick zueinander so gegenüber, dass sich die gekennzeichnet Taumitte zwischen ihnen befindet. Sie stehen abwechselnd rechts und links neben dem Tau. Auf ein Signal des Spielleiters versuchen beide Mannschaften, die Mitte des Seiles oder den Gegner über eine gekennzeichnete, ca. 10 Meter von der Mittellinie hinter ihnen entfernte Linie zu ziehen.

Hinweise:
Wenn viele Spieler mitmachen, ist es wichtig die Zugfestigkeit des Seiles gut zu überprüfen. Wenn ein Seil reißt, kann dies sehr gefährliche Folgen haben, da die Tauenden mit viel Kraft durch die Luft fliegen können. Niemals mit mehr als 40 Spielern spielen.
Spielerzahl: 8 bis 30
Spieldauer: ab 5 Min.
Material: ein festes Tau

Variationen:
- Zupacken:
  - Das Tau liegt auf dem Boden und darf erst nach dem Startsignal aufgenommen werden. Ggf. liegen alle Spieler zunächst auf dem Bauch.
- Tauziehen im Viereck:
  - Ein Tau wird an den Enden fest zusammengeknotet. Vier Spieler halten das Tau fest und stellen sich so auf, dass ein Viereck entsteht. 2-3 Meter hinter jedem Spieler steht eine Keule. Nach dem Startsignal versucht jeder der vier Spieler, seine Keule zu berühren oder umzustoßen.
- Tauziehen ohne Tau:
  - Beide Mannschaften bilden eine stabile Kette, indem jeder Spieler seinem Vordermann um den Bauch fasst. Die beiden vordersten Spieler fassen sich mit beiden Händen gegenseitig am Unterarm. Wer die Verbindung löst oder den Gegner über eine festgelegte Linie zieht, gewinnt.
- Stierkampf von Sevilla:
  - Ein Seil wird zusammen geknotet. Die Spieler nehmen das Seil in beide Hände und bilden so einen Kreis. Sie stehen dabei außerhalb des Kreises. Im Kreis steht ein Spieler, der Stier. Das Ziel des Stiers ist es, dass das Seil den Boden berührt, so dass er aus der Arena fliehen kann. Dazu versucht er, die anderen Spieler an ihren Händen zu berühren, während sie das Seil halten. Schafft er das, dann scheidet der berührte Spieler aus und muss das Seil loslassen. Durch Loslassen des Seiles können sich die noch aktiven Spieler aber auch davor schützen, berührt zu werden. Dabei muss die Gruppe allerdings aufpassen, dass das Seil nicht den Boden berührt. Daher müssen die Spieler auch so schnell wie möglich wieder das Seil ergreifen, wenn sich der Fänger dem nächsten Opfer zugewandt hat. Wenn das Seil den Boden berührt, ist ein Durchgang beendet und es wird ein neuer Stier bestimmt. Je nach Spielerzahl können auch zwei oder mehr Stiere angreifen.

Häuserwechsel, Bewohnerwechsel, Apokalypse

Spielidee und Grundregeln:
Immer zwei Spieler bilden ein „Haus", indem sie sich gegenüber stehen und über den Köpfen die Arme reichen. Zwischen ihnen steht ein „Bewohner". Ein Spieler ist weder Bewohner noch Haus. Er kann folgende Kommandos geben:

- Häuserwechsel:

Alle Spieler, die ein Haus bilden, tauschen die Plätze.

- Bewohnerwechsel:

Alle Bewohner wechseln die Häuser.

- Apokalypse:

Alle suchen sich eine neue Position. Während der Wechsel versucht der Ansager selbst, entweder Bewohner oder Haus zu werden. Wer keinen Platz bekommt, wird neuer Kommandeur.

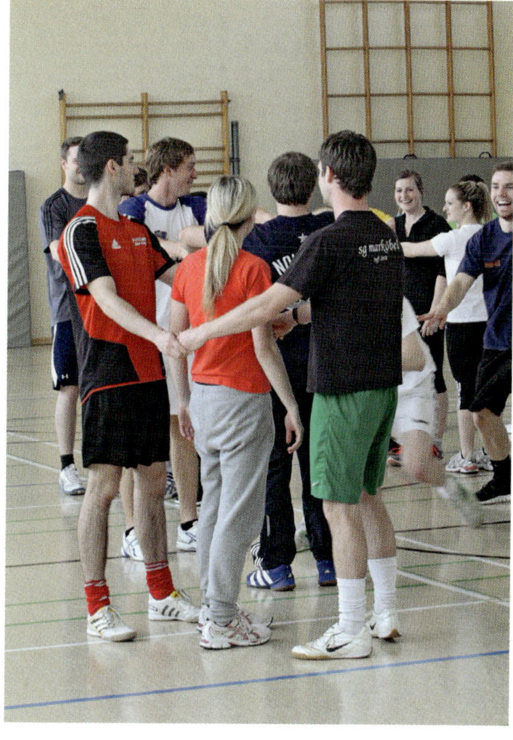

Hinweise:
Spielerzahl: ab 16
Spieldauer: ab 3 Min.
Material: kein

Variation:
- Mit 2 oder mehr Ansagern spielen

Störsender

Spielidee und Grundregeln:
Zwei Mannschaften spielen gegeneinander. Beide Teams stehen sich im Abstand von ungefähr zehn Metern in Reihen gegenüber. Der Spielleiter flüstert einem beliebigen Spieler der Mannschaft A ein Wort ins Ohr (z.B. Klassenfahrt). Der Spieler stellt sich in die Reihe der Gruppe B und ruft das geflüsterte Wort seinem Team zu. Team B versucht durch lautes Schreien oder Klatschen zu verhindern, dass jemand aus Team A das Wort versteht. Jedes Team hat 30 Sekunden Zeit, das Wort zu erraten. Anschließend werden die Rollen gewechselt. Das Team, das zuerst 10 Punkte hat, gewinnt.

Hinweise:
Spielerzahl: ab 20
Spieldauer: ab 5 Min.
Material: kein

Variation:
- Man teilt die Spieler in vier Mannschaften ein. Jeweils ein Spieler aus jeder Gruppe setzt sich mit dem Rücken zu seiner Mannschaft in die Mitte. Die vier Mannschaften bekommen Zettel, auf denen z.B. die Bremer Stadtmusikanten Hahn, Katze, Hund und Esel in unterschiedlicher Reihenfolge stehen. Die Mitspieler bekommen die Reihenfolge von ihrem Spieler in der Mitte zugerufen. Wer meint, die richtige Reihenfolge erkannt zu haben, hebt den Arm. Ist die Antwort falsch, gibt es einen Minuspunkt. Ist sie richtig, gibt es einen Pluspunkt. Wer hat nach Ablauf der Zeit die meisten Punkte?

Tischtennis und andere Rückschlagspiele

Tischtennis ist eines der schnellsten Rückschlagspiele der Welt. Tischtennisplatten gibt es in fast jedem Park. Tischtennis ist Volkssport: Hochgerechnet greifen in Deutschland annähernd 10 Millionen Bürger mindestens einmal jährlich zu Schläger und Zelluloidball. Die meisten Jugendlichen und Erwachsenen haben irgendwann einmal Tischtennis gespielt, obwohl sie nie im Verein waren. Es gibt viele Gründe, die Tischtennis und seine Varianten sowie zahlreiche Rückschlagspiele so attraktiv machen:

- Man benötigt nur wenig Platz.
- Tischtennisplatten sind oft einfach wieder abbaubar und der Platz kann anders genutzt werden.
- Die Ausrüstung (Schläger und Bälle) ist sehr günstig und in vielen Geschäften erhältlich.
- Tischtennis und Rückschlagspiele können in fast jedem Alter zumindest von ca. 5 bis 80 Jahren ausgeübt werden.
- Tischtennis und Rückschlagspiele können sehr gut draußen gespielt werden.
- Auf Freizeitniveau sind die Spielformen nicht zu anstrengend, sodass man hinterher nicht zwingend erschöpft sein muss.
- Die Regeln sind einfach.
- Schläger und Ball besitzen einen hohen Aufforderungscharakter.

Alle diese Argumente machen Tischtennis und andere Rückschlagspiele vor allem als Freizeitaktivität sehr beliebt. Vielen Spielern ist allerdings das Tischtennis-Spiel nur als Einzel oder Doppel bekannt - allenfalls kennt man noch den beliebten Rundlauf. Es gibt jedoch zahlreiche weitere Spielformen und Variationen, die für Freizeit und Pause sehr geeignet sind und den Spielern freudvolle Erfahrungen bieten.

Sind noch weitere Spielflächen im Schulgelände vorhanden, bilden auch andere Rückschlagspiele, die von Kindern schon sehr früh und mit bescheidenen Hilfsmitteln gespielt werden können, eine beliebte Alternative. Goba, Badminton und Indiaca vereinen auf kleinem Feld ein hohes Maß an Spiel- und Variationsmöglichkeiten. Besonders Goba eignet sich sowohl zum alleine Spielen als auch zum gemeinsamen Spiel mit einem Partner. Wände von Pausen- oder Sporthallen, die nicht im Bereich von Verkehrswegen oder Hauptlaufrichtungen liegen, bieten sich ebenfalls als „Spielpartner" an. Grundsätzlich gilt dabei die Regel: Je kürzer der Schlägerhals, desto leichter kann der Ball mit dem Schläger getroffen und kontrolliert gespielt werden.

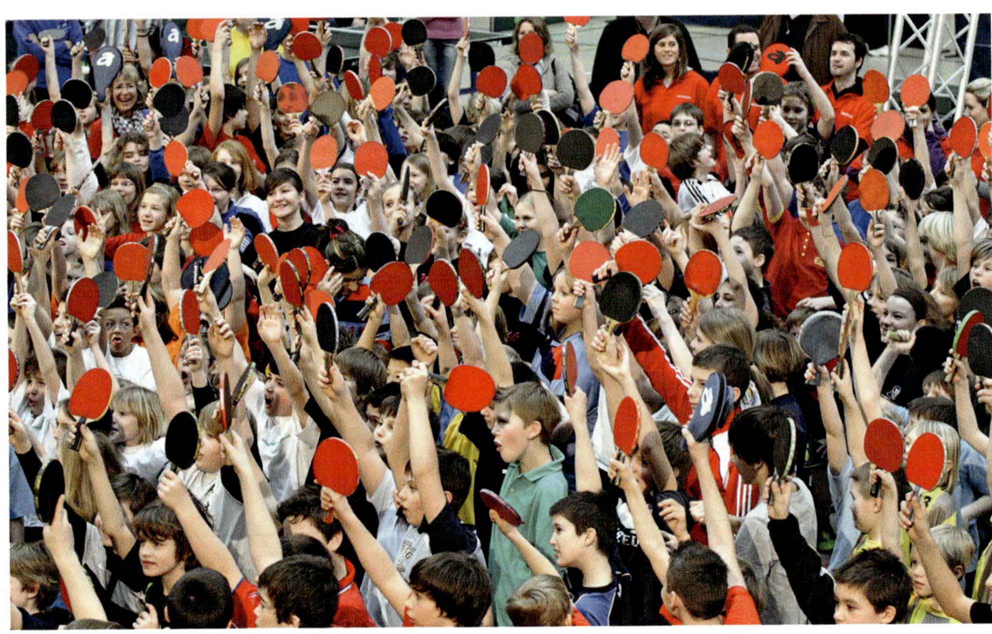

Tischtennis-Rundlauf

Spielidee und Grundregeln:
Alle Spieler stellen sich in zwei etwa gleich langen Reihen an den Tischhälften auf. Jeder Spieler, der den Ball gespielt hat, läuft gegen den Uhrzeigersinn um die Platte herum auf die andere Seite. Dort stellt er sich wieder hinten an die Reihe an. Macht ein Spieler einen Fehler, scheidet er aus. Am Ende bleiben dann zwei Spieler übrig, die in einem kurzen Endspiel den Sieger ermitteln. Ein Spieler kann zunächst den Ball mit der Hand einwerfen; der Sieger des Ballwechsels, schlägt zuerst auf. Nach jedem Punkt wechselt der Aufschlag. Sieger ist, wer zuerst drei Punkte hat.

Hinweise:
Die Angabe muss von der eigenen rechten Plattenhälfte in die gegnerische linke Hälfte geschlagen werden.

Spielerzahl: je Platte ca. 5 bis 20
Spieldauer: ab 10 Min.
Material: Tischtennisplatte, 1 Ball, 1 Schläger für jeden Spieler; ggf. auch nur 2 Schläger insgesamt (siehe Variation)

Variation:

- 2-Schläger-Rundlauf
  - Alle Spieler verteilen sich gleichmäßig auf beiden Seiten der Tischtennisplatte. Bei einer ungeraden Spielerzahl beginnt die Seite mit dem Aufschlag, auf der ein Spieler mehr steht. Der Aufschlag muss von der rechten Plattenhälfte diagonal in die linke gegnerische Hälfte geschlagen werden. Wer den Ball geschlagen hat, übergibt seinen Schläger an seinen Hintermann und läuft gegen den Uhrzeigersinn auf die andere Seite. Die Spieler versuchen, sich den Ball so oft wie möglich zuzuspielen. Wer einen Fehler macht, scheidet nicht aus, sondern spielt im nächsten Durchgang wieder mit.

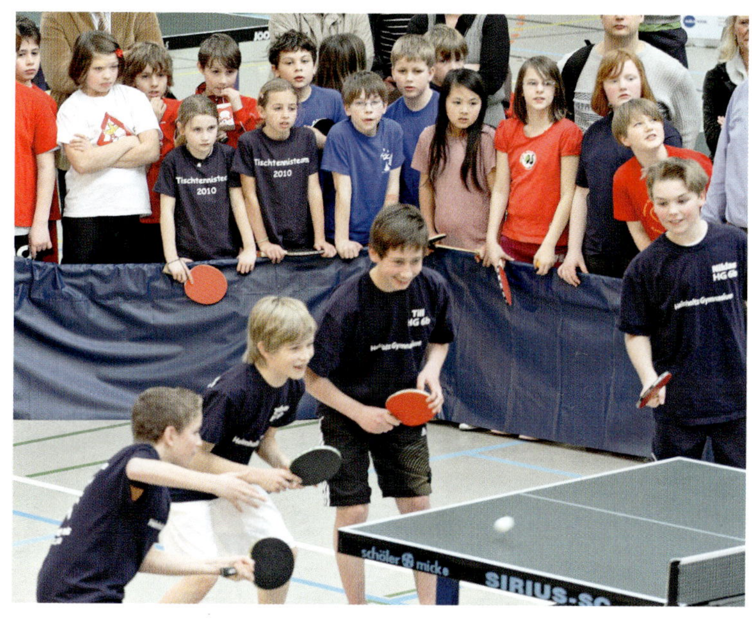

Schwimmen

Spielidee und Grundregeln:
Wie Rundlauf, jedoch hat jeder Spieler 3 Punkte. Bei jedem Fehler verliert er einen Punkt. Hat er keinen Punkt mehr, dann „schwimmt" er. Dies muss er laut ansagen. Beim nächsten Fehler scheidet der Spieler aus. Sind nur noch zwei Spieler übrig, so spielen diese nun ihre restlichen Punkte herunter. Je nach Regeln darf immer derjenige Spieler aufschlagen, welcher momentan weniger Punkte besitzt. Bei gleicher Punktzahl wird der Ball eingeworfen und zuerst um den Aufschlag gespielt oder das Aufschlagrecht gewechselt. Auch hier sollten die Spieler noch verkünden, wenn sie jeweils keinen Punkt mehr übrig haben und „schwimmen".

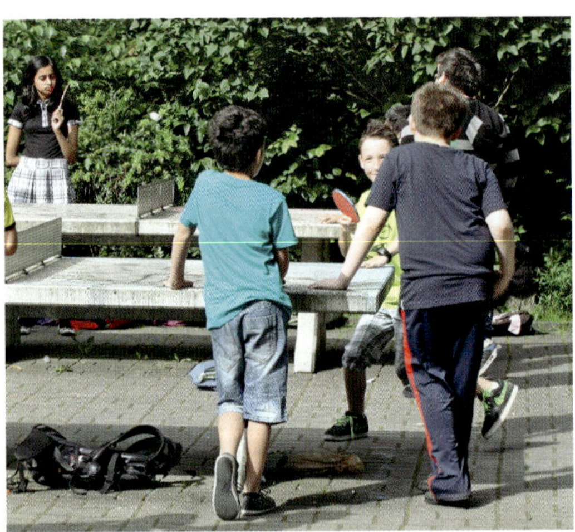

Hinweise:
Zudem kann bestimmt werden, dass ein ausgeschiedener Spieler seinen Schläger als Behinderung für die restlichen Spieler auf eine frei wählbare Stelle des Tisches ablegen muss. Auf diese Weise abgelegte Schläger geben dem Spiel im weiteren Verlauf noch einen zusätzlichen taktischen Moment. Die restlichen Spieler werden nun versuchen einen solchen Schläger zu treffen, wodurch der Ball eventuell in eine unvorhergesehene Richtung abgelenkt wird. Je mehr Schläger auf dem Tisch abgelegt wurden, desto größer sind die dadurch hervorgerufenen Punktverluste bei den verbliebenen Spielern, wodurch die zuerst ausgeschiedenen Spieler nicht allzu lange auf einen erneuten Spieleinsatz warten müssen. Bei der anfänglichen Punktvergabe können außerdem auch jüngere oder unerfahrenere Spieler mit einer größeren Punktzahl bedacht werden, was einen guten Ausgleich der Spielzeit zwischen erfahrenen und unerfahrenen Spielern ermöglicht.
Spielerzahl: je Platte 5 bis 20
Spieldauer: ab ca. 10 Min.
Material: Tischtennisplatte, 1 Ball,
1 Schläger für jeden Spieler

Mannschaftsrundlauf

Spielidee und Grundregeln:
Zwei Mannschaften mit jeweils 3 oder mehr Spielern spielen gegeneinander. Die eine Mannschaft steht hintereinander auf der einen Seite, die andere auf der anderen Seite. Es wird nach Rundlaufregeln gespielt. Es verliert die Mannschaft, die zuerst keinen Spieler mehr hat oder die das Finale verliert. Für die Siegermannschaft gibt es einen Punkt.

Hinweise:
Spielerzahl: ab 6 bis ca. 12
Spieldauer: ab 10 Min.
Material: Tischtennisplatte, 1 Ball,
1 Schläger für jeden Spieler

Kopfball-Doppel / Headies

Spielidee und Grundregeln:
Zwei Doppelpaare spielen gegeneinander mit einem Softball, Plastikball oder einer Ballblase Tischtennis. Der Ball darf nur mit dem Kopf gespielt werden. Die Angabe muss zuerst auf der eigenen, dann auf der gegnerischen Hälfte der Platte aufkommen. Die Spieler dürfen während der Ballwechsel die Platte mit jedem Körperteil berühren.

Hinweise:
Spielerzahl: 4
Spieldauer: ab ca. 5 Min.
Material: Tischtennisplatte, 1 Softball

Variationen:
- Auch Volleys sind möglich.
- Es muss im Paar nicht abwechselnd gespielt werden.

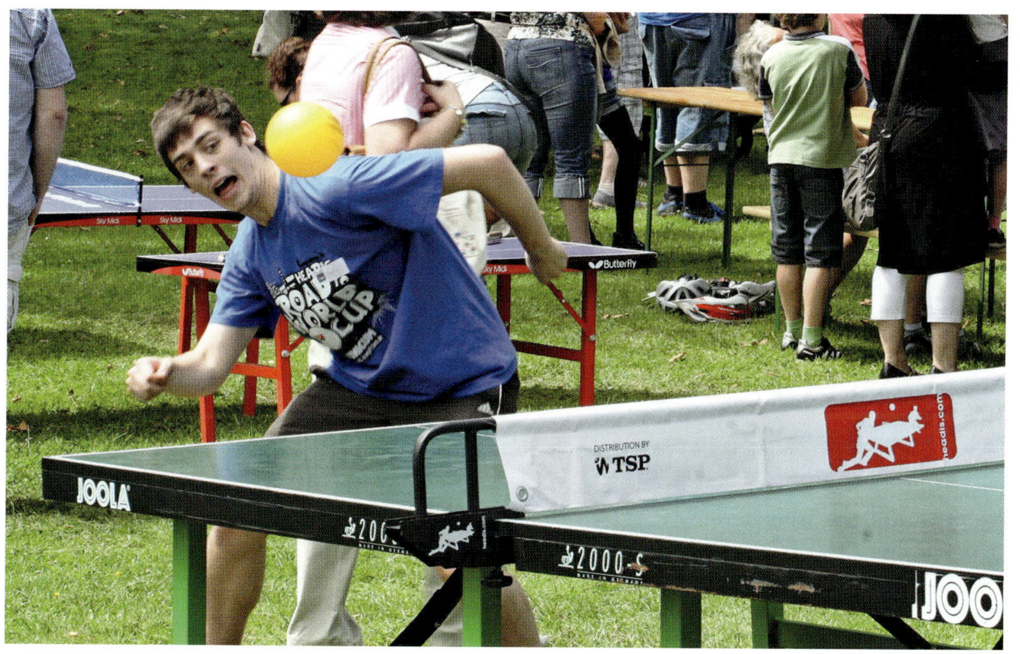

Beat the Champ!

Spielidee und Grundregeln:
Ein Spieler startet als Champion, die anderen Spieler sind die Herausforderer. Die Herausforderer fordern den Champion nacheinander in einem Spiel bis drei heraus. Der Champion bleibt so lange am Tisch, wie er seinen Titel verteidigen kann. Schlägt ein Herausforderer den Champion, wird er selbst neuer Champion und bleibt am Tisch. Nun wird der ehemalige Champion zu einem Herausforderer oder scheidet aus, sodass ein neuer Spieler aus der Reihe der Wartenden mitspielen kann.

Hinweise:
Wartende stellen sich am besten in der Mitte der Platte an.

Spielerzahl: ab 3 bis ca. 10

Spieldauer: ab ca. 5 Min.

Material: Tischtennisplatte, 1 Ball, mind. 3 besser 1 Schläger für jeden Spieler

Variation:

- Die Spieler auf der anderen Seite spielen wie beim Doppel abwechselnd nacheinander.

Tischtennis-Staffel

Spielidee und Grundregeln:
An jeder Tischtennisplatte befindet sich eine gleiche Anzahl von Spielern. Nacheinander muss jeder Spieler einmal die Platte umrunden und den Ball an den nächsten Spieler übergeben. Mögliche Aufgaben:

- Während der Umrundung mit der Vorhand/Rückhand den Ball hoch spielen.
- Während der Runde den Ball mit der Vorhand/Rückhand prellen.
- Während der Umrundung den Ball auf der Platte prellen.

Hinweise:

Spielerzahl: ab 4 bis ca. 10

Spieldauer: ab ca. 3 Min.

Material: mindestens 2 Tischtennisplatten, für jeden Spieler einen Schläger, für jede Mannschaft mindestens einen Ball

Englisch

Spielidee und Grundregeln:
Für drei Spieler gibt es eine Variante, die eine Mischung zwischen Einzel und Doppel ist. Der Spieler, der auf seiner Tischseite allein spielt, darf solange allein spielen, bis er einen Fehler macht. Dann wird gegen den Uhrzeigersinn gewechselt. Punkte sammelt man nur als Alleinspieler. Einer der beiden Teamspieler hat immer Aufschlag.
Hinweise zur Organisation, Methodik und Sicherheit: Anders als beim Doppel wird das abwechselnde Spiel der beiden Teamspieler beim Englisch nicht unbedingt vorgeschrieben. Die Auslegung hängt von einer vor Spielbeginn getroffenen Entscheidung ab. Es können aber auch folgende Regeln gelten:

- Die Doppel-Regel gilt, die Teamspieler müssen den Ball abwechselnd spielen.
- Die Mittellinie der eigenen Tischhälfte wird als Grenze angesehen, jeder Spieler nimmt die Bälle auf seiner Seite an.
- Es gibt keine Einschränkungen im Spielrecht.

Hinweise:
Spielerzahl: 3
Spieldauer: ab ca. 5 Min.
Material: Tischtennisplatte, 1 Ball, 1 Schläger für jeden Spieler

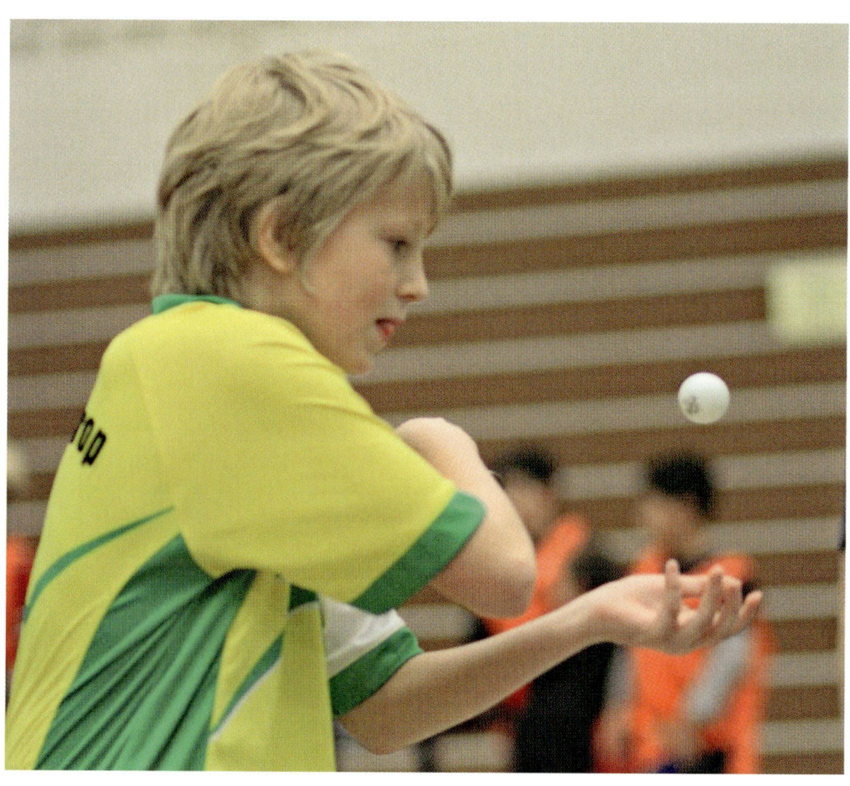

Geländetischtennis

Spielidee und Grundregeln:
Auf der Tischtennisplatte werden verschiedene Gegenstände (Getränkedosen, Stöcke, usw.) zufällig verteilt. Dann wird nach normalen Regeln gespielt, d.h., dass ein Schlag als regelgerecht angesehen wird, der vor oder nach dem Kontakt mit der Platte einen der Gegenstände berührt, oder eben nur die Platte. Die von den verteilten Gegenständen abprallenden Bälle sorgen hierbei oft für ein humoristisches Element, da sie sich völlig unkalkulierbar verhalten.

Hinweise:
Spielerzahl: ab 2, je nach Spielvarianten auch deutlich mehr
Spieldauer: ab ca. 5 Min.
Material: Tischtennisplatte, 1 Ball, 1 Schläger für jeden Spieler, zusätzliche Materialien wie Dosen, Stöcke, Trinkflaschen

Variationen:

- Fast alle oben genannten Tischtennisspielweisen können als Geländespiel variiert werden.

- Bodentischtennis
    - Ohne Tischtennisplatte, auf dem Boden stehen die Rucksäcke oder Tornister als Netz.

Banktennis

Spielidee und Grundregeln:
Die Spieler sitzen auf einer einfachen Bierzelt-Bank gegenüber. In der Mitte wird ein kleines Netz oder Materialien (Bücher, Becher usw.), die als Netz dienen, aufgebaut. Gespielt wird ähnlich dem Tischtennis. Eigene Regeln können das Spiel ergänzen. Zum Beispiel kann ein regulär gespielter Ball, den der Spielpartner nicht mehr ohne Aufzustehen erreicht oder so fehlerhaft zurückspielt, dass der andere diesen nicht ohne aufzustehen aufheben kann, statt einem, zwei Punkte zählen.

Hinweise:
Wenn einer der Spieler aufstehen will, sollte der andere zuvor etwas in die Mitte rutschen.
Spielerzahl: je Bank 2 Spieler
Spieldauer: ab ca. 2 Min.
Material: Bierzeltbank, ausrollbares Netz oder Materialien, die als Netz dienen können, 1 Ball, 1 Schläger für jeden Spieler

Variationen:

- Bierzelttischtennis
    - Wie Banktennis oder richtiges Tischtennis wird diese Spiel nur auf einem Bierzelttisch gespielt.

Goba

Spielidee und Grundregeln:
Goba ist ein einfaches und sehr universelles Rückschlagspiel. Es wird beidhändig gespielt. Zudem haben die Schlagflächen keinen Griff oder Schlägerhals, sondern die Spieler stecken ihre Finger in Schlaufen direkt hinter die Schlagfläche. Dadurch wird das Treffen des Balles einfacher, weshalb Goba besonders für jüngere Spieler ab ca. 6 Jahren geeignet ist. Grundsätzlich sind alle Rückschlagvariationen spielbar, wie gegen eine Wand, zu einem Mitspieler, über ein Netz, in einem begrenzten Feld usw. Gerne spielen Kinder und Jugendliche auch miteinander in verschiedenen Situationen, wie den Ball durch einen Gegenstand zu einem Mitspieler spielen, den Ball über ein Hindernis zu einem Mitspieler spielen oder den Ball zu einem Mitspieler spielen, der auf etwas steht. Solche Situationen oder Spielstationen können sich die Spieler auch selbst ausdenken und umsetzen.

Hinweise:
Die Goba-Schläger können aus Sperrholz und Rollladenband relativ einfach selbst gefertigt und angemalt werden.

Spielerzahl: ab 2

Spieldauer: ab 5 Min.

Material: jeweils 2 Goba-Schläger je Spieler, verschiedene Bälle (Tennisball, Softball usw.)

Variationen:

- Siehe u.a. die verschiedenen Variationen von Tischtennis und der anderen dargestellten Rückschlagspiele (ab Seite 126).

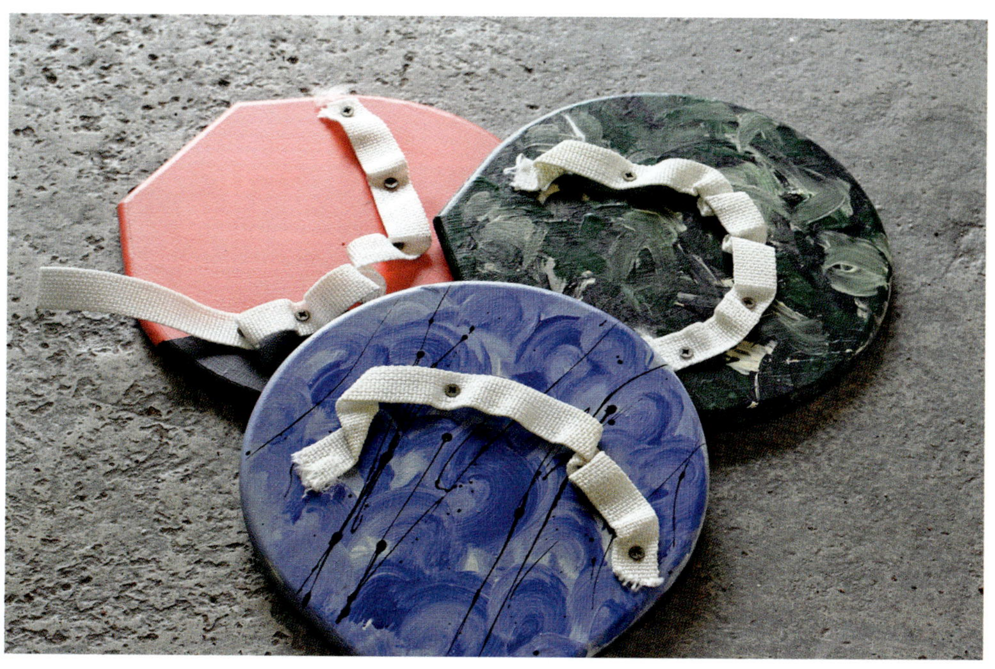

Indiaca

Spielidee und Grundregeln:
Indiaca ist ein Rückschlagspiel. Der Spielaufbau ähnelt dem Volleyball. Es kommt darauf an, die Indiaca mit einer Hand derart über das Netz in das Feld des Gegners zu schlagen, dass die Indiaca dort den Boden berührt, bevor sie von der Gegenseite zurück geschlagen werden kann. Wie beim Volleyball darf die Indiaca dabei insgesamt nur dreimal im eigenen Feld berührt werden. Eine Indiaca-Mannschaft besteht aus 5, mindestens aber 4 Spieler. Der Aufschlag wird immer von dem Rückraumspieler ausgeführt, der die Position hinten rechts innehat. Der Aufschlag erfolgt grundsätzlich von unten nach oben. Jeder Fehler einer Mannschaft wird als Punkt für die gegnerische Mannschaft gewertet. Sieger ist, wer zuerst 25 Punkte (Mindestabstand 2 Punkte) erreicht hat. Einen Punkt gibt es dann, wenn die Indiaca im gegnerischen Feld zu Boden fällt, von der gegnerischen Mannschaft ins Aus oder nicht regelgerecht zurückgespielt werden kann.

Hinweise:
Spielerzahl: ca. 8 bis 12
Spieldauer: ab ca. 15 Min.
Material: Indiaca, Netz

Variationen:

- Spiel im Kreis
- In kleineren Gruppen
- Miteinander statt Gegeneinander: Welches Paar schafft die meisten Rückspiele?

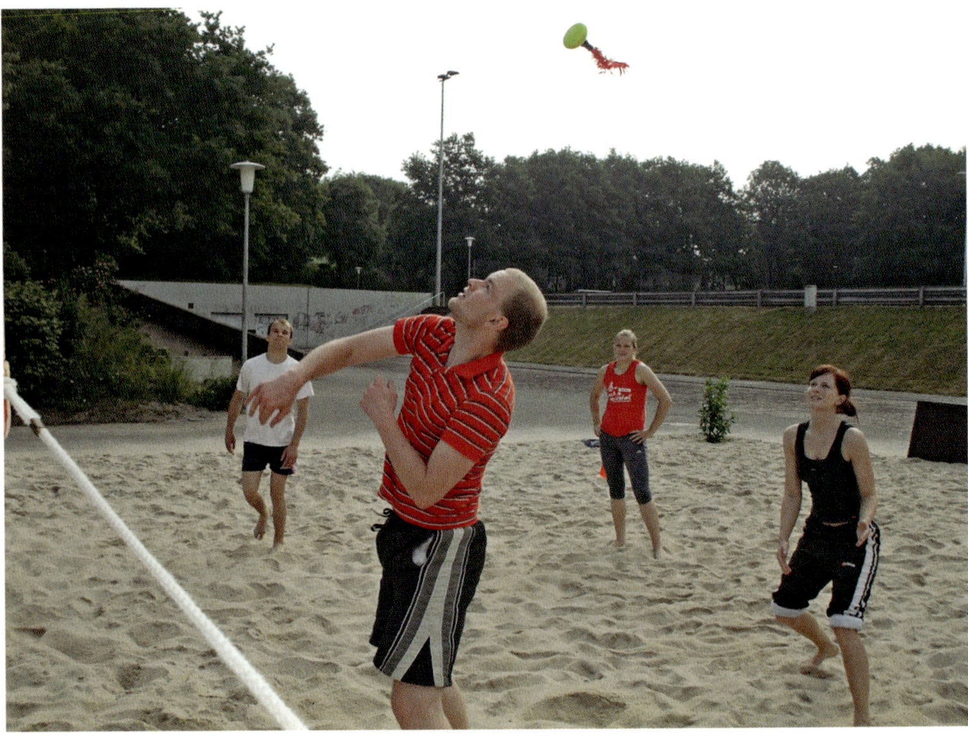

Federball / Badminton

Spielidee und Grundregeln:
Beim Federball gibt es keine festgelegte Spielfeldgröße. Man kann es überall spielen, wo genügend Platz ist und es wird auch nicht unbedingt ein Netz gebraucht. Beim Federball gibt es keine Punkte, das Ziel des Spieles ist es, den Ball möglichst oft hin und her zu spielen, ohne dass er auf dem Boden landet. Für Badminton hingegen braucht man ein Spielfeld. Beim Badminton ist es das Ziel, möglichst viele Punkte zu machen, indem man den Ball so schlägt, dass der Gegner ihn nicht zurückschlagen kann, er aber innerhalb des Spielfeldes landet.

Hinweise:
Spielerzahl: ab 2
Spieldauer: ab 5 Minuten
Material: für jeden Spieler einen Federballschläger, mindestens einen Federball

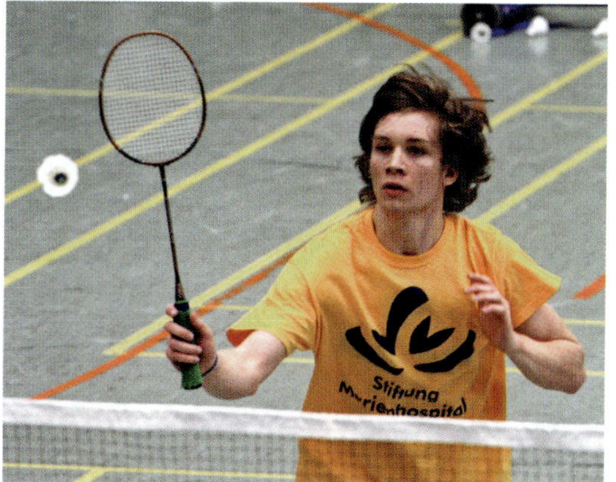

Variationen:

- **Tricks**
  Jeder Spieler hat einen Schläger und einen Ball:
  - Wer kann den Ball zehnmal, 20mal oder sogar 50mal hoch schlagen, ohne dass er zwischendurch auf den Boden fällt?
  - Wer schafft in einer Minute die meisten Schläge? Bei dieser Aufgabe soll der Ball nur angetippt werden, damit er nicht zu hoch fliegt.
  - Zwei Spieler, ein Schläger:
  - Ein Spieler spielt seinen Ball senkrecht hoch und übergibt anschließend seinen Schläger sofort dem Partner. Dieser muss den Ball wieder hoch spielen und den Schläger zurückgeben.

- **Siamesische Zwillinge**
  - Die Spieler gehen paarweise zusammen, halten sich mit der inneren Hand fest und spielen sich mit der äußeren Hand den Ball zu.

- **König kontra Bettler / Drei gegen einen**
  - Gespielt wird auf einem Halbfeld, die drei Bettler befinden sich auf der einen Seite, der König auf der anderen. Solange der König gegen die Bettler punktet, darf er sein Königsfeld weiterhin verteidigen, verliert er, muss er seinen Platz für einen der Bettler räumen.

- **Dänisch-Doppel**
  - Auf der Siegerseite steht zu Beginn ein Doppel, auf der Herausfordererseite ein weiteres; die restlichen Teams stehen hinter dem Herausforderfeld an. Ein neutraler Spieler bringt von der Seite einen Ball ins Spiel, der ausgespielt wird. Ist das Team auf der Siegerseite erfolgreich, darf es bleiben und erhält einen Punkt, verliert es, muss es dieses räumen und sich hinten anstellen. Die Gewinner der Herausfordererseite wechseln auf das Siegerfeld. Punkte können nur auf der Siegerseite erzielt werden. Gespielt wird entweder auf Zeit oder bis 5, 10 oder 15 Punkte. Bei einer ungeraden Spielerzahl ändert sich die Zusammensetzung der Doppel immer wieder.

Eisessen

Spielidee und Grundregeln:
Die Spieler gehen paarweise zusammen. Partner A hat mehrere Bälle, die Eiskugeln, und einen Schläger. Partner B hält ein Hütchen, die Waffel, fest. Aufgabe von A ist es, die Eiskugeln in einem hohen Bogen dem Partner möglichst präzise zuzuspielen, so dass dieser die Kugeln mit seiner Eistüte gut auffangen kann. Nach zehn Versuchen wechselt die Aufgabenstellung. Welches Team erzielt die meisten Treffer?

Hinweise:
Spielerzahl: ab 2
Spieldauer: ab 3 Minuten
Material: pro Paar ein Hütchen, mehrere Federbälle

Variation:

- A und B halten jeweils in einer Hand die Eistüte und in der anderen ihren Schläger fest. Der mit der Pylone gefangene Ball wird über dem Schläger ausgekippt und zum Partner gespielt.

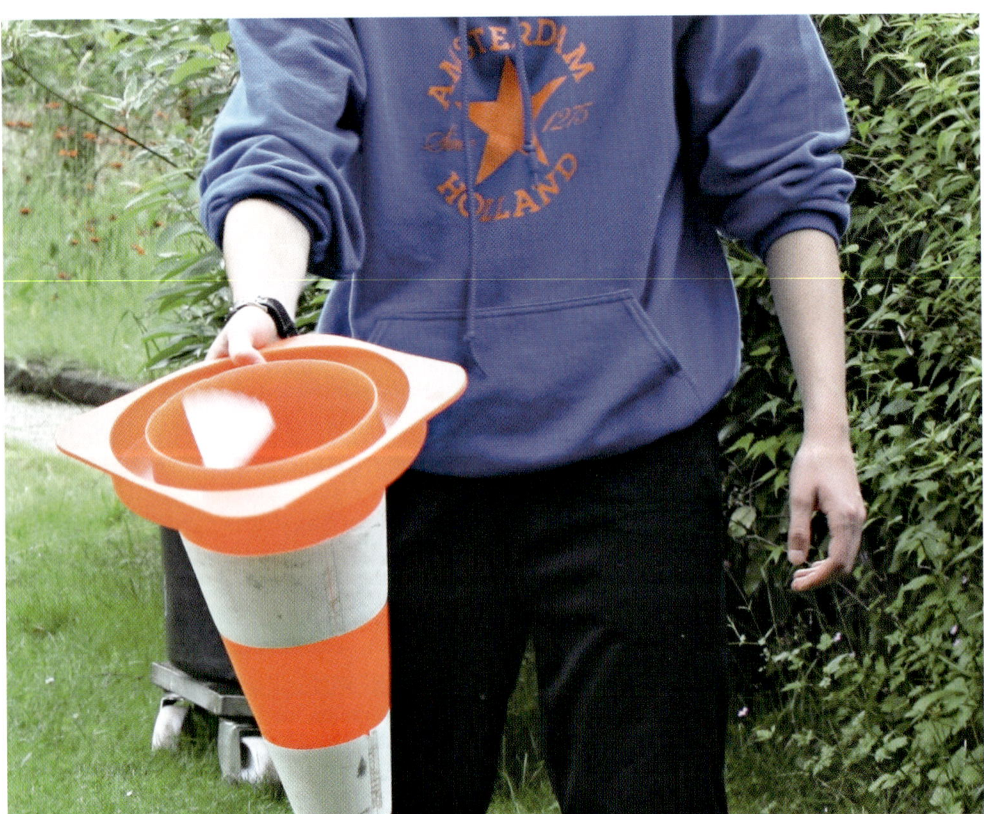

Speedminton

Spielidee und Grundregeln:
2 oder 4 Spieler spielen eine Art Federball als Einzel oder Doppel gegeneinander.
Für das Spielfeld werden mit Kreide zwei quadratische Felder (etwa 5,5m x 5,5m) im Abstand von ca. 12 Metern aufgemalt.
Ein Satz endet mit 16 Gewinnpunkten.
Beim Spielstand von 15:15 geht der Satz in die Verlängerung, solange, bis ein Spieler 2 Punkte Vorsprung hat. Ein Match geht über zwei oder drei Gewinnsätze.
Aufgeschlagen wird im Block mit 3 Aufschlägen pro Spieler. Jeder gespielte Ball punktet. Beim Gleichstand von 15:15 wechselt das Aufschlagrecht nach jedem Punkt. Der Aufschlag wird wahlweise aus der Feldmitte oder von der hinteren Grundlinie ausgeführt.
Beim Aufschlag wird der Speeder (Ball) vor dem Körper aus Hüfthöhe fallen gelassen und dann geschlagen. Überkopf-Aufschläge aus dem Stand oder Sprung sind ausschließlich von der hinteren Grundlinie erlaubt.
Der Verlierer des Satzes beginnt den nächsten mit eigenem Aufschlag.
Gepunktet wird, wenn
- kein vorschriftsmäßiger Aufschlag gelingt.
- der Speeder den Boden berührt.
- der Speeder im Spielfeld landet und nicht retourniert werden kann (die Linien werden zum Spielfeld gerechnet).
- der Speeder im »Aus« landet.
- der Speeder zweimal hintereinander geschlagen wird.
- der Speeder den Körper berührt.

Wird ein Speeder außerhalb des Spielfeldes weitergespielt, gilt er als angenommen.
Nach jedem Satz wird die Seite gewechselt, um Chancengleichheit zu gewährleisten. Im Entscheidungssatz werden die Seiten gewechselt, sobald ein Spieler 8 Punkte erreicht hat.
Beim Doppel hat der Aufschläger wie im Einzel drei Aufschläge in Folge, aber er muss immer in das diagonal gegenüberliegende Feld schlagen. Für jeden Aufschlag wechselt er das Feld mit seinem Partner. Der erste der drei Aufschläge erfolgt immer von rechts nach diagonal links. Ist der erste Aufschlag zurück geschlagen, können sich die Spieler in ihren beiden Feldern frei bewegen.

Hinweise:
Zwei quadratische Felder (etwa 5m) werden im Abstand von 12-13 Metern aufgemalt.
Spielerzahl: 2-4
Spieldauer: ab 5 Min.
Material: für jeden Spieler einen Schläger, einen Speeder, Kreide für das Feld

Variationen:
- **Rundlauf:**
  - Wie beim Tischtennis laufen die Spieler auch hier im Kreis und schlagen abwechselnd.
- **Kreisspiel:**
  - 6-8 Spieler bilden einen Kreis. Gespielt wird mit einem Speeder, der so lange wie möglich in der Luft bleiben soll (auch mit mehreren Bällen).
- **Marathonspiel:**
  - Jeweils zwei Spieler spielen sich den Ball so oft wie möglich zu und zählen dabei die Ballwechsel. Das Paar mit der höchsten Anzahl von Ballwechseln hat gewonnen.

Beach-Ball / Strandspiel

Spielidee und Grundregeln:
Beachball ist ein Rückschlagspiel, das von zwei oder vier Spielern gespielt wird. Das Spielfeld besteht aus zwei Rechtecken, die in der Mitte durch ein Netz voneinander getrennt werden. Der Aufschläger steht beim Service mit einem Fuß hinter oder auf der Grundlinie und muss den Ball über das Netz in die gegnerische Spielhälfte schlagen. Der Ball darf das Netz nicht berühren. Im Falle einer Netzangabe gilt die Angabe nicht als Fehler, sondern wird wiederholt. Der Ball wird vom Gegner auf dem direkten Weg ins gegnerische Feld zurückgeschlagen. Zuspiele im Team sind nicht erlaubt. Der Ball ist aus, wenn er die äußere Kante der Seitenaus- bzw. Grundlinie nicht mehr berührt. Der Spieler darf nicht mit dem Schläger über das Netz greifen.

Hinweise:
Ein Spiel wird bis 21 Punkte gezählt. Alle 5 gespielten Punkte wechselt das Aufschlagsrecht. Wer zuerst einundzwanzig Punkte erreicht, gewinnt den Satz.

Spielerzahl: ab 2

Spieldauer: ab 5 Minuten

Material: für jeden Spieler einen Beachballschläger, einen Beachball

Variationen:
- siehe Federball (S. 135)

Tamburello

Spielidee und Grundregeln:
Gespielt wird mit einem Schläger, der wie ein Tamburin („Tamburello" heißt auf italienisch „kleine Trommel") aussieht, und einem kleinen Ball nach Volleyball- oder Badmintonregeln. Das Spielfeld ist rechteckig, zum Beispiel 30x15m. Es wird in der Mitte durch eine Linie geteilt. Zwei Mannschaften mit bis zu fünf Spielern spielen mit einem Gummiball gegeneinander. Jeder Ballwechsel beginnt mit dem Aufschlag einer Mannschaft von der Grundlinie. Der Ball muss ins gegnerische Spielfeld gespielt werden und darf dort höchstens einmal auf dem Boden aufkommen, bevor er zurückgespielt wird. Ein Zuspielen innerhalb der Mannschaft ist nicht erlaubt. Kommt ein Ball mehr als einmal auf oder wird er nicht ins gegnerische Feld zurückgespielt, bekommt die gegnerische Mannschaft einen Punkt. Die Zählweise ähnelt der beim Tennis (0-15-30-40-Spielgewinn, ohne Einstand/Vorteil). Sieger einer Begegnung ist die Mannschaft, die zuerst 13 Spiele gewonnen und mindestens zwei Spiele Vorsprung hat.

Hinweise:
Spielerzahl: ab 2
Spieldauer: ab 5 Minuten
Material: für jeden Spieler einen Tamburelloschläger, Tamburello- oder Tennisball, Kreide oder Hütchen für das Spielfeld

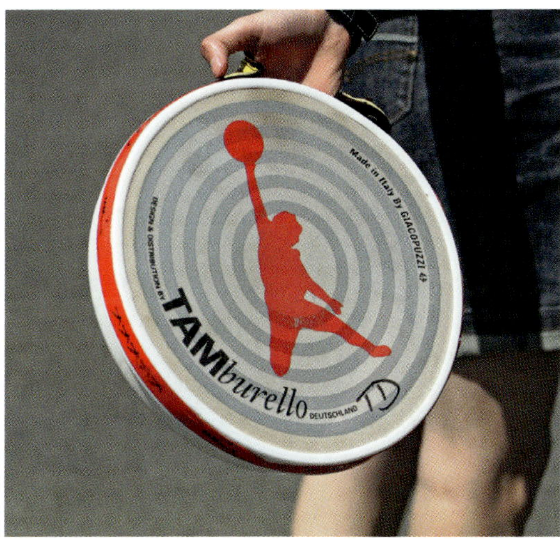

Variationen:

- **Tamburelli**
  - Bei dieser Spielvariante betragen die Feldmaße 4 x 9m (Einzel und Doppel). Das Netz ist 1,75m hoch. Gespielt wird mit einem Badmintonball. Die Regeln sind sehr ähnlich dem Beach-Ball (siehe oben). Der Aufschläger steht beim Service mit einem Fuß hinter oder auf der Grundlinie und muss den Ball über das Netz in die gegnerische Spielhälfte schlagen. Beim Doppel muss der Aufschlag diagonal ausgeführt werden. Der Service ist nur gültig, solange der Aufschlag unter Schulterhöhe vollzogen wurde. Der Ball darf das Netz nicht berühren. Im Falle einer Netzangabe gilt die Angabe nicht als Fehler, sondern wird wiederholt. Der Ball wird vom Gegner auf dem direkten Weg ins gegnerische Feld zurückgeschlagen. Zuspiele im Team sind nicht erlaubt. Der Ball ist aus, wenn er die äußere Kante der Seitenaus- bzw. Grundlinie nicht mehr berührt. Der Spieler darf nicht mit dem Schläger über das Netz greifen.
    Zählweise: Ein Spiel wird bis einundzwanzig Punkte gezählt. Alle 5 gespielten Punkte wechselt das Aufschlagsrecht. Wer zuerst einundzwanzig Punkte erreicht, gewinnt den Satz.
    Ein Match gilt als gewonnen, wenn der Spieler/ das Doppel zwei („best of three") bzw. drei („best of five") Sätze für sich entscheiden konnte. Beim Stand von 20:20 wird weiter gespielt, bis ein Spieler/ ein Team zwei Punkte Vorsprung hat.

- **Tamburello-Squash gegen die Wand**
  - Ball- und Schlägergewöhnung: Bälle....
    ... balancieren
    ... prellen
    ... schlagen: langsam- schnell, hoch-flach, weit-kurz
    ... selbst hochspielen, einem anderen zuspielen

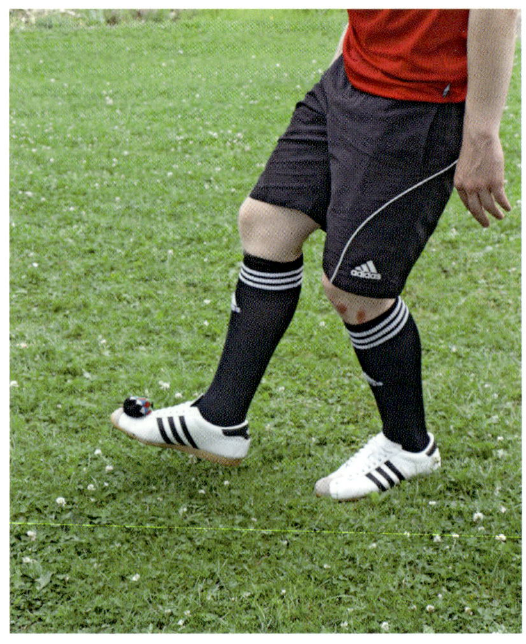

Alternative oder neuere Bewegungsmaterialien und Sportgeräte ergänzen heute das bewegungsorientierte Freizeitverhalten. Viele der daraus resultierenden Spiele basieren auf Geschicklichkeit und betonen die gemeinsame Freude an der Bewegung. Diese Verbindung zwischen Gemeinsamkeit, Geschicklichkeit und freudvollem Handeln macht solche Spiel- und Bewegungsformen besonders attraktiv für Freizeit und Pausen.

Unter „Frisbee, Hacky Sack und Co" sammeln wir zahlreiche Spiele mit dem Frisbee, mit dem Hacky Sack bzw. Footbag aber auch mittlerweile in Deutschland bekannte Spiele wir Krocket oder Boule sowie traditionelle aber manchmal weniger bekannte Spiele wie Boßeln.

Zunächst stellen wir Spiele mit dem Frisbee vor. Die „fliegende Untertasse", die in Parks, an Stränden und in Freizeitbädern durch die Luft geworfen wird, ist sehr beliebt, veranlasst zu vielfältigen Bewegungserfahrungen, besitzt einen hohen Aufforderungscharakter und schafft eine lockere und entspannte Atmosphäre.

Die Gründe für diesen Boom sind leicht zu erklären: Die Technik ist einfach zu erlernen; Frisbees sind preiswert, pflegearm, langlebig und leicht zu transportieren. Durch die neuartigen Flugeigenschaften ergibt sich ein hoher Spaßfaktor und Aufforderungscharakter. Für Anfänger sind weiche Scheiben mit runden Kanten und einer leichten Riffelung auf der Oberseite gut geeignet.

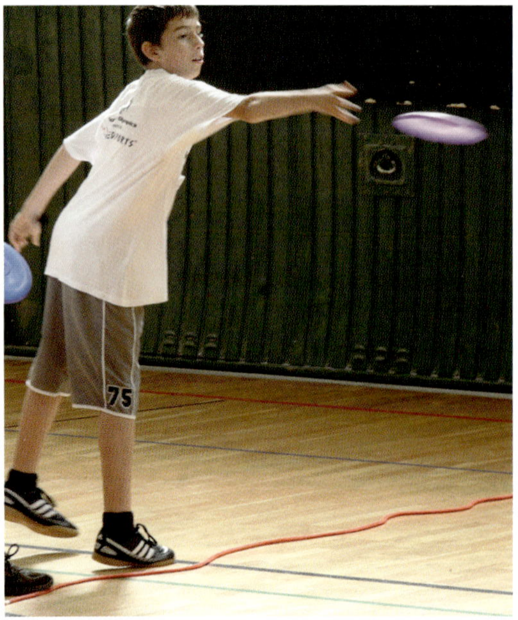

Hacky Sack wurde ursprünglich von den Indianern Nord- und Südamerikas mit runden Steinen gespielt. Heute hat man wesentlich weicheres Spielmaterial zur Verfügung. Ein Hacky Sack, der oft auch Footbag genannt wird, ist ein kleines, mit Sand oder Granulat gefülltes Stoff- oder Ledersäckchen. Es darf nur mit Hüfte, Bein, Knie oder Fuß gespielt werden, ohne dabei den Boden zu berühren. Dabei können beliebig viele Spieler sich den Footbag gegenseitig im Kreis oder über ein Netz zuspielen oder man spielt alleine mit akrobatischen Tricks. Das Spiel mit einem Hacky Sack fördert die Konzentration, Koordination und Gelenkigkeit. Für alle Kicks gilt:

- Den Footbag möglichst von unten treffen, damit er gerade nach oben fliegt.
- Gleich von Anfang an das schwächere Bein mittrainieren.
- Alle Kicks können mit Drehungen und Sprüngen kombiniert werden.

Frisbee-Fangen

Spielidee und Grundregeln:
Zwei Spieler stellen sich im Abstand von 10 Metern gegenüber auf. Gezählt werden die Würfe, die beide innerhalb von zwei Minuten schaffen, ohne dass das Frisbee auf den Boden fällt.

Hinweise:
Spielerzahl: beliebig
Spieldauer: ab ca. 2 Min., mit Partnerwechsel auch länger
Material: je Paar 1 Frisbee

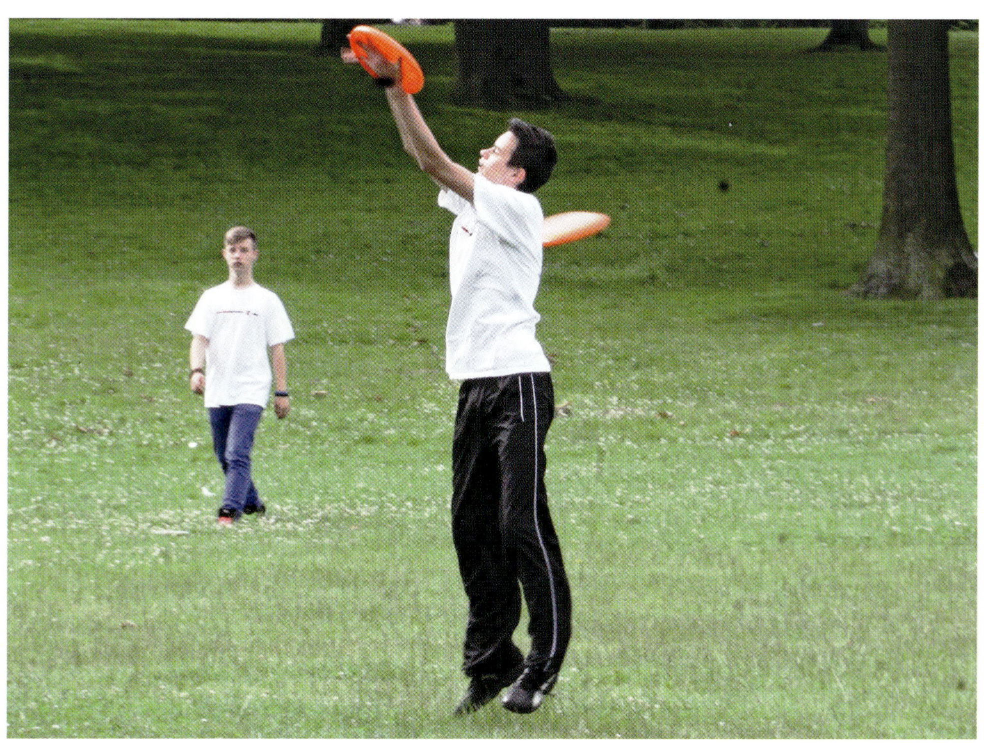

Frisbeekreis

Spielidee und Grundregeln:
Alle Spieler stellen sich im Kreis auf. Jeder Spieler malt mit Kreide einen Kreis mit einem Durchmesser von ca. 2 Metern um seine Füße. Alle Kreise sind mindestens 5 Meter voneinander entfernt. Ziel ist es, sich einen Frisbee im Uhrzeigersinn von Spieler zu Spieler zuzuwerfen, ohne dass ein Spieler seinen Kreis verlassen muss. Wie viele fehlerfreie Runden können geworfen werden?

Hinweise:
Spielerzahl: ca. 4 bis 10
Spieldauer: ab ca. 2 Min.
Material: 1 Frisbee, Kreide

Frisbee-Zielwerfen

Spielidee und Grundregeln:
Mit Kreide wird eine große Zielscheibe auf den Schulhof gemalt. Jeder Spieler hat 5 Würfe und versucht, eine möglichst hohe Anzahl an Punkten zu erzielen. Es zählt der Ring, in dem die Scheibe liegen bleibt.

Hinweise:
Spielerzahl: ca. 2 bis 10
Spieldauer: ab ca. 2 bis 5 Min.
Material: je Spieler möglichst 1 Frisbee

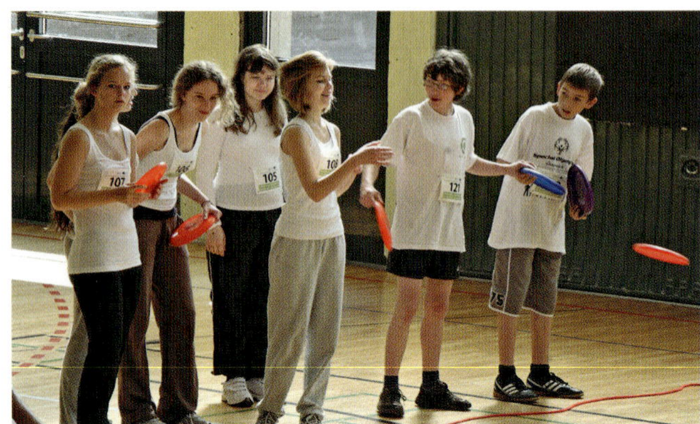

Ultimate Frisbee

Spielidee und Grundregeln:
Zwei Mannschaften spielen gegeneinander mit dem Ziel, einen Frisbee in der gegnerischen Endzone zu fangen und dort abzulegen.
Mit dem Frisbee darf nicht oder maximal 3 Schritte gelaufen werden. Die Scheibe muss in der Endzone gefangen werden, man darf nicht mit ihr in die Endzone laufen. Beim Abwurf des Frisbees muss der Gegner in ausreichender Entfernung stehen (körperloses Spiel). Der Spieler mit dem Frisbee darf also nicht direkt angegriffen werden. Fängt der Gegner das Frisbee, darf er direkt weiterspielen. Dies gilt auch, wenn er ihren Flug unterbricht und sie auf den Boden fällt.

Hinweise:
Bei Spielanfängern folgende Regeländerung sinnvoll sein: Wenn das Frisbee auf den Boden fällt, darf derjenige Spieler weiter spielen, der es hat. Das Spiel wird also nicht unterbrochen.
Spielerzahl: ab 4 : 4 , maximal 15 : 15 (dann ggf. mit 2 Frisbee)
Spieldauer: ab 5 Min.
Material: 1 Frisbee, ggf. Kreide zum Markieren der Endzone
Variation:
- Statt mit einem Frisbee kann auch mit einem Ball oder einem Football gespielt werden.

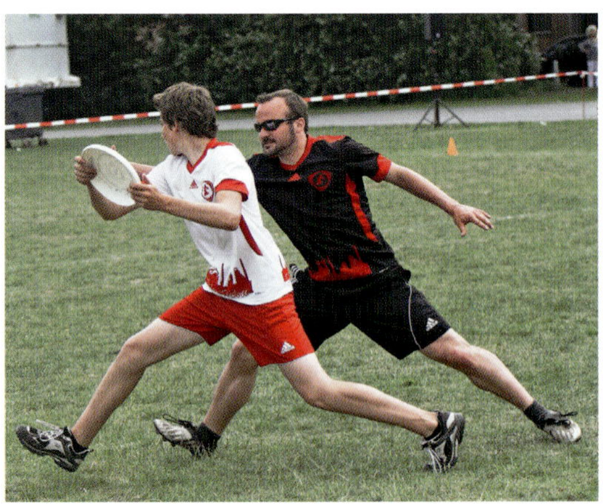

Frisbee-Golf

Spielidee und Grundregeln:
Möglichst jeder Spieler (oder zumindest jedes Paar, siehe Variation) hat einen Frisbee. Die Spieler einigen sich auf ein Ziel, das ca. 50 bis 150 entfernt sein sollte. Nun werfen die Spieler nacheinander ihr Frisbee und versuchen mit so wenigen Würfen wie möglich das Ziel zu treffen oder in das Ziel zu werfen.

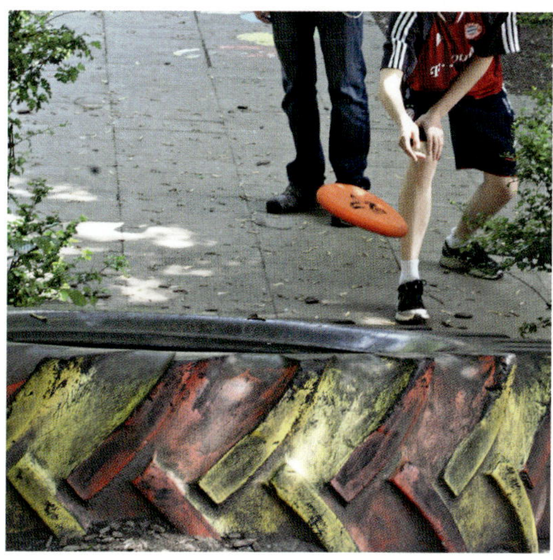

Hinweise:
Spielerzahl: ab 2 bis ca. 16, ab 8 Spieler sollte paarweise oder in verschiedenen Gruppen gespielt werden.
Spieldauer: ab ca. 5 Min.
Material: je Spieler 1 Frisbee, alternativ zu zweit 1 Frisbee, ggf. Baustellenband zum Markieren der Ziele (siehe Variation)

Variationen:

- **Paargolf**
  - Die Spieler bilden paarweise Teams und spielen gemeinsam.
- **10er-Golf**
  - Auf dem Schulgelände werden mit Absperrband 10 Ziele markiert. Mehrere Paare spielen gegeneinander. Beide Spieler werfen abwechselnd die Frisbeescheibe von der Stelle aus, wo sie gelandet ist. Ziel ist es, mit möglichst wenigen Würfen die 10 Ziele zu treffen.
- **Fußballgolf**
  - Wie oben nur das jetzt mit einem Fußball geschossen wird.

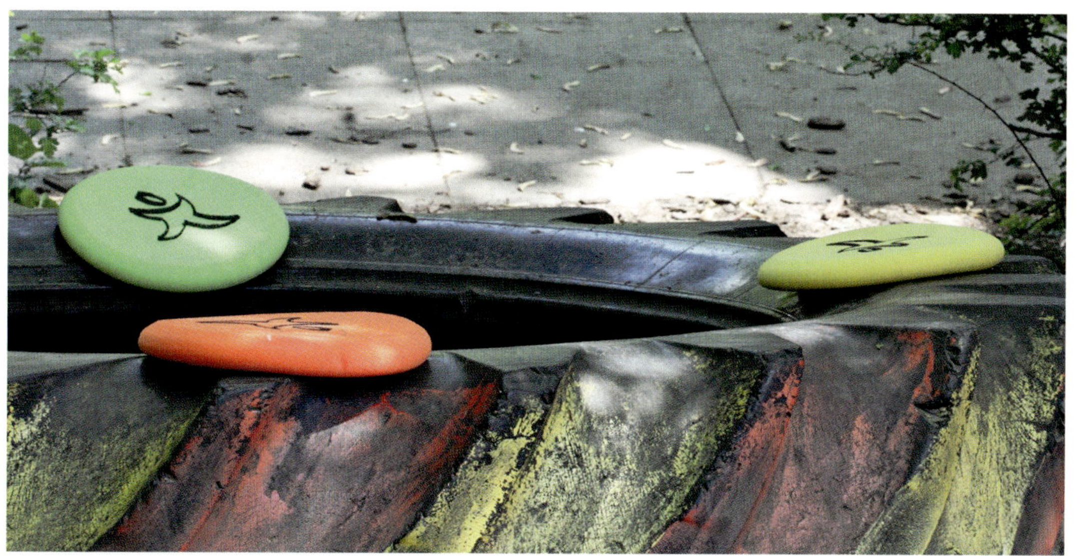

Frisbee an die Wand

Spielidee und Grundregeln:
Zwei Mannschaften stehen im Abstand von 5-15 Metern vor einer Wand. Jede Mannschaft hat die gleiche Anzahl Frisbees (am besten sind zwei unterschiedliche Farben). Jeder Spieler versucht, so nah wie möglich an die Wand zu werfen. Gewonnen hat die Mannschaft, deren Frisbeescheibe am nächsten an der Wand liegt.

Hinweise:
Spielerzahl: ca. 2 bis 16
Spieldauer: ab ca. 5 Min.
Material: 2 Frisbees

Variation:
- Gespielt wird auf Zeit. Jeder Spieler kann seine Frisbeescheibe beliebig oft zurückholen und erneut werfen.

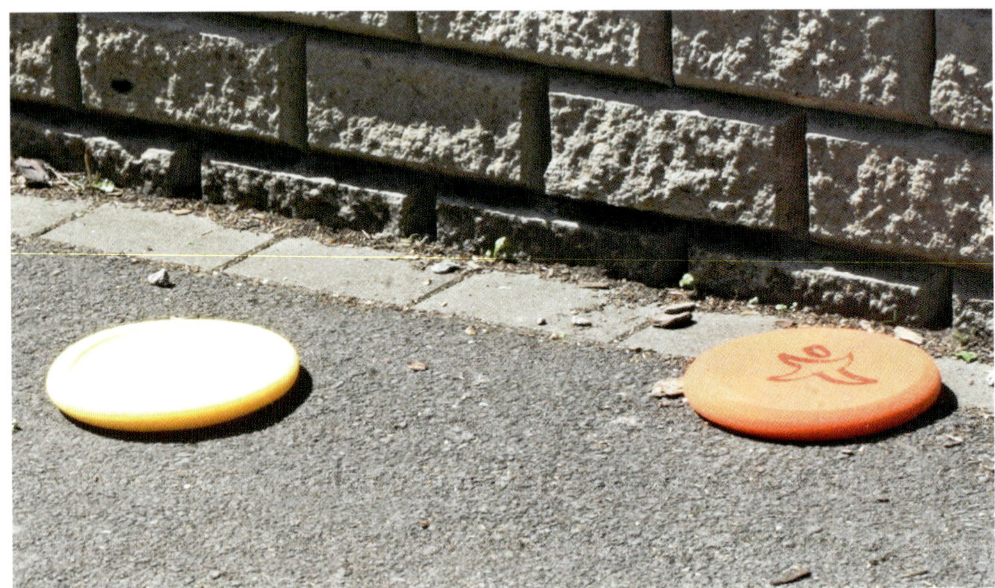

Guts

Spielidee und Grundregeln:
Es stehen sich zwei Mannschaften mit jeweils fünf Spielern in einem Abstand von 14 Metern gegenüber. Die Spielfeldbreite ergibt sich durch das Berühren der Fingerspitzen bei ausgebreiteten Armen. Die Scheibe wird so hart wie möglich in den Fangbereich der gegnerischen Mannschaft geworfen, die versuchen muss, diese mit nur einer Hand zu fangen. Ein Punkt wird erzielt, wenn der Gegner die Scheibe nicht einhändig fangen kann. Gespielt wird bis 15 Punkte bei zwei Gewinnsätzen.

Hinweise:
Spielerzahl: 10
Spieldauer: ab 5 Min.
Material: 1 Frisbee

Variation:
- Beliebiges Fangen

Umwerfen

Spielidee und Grundregeln:
5 beliebige Gegenstände (Plastikflaschen, Dosen, Markierungshütchen) werden im Abstand von 10-20cm in einer Reihe aufgestellt, zum Beispiel auf einer Mauer oder Bank). Ziel ist es, aus fünf Metern Entfernung mit der Frisbeescheibe möglichst viele Gegenstände „abzuräumen". Jeder Spieler hat fünf Versuche. Erst wenn alle Gegenstände umgefallen sind, werden alle wieder neu aufgestellt.

Hinweise:
Spielerzahl: beliebig
Spieldauer: ab ca. 10 Min.
Material: 5 Gegenstände pro Gruppe und je 1 Frisbee

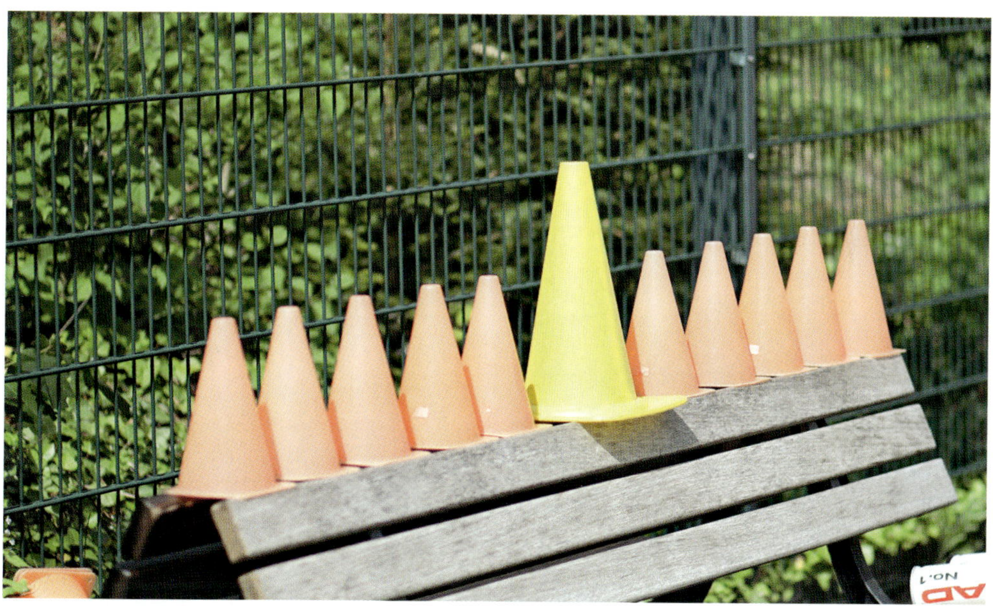

Double Disc Court

Spielidee und Grundregeln:
Zwei Mannschaften zu je zwei Spielern stehen sich in zwei quadratischen Feldern von je 13 x 13 m gegenüber. Der Abstand der beiden Felder beträgt 17 m. Es wird mit zwei Scheiben gleichzeitig gespielt. Jede Mannschaft besitzt eine Scheibe. Auf Kommando werden beide Scheiben gleichzeitig abgeworfen, mit dem Ziel, sie im gegnerischen Feld auf dem Boden zu platzieren.

Hinweise:
Spielerzahl: 4
Spieldauer: ab 5 Min.
Material: 2 Frisbees, Kreide oder Hütchen zum Markieren des Spielfeldes

Variationen:
- 3:3 oder 4:4 mit vier Scheiben

Hacky Sack oder Footbag

Spielidee und Grundregeln:
Beim Hacky Sack oder Footbag werden kleine weiche Bälle alleine oder mit mehreren Spielern mit den Füßen in der Luft jongliert. Es gibt drei grundlegende Techniken, den Ball zu spielen:

- Inside-kick: Kick mit der Innenseite des Schuhes/Fußes
- Outside-kick: Kick mit der Außenseite des Schuhes/Fußes
- Toe-kick: Kick mit der Oberseite des Schuhes/Fußes

Außerdem gibt es sogenannte Stalls oder Delays: Hier stoppt man den Footbag einen Moment auf einem bestimmten Körperteil:

- Toe-stall/delay: Der Footbag mit der Oberseite des Schuhes/Fußes aufgefangen (der erste Trick, den man lernt)
- Inside-stall/delay: der Footbag wird mit der Innenseite des Schuhes/Fußes aufgefangen.
- Outside-stall/delay: der Footbag wird mit der Außenseite des Schuhes/Fußes aufgefangen.

Hinweise:
Spielerzahl: beliebig
Spieldauer: beliebig
Material: für jeden Spieler einen Hacky Sack oder Footbag

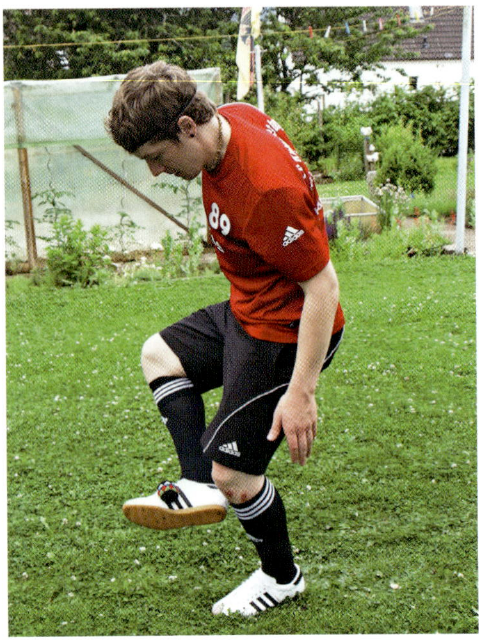

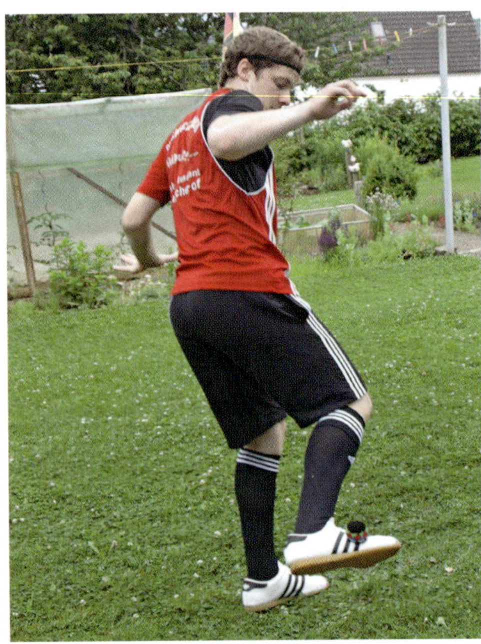

Foursquare mit Hacky Sack

Spielidee und Grundregeln:
Mit einem Stück Kreide wird ein etwa 4x4m großes Quadrat auf den Boden gemalt und in 4 gleich große Felder geteilt, die gegen den Uhrzeigersinn nummeriert werden. Jedes Feld wird von einem Spieler besetzt, die restlichen Spieler müssen warten und sich in einer Schlange am Feld Nummer 1 aufstellen. Ziel des Spiels ist es, in das vierte Feld vorzudringen und dort so lange wie möglich zu bleiben, um Punkte zu sammeln. Der Spieler, der zuerst 21 Punkte erreicht, gewinnt das Spiel.
Das Spiel ist in Runden aufgeteilt. Eine Runde beginnt mit dem Einwerfen des Bags von dem Spieler im vierten Feld (Servierer) und endet, wenn der Bag den Boden berührt. Nach jeder Runde ist ein Spieler „draußen“ und muss sein Feld verlassen. Die andern Spieler rücken dann jeweils in das nächst höhere Feld vor und ein Spieler, der vorher „draußen“ war, besetzt das Feld Nr. 1.
Ein Spieler ist „draußen“, wenn er als letztes den Bag berührt hat und der Bag anschließend im eigenen Feld, im Aus oder auf einer der Linien landet.
Bleibt der Footbag in einem Feld liegen oder schießt ihn ein Spieler ins Aus, ist die Runde vorbei und derjenige Spieler, der den Fehler gemacht hat, schließt sich hinten in der Warteschlange an.
Passiert der Fehler in Feld 1, rückt der erste Spieler der Warteschlange auf. Passiert der Fehler in Feld 2-4, rücken alle Feldspieler ein Feld weiter. Nur der Spieler in Feld 4 kann beim Ausscheiden eines Spielers punkten. Begeht er einen Fehler, bekommt kein Spieler einen Punkt. Der Spieler mit den meisten Punkten gewinnt das Spiel.

Hinweise:

- „Low Play” ist verboten, d.h. der Bag muss auf seiner Flugbahn beim Passen mindestens Kniehöhe erreichen.
- „Down Play” ist verboten, d.h. Pässe dürfen nicht von oben nach unten gespielt werden (der Bag muss bei einem Pass zuerst nach oben fliegen).
- Der Einwurf am Anfang einer Runde muss fair erfolgen.

Spielerzahl: ab 4 bis ca. 12
Spieldauer: ab ca. 5 Min.
Material: ggf. Kreide, 1 Footbag

Variation:

- Twosquare
  - Zwei Quadrate (2m x 2m) mit Kreide markieren. Zwei Spieler spielen gegeneinander und versuchen, den Footbag ins gegnerische Feld zu kicken. Wer zuerst 15 (11) Punkte erzielt, gewinnt. Die Angabe erfolgt hinter der Grundlinie und muss über Hüfthöhe gespielt werden. Jeder Spieler hat maximal drei Kontakte.

Circle Kicking / Hack Kreis

Spielidee und Grundregeln:
Mindestens zwei Spieler versuchen, den Ball so lange wie möglich mit allen Körperteilen außer den Händen in der Luft zu halten. Hat jeder Spieler in der Runde den Bag einmal berührt, ist das ein „Hack". Wenn der Footbag dropt, also herunter fällt, diesen zuerst einem Mitspieler zuwerfen. So entsteht schneller ein Spiel.

Hinweise:
Spielerzahl: mind. 2
Spieldauer: ab 2 Min.
Material: 1 Footbag

Variationen:

- Consecutive
  - Ziel ist es, den Footbag so oft und so lange wie möglich alleine oder zu zweit in der Luft zu halten.
- Footbag-Golf
  - Es werden Ziele ausgesucht, in die der Bag gekickt werden muss. Das kann ein aufgestellter Eimer sein, eine Bank oder einfach ein bestimmter Pflasterstein auf der Straße. Beim Footbag-Golf darf der Bag aus den Händen fallen gelassen werden, muss also nicht mit dem Fuß direkt vom Boden gekickt werden. Jeder Spieler versucht, mit möglichst wenigen Versuchen den Parcours zu beenden. Man beginnt bei einem Abschlagplatz und kickt den Bag in Richtung des nächsten Ziels. Wenn nicht getroffen wurde, wird von der Stelle weitergespielt, wo der Footbag liegen geblieben ist. Das Standbein muss beim nächsten Versuch an dieser Stelle stehen. Kann der Bag von einem Ort aus nicht weitergespielt werden, wird er in eine spielbare Position gebracht. Der Spieler erhält dafür jedoch einen Strafpunkt.

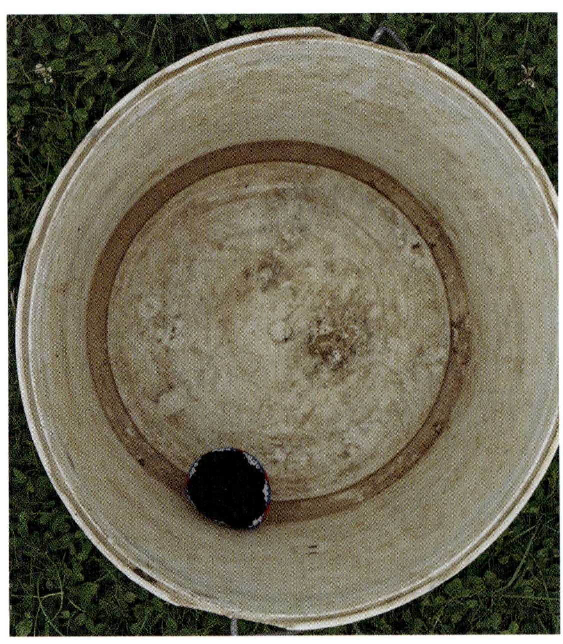

Freestyle

Spielidee und Grundregeln:
Jeder Spieler übt Tricks ein. Dazu eignen sich folgende Ideen:

- Toe-Delay: Der Spieler fängt den Footbag mit dem Spann.
- Inside-Delay: Der Spieler fängt den Footbag mit der Innenseite.
- Outside-Delay: Der Spieler fängt den Footbag mit der Außenseite.
- Clipper-Kick: Der Spieler kickt den Footbag mit der Innenseite. Dabei ist der Fuß hinter dem Standbein gekreuzt.
- Around the world: Der Spieler kickt den Footbag mit einem Fuß hoch, umkreist ihn einmal und fängt ihn mit dem gleichen Fuß wieder auf.

Hinweise:
Spielerzahl: beliebig
Spieldauer: ab 2 Min.
Material: 1 Footbag je Spieler

Variation:

- **Freestyle synchron:**
  - Zwei oder mehr Spieler versuchen den gleichen Trick synchron auszuführen.

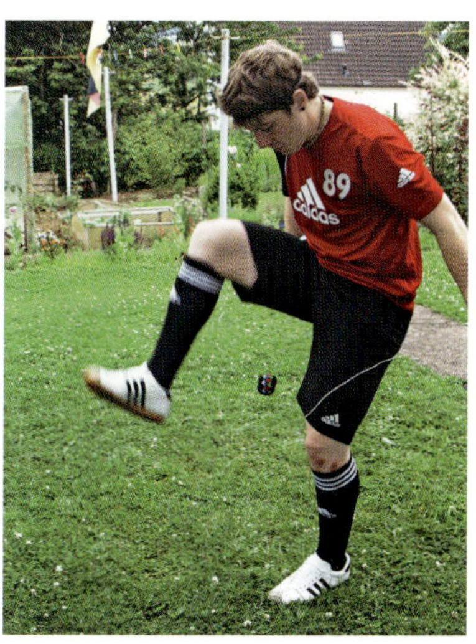

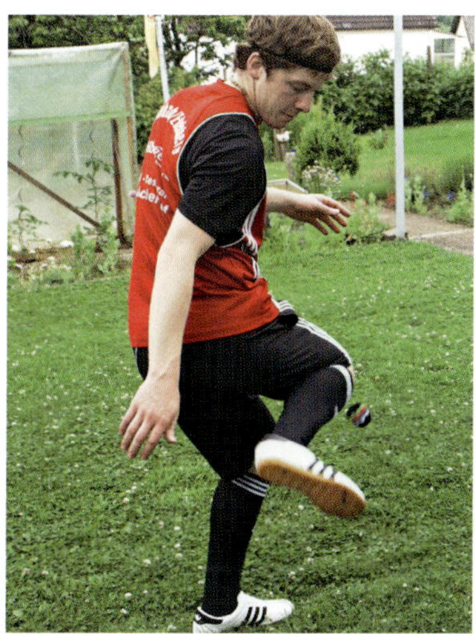

Krocket

Spielidee und Grundregeln:
Mehrere Spieler spielen auf Rasen gegeneinander. Mit möglichst wenigen Schlägen soll eine Kugel mit einem Krocketschläger durch einen Tor-Parcours in einer bestimmten Reihenfolge gespielt werden. Es gibt zusätzlich einen Start-/Ziel- und einen Wendepfahl, die von der Kugel getroffen werden müssen. Wer zuerst den Zielpfahl trifft, gewinnt. Trifft man durch ein Tor, hat man einen weiteren Schlag. Trifft man nicht, ist der nächste Spieler an der Reihe.

Hinweise:
Spielerzahl:
Spieldauer: ab ca. 10 Min.
Material: 10-15 Tore aus dickem Draht, pro Spieler eine schwere Kugel (z.B. Bocciakugel) und einen Krocketschläger

Variation:

- Mehrere Teams spielen gegeneinander, die Spieler schlagen abwechselnd.

Kubb

Spielidee und Grundregeln:
Zwei Mannschaften mit höchstens sechs Spielern treten gegeneinander an. Das Ziel des Spieles ist es, die Holzklötze (Klotz = Kubb) der Gegenpartei mit Wurfhölzern umzuwerfen oder zu „fällen“. Der größte Klotz stellt den König dar, der in der Mitte des Spielfelds steht. Er darf erst zum Schluss getroffen werden. Wer zuerst alle Kubbs der Gegenpartei und den König getroffen hat, gewinnt das Spiel. Mannschaft A teilt die Wurfhölzer untereinander auf. Durch gezieltes Werfen sollen die Klötze auf der gegenüberliegenden Grundlinie umgeworfen werden. Die Wurfhölzer werden grundsätzlich von unten und mit dem Handrücken nach vorne geworfen. Horizontalwürfe und rotierende Würfe sind verboten. Hat die Mannschaft A alle Hölzer geworfen, nimmt die Mannschaft B die Wurfhölzer an sich. Die Mannschaft B wirft nun die umgefallenen Kubbs auf die von ihnen gesehen andere Seite und stellt sie dort auf, wo sie gelandet sind. Man hat pro Kubb zwei Versuche, das gegnerische Feld zu treffen. Bleibt der Kubb danach im eigenen Feld oder landet im Aus, darf das andere Team den Kubb beliebig positionieren. Er muss jedoch mindestens eine Wurfholzlänge vom Eckpfosten oder König entfernt aufgestellt werden. Diese Klötze heißen nun „Feldkubbs“. Team B muss später zuerst diese Feldkubbs fällen, bevor es Basiskubbs umwerfen darf. Es ist deshalb gut, den Kubb nahe der Mittellinie zu werfen, damit man ihn später besser trifft. Stehen zwei Kubbs nahe zusammen, kann man sie später mit einem Wurf treffen. Man darf einen Kubb aufstellen wie man will. Es gibt kein Oben und Unten. Liegt der Kubb auf der Mittellinie oder einer der Außenlinien, so muss er immer so aufgestellt werden, dass mindestens die Hälfte seiner Grundfläche über die Linienmitte ragt. Nun ist Mannschaft B dran. Sie muss zuerst die Feldkubbs fällen, bevor sie die Basiskubbs umwerfen darf. Wird jedoch ein Basiskubb umgeworfen, bevor alle Feldkubbs gefällt sind, wird der wieder aufgestellt. Alle Kubbs, die jetzt umgeworfen wurden, werden jetzt wieder von der Mannschaft A als Feldkubbs eingeworfen. Wenn es einer Mannschaft während ihres Spielzugs nicht gelingt, alle Feldkubbs zu fällen, darf die gegnerische Mannschaft in ihrer Runde bis zum ersten stehen gebliebenen Kubb in das Feld vorgehen. Er bildet also die neue Wurflinie. Wenn eine Mannschaft es geschafft hat, alle gegnerischen Feld- und Basiskubbs zu fällen, kann sie von der Grundlinie auf den König werfen. Hat sie ihn getroffen, ist das Spiel zu Ende und die werfende Mannschaft hat gewonnen. Wenn es jedoch passiert, dass der König vorzeitig umgeworfen wird, ist das Spiel zu Ende und die werfende Mannschaft hat verloren.

Hinweise:
Für das Spiel braucht man eine Fläche mit einem festen Untergrund. Sie soll ungefähr 5x8 Meter betragen. In der Mitte des Feldes wird eine Mittellinie markiert. Ebenfalls werden die vier Ecken gekennzeichnet. Außerdem braucht man sechs massive Rundhölzer, mit denen geworfen wird und für jede Mannschaft fünf breitere hohe Holzklötze, die aufgestellt und umgeworfen werden. Dazu braucht man den König, eine etwas größere Figur. Die Teams stellen den König in die Mitte des Spielfeldes, ihre Kubbs in einer Reihe auf die schmale Seite des Spielfeldes, der Grundlinie, und stellen sich dahinter auf. Diese Klötze heißen „Grundlinienkubbs“ oder „Basiskubbs“. Das Los entscheidet, wer mit dem Spiel beginnt.

Spielerzahl: 12
Spieldauer: ab 15 Min.
Material: Holzklötze, Markierung, Rundhölzer

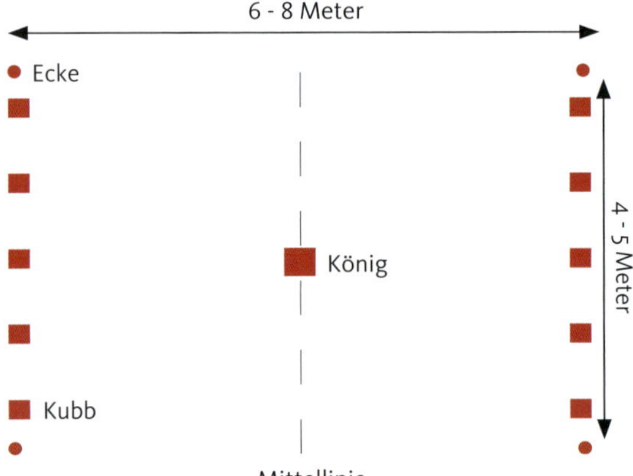

Shuffleboard

Spielidee und Grundregeln:
Zwei Spieler oder zwei Mannschaften spielen gegeneinander. Sie müssen mit Hilfe eines sogenannten Cues, einer Art Schieber, runde Scheiben so auf die gegenüberliegende Seite eines rechteckigen Spielfeldes schieben, dass sie dort auf markierten, möglichst hohen Punktefeldern liegen bleiben. Mit dem Cue versuchen die Spieler von der einen Seite des Spielfeldes, abwechselnd jeweils eine Disk auf das Dreieck der anderen Seite zu schießen. Geschoben wird von der gegenüberliegenden „-10-Linie". Haben beide Spieler/Mannschaften sämtliche Disks gespielt, werden die jeweiligen Punkte addiert oder abgezogen. Gespielt wird solange, bis eine vorher vereinbarte Punktzahl erreicht ist, meistens 75, oder eine bestimmte Anzahl von sogenannten „Frames" oder Runden (jeder Spieler hat einmal begonnen) abgeschlossen ist. In diesem Fall hat der Spieler mit dem höheren Endergebnis das Match gewonnen. Disks dürfen wie beim Curling weggeschossen oder in andere Punktefelder verschoben werden.

- Wertung
  Es werden nur Disks gewertet, die keine begrenzende Linie berühren. Liegt eine Disk im Feld „-10", werden 10 Punkte abgezogen.

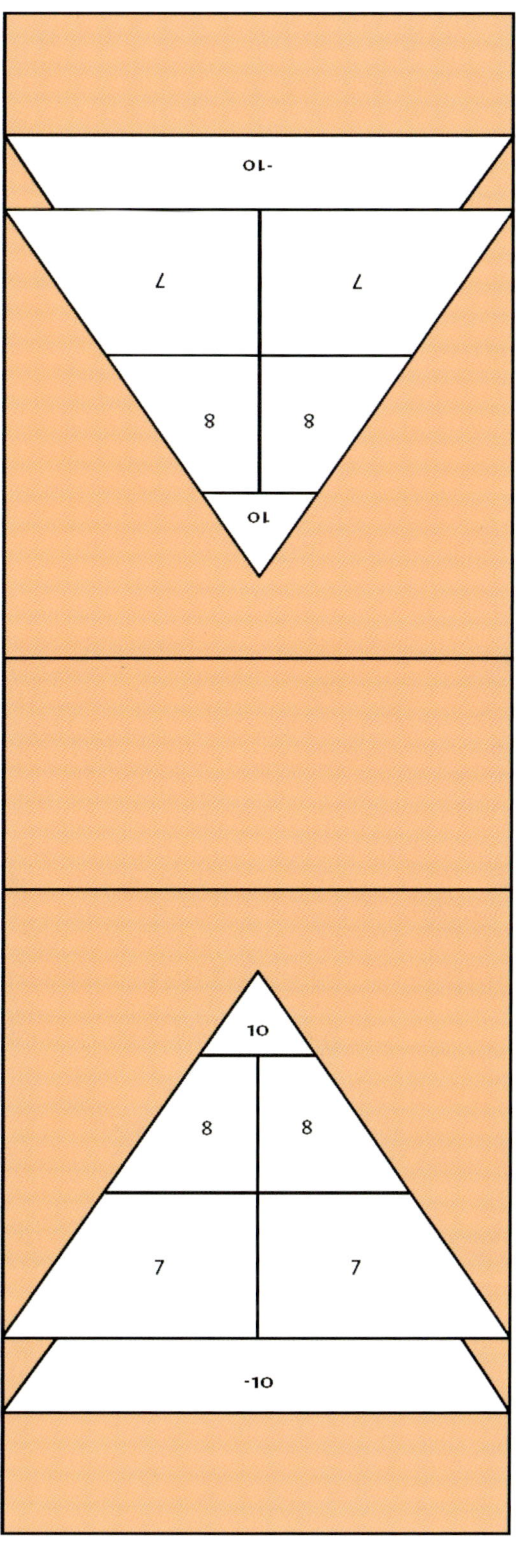

Hinweise:
Shuffleboard kann am besten auf sehr glatten Untergründen gespielt werden. Oft genügen aber auch geflieste oder feinasphaltierte Flächen.

Spielerzahl: 2-6
Spieldauer: ab 5 Min.
Material: 2 Cues, 8 Scheiben oder Disks, Spielfeld

Variation:
Schrubber und Frisbees oder Plastikpucks

Boule / Boccia / Pétanque

Spielidee und Grundregeln:
Ziel bei allen Boule-Varianten ist es, eine oder mehrere Kugeln näher an eine Zielkugel zu platzieren als der Gegner. Als erstes wird das Schweinchen geworfen. Der Spieler, der dieses wirft, wirft oder rollt auch die erste Kugel. Danach werfen alle anderen Spieler nacheinander oder nach gesonderten Regeln (siehe Pétanque) eine Kugel. Sie versuchen dabei, dem Schweinchen möglichst nahe zu kommen oder andere Kugeln davon weg zu schießen. Auch das Schweinchen darf weg geschossen werden. Gewonnen hat am Ende eines Durchgangs der Spieler oder die Mannschaft, dessen Kugel dem Schweinchen am nächsten liegt. Der Gewinner wirft auch im nächsten Durchgang das Schweinchen.

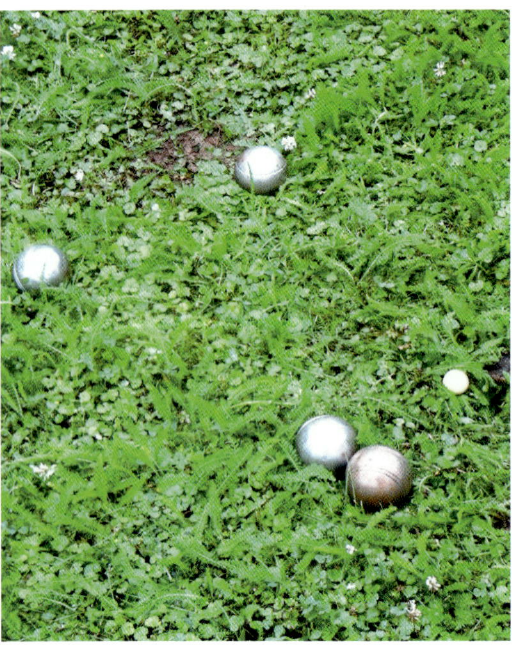

Hinweise:
Boule wird meist als Sammelbegriff für viele Arten dieser Kugelspiele verwendet. Boccia wird in Italien in Bahnen gespielt, Boule in Frankreich meist auf ebenen Flächen mit Spielfeldgrenzen und für Pétanque ist jedes Gelände geeignet. Darüber hinaus gibt es viele weitere Varianten sowohl in den Spielformen als auch in der Art und Weise wie Punkte gezählt werden.

Spielerzahl: ab 2
Spieldauer: ab ca. 10 Min.
Material: (Freizeit-)Boule- oder Boccia-Set

Variation:

- **Pétanque:**
  - Pétanque wird als Einzel (je Spieler 3 Kugeln), Doppel (je Spieler 3 Kugeln) oder mit Dreiermannschaften (je Spieler 2 Kugeln) auf jedem Untergrund gespielt. Die Mannschaft, die das Spiel eröffnet, zieht einen Kreis am Boden und wirft daraus die kleine Zielkugel („Schweinchen"). Wie beim Boule muss nun jede Mannschaft versuchen, ihre Kugeln so nahe wie möglich an der kleinen Kugel zu platzieren. Der Wurf wird jedoch im Unterschied zum Boule oder Boccia aus einem markierten Kreis heraus ausgeführt. Dabei wird nicht abwechselnd geworfen, sondern die Mannschaft wirft, deren Kugel nicht am nächsten am Schweinchen liegt. Dies geht solange bis es dieser Mannschaft gelingt eine ihrer Kugeln näher als der Gegner am Schwein zu platzieren oder bis sie keine Kugeln mehr hat.
    Die Kugel, die am nächsten am Schweinchen liegt, erhält einen Punkt. Jede zusätzliche Kugel dieser Mannschaft, die noch näher liegt als eine gegnerische Kugel, zählt einen weiteren Punkt. So kann ein Team bis zu 6 Punkte pro Spieldurchgang erreichen. Das Spiel endet wenn eine Mannschaft 13 oder mehr Punkte hat.

Crossboule / Crossboccia

Spielidee und Grundregeln:
Genauso wie bei den anderen Boulevarianten ist es das Ziel, seine Spielbälle möglichst nah an dem Marker (Zielball) zu platzieren und hierdurch zu punkten. Crossboule wird aber einfach irgendwo gespielt und es gibt auch kein „ungültiges Schweinchen“. Es wird also auch gespielt, wenn die Zielkugel verdeckt oder weiter als 10m entfernt ist. Die Kugeln sind in der Regel weicher oder mit Granulat gefüllte Stoffbälle, um Schäden an der Umwelt zu vermeiden. So können die Spielbälle auch auf Bänke, Treppen oder Mauern geworfen werden. Zudem sind Würfe durch die Beine oder hinter dem Rücken erlaubt. Der Fantasie sind keine Grenzen gesetzt.

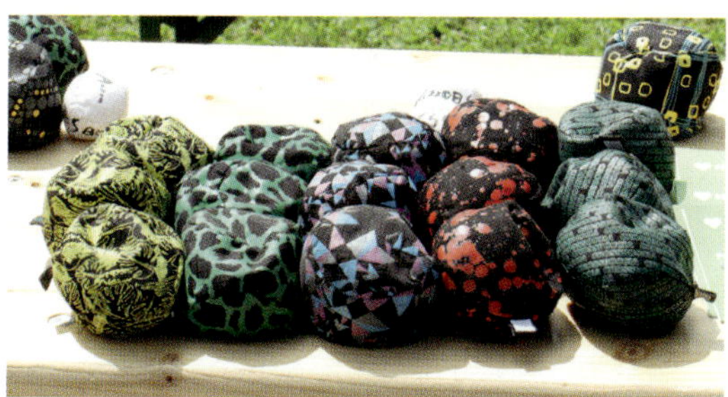

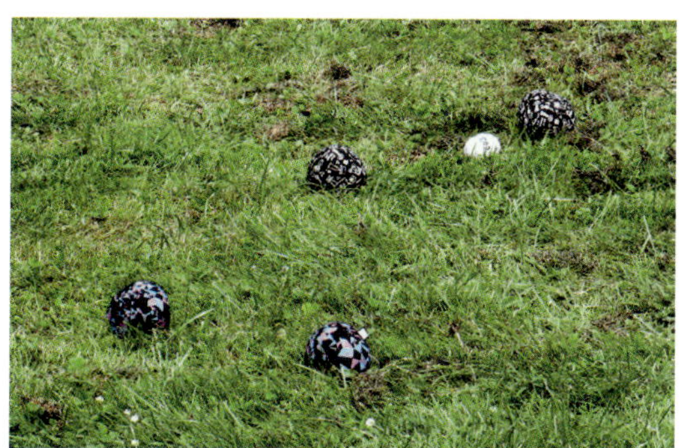

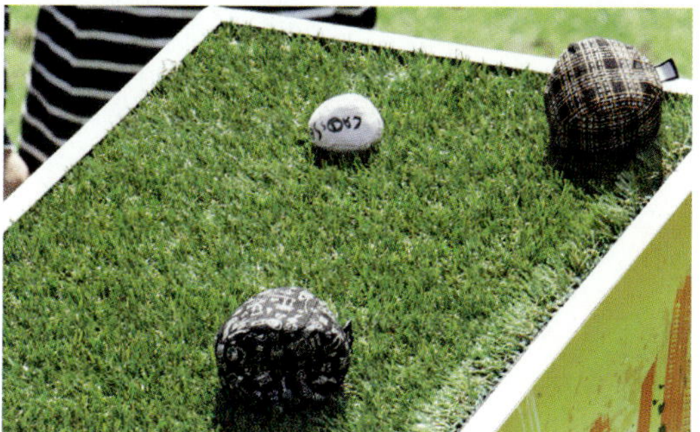

Hinweise:
Crossboule wird nicht zwingend in Mannschaftswettbewerben gespielt. Auch 3 Teams können in Einzel- oder Mannschaftswettbewerben spielen. Jeder Spielball, der näher zum Marker liegt als einer der gegnerischen Bälle, zählt einen Punkt. Sollten mehrere Spielbälle verschiedener Spieler in gleicher Entfernung zum Marker liegen oder diesen berühren, wird jeder Ball gewertet. Liegt ein Spielball auf einem gegnerischen Ball mindestens zur Hälfte auf, so ist dieses ein „Kill“, d.h. der gegnerische Ball wird nicht gewertet. Spielt ein Spieler zu Beginn einer Runde ein Objekt (bspw. eine Bande) mit dem Marker bewusst an, so muss dies vorher angesagt werden, falls er möchte, dass alle übrigen Spieler ebenfalls diese Kombination spielen. Spielt ein Spieler trotz Ansage diese Kombination nicht, dann wird sein Ball nicht gewertet.

Spielerzahl: ab 2

Spieldauer: ab 5 Min.

Material: Crossboccia-Set oder andere geeignete Wurfgegenstände

Variation:

- **Combos**
  - Zwei der eigenen Spielbälle werden so platziert, dass sie sich berühren. Liegt einer von ihnen näher als der Gegner am Ziel, so zählt diese Combo 3 Punkte. Berühren sich sogar 3 Bälle und liegen näher, dann erhält der Spieler 6 Punkte.

Boßeln

Spielidee und Grundregeln:
Die „Boßel“, so heißt die Kugel, muss mit möglichst wenigen Würfen eine vorgegebene Strecke zurücklegen. Es spielen zwei Teams gegeneinander. Das Team, welches die Strecke mit den wenigsten Würfen zurückgelegt hat, gewinnt. Die Kugeln werden immer abwechselnd von beiden Mannschaften gerollt. Die Boßel, die weiter hinten liegt, wird zuerst gerollt. Innerhalb der Mannschaften wechseln sich die Spieler bei jedem Wurf ab. Gelingt es der zurückliegenden Mannschaft nicht, die gegnerische Kugel zu überholen, so erhält die weiter vorne platzierte Mannschaft einen Punkt, beim Boßeln „Schöt“ genannt. Verlässt die Boßel den vorher festgelegten Weg, gilt der Wurf an dieser Stelle als beendet. Das Team, welches am Ende die meisten Schöts hat, ist Sieger.

Hinweise:
Beim „echten“ Boßeln wird jede Mannschaft in vier Gruppen aufgeteilt, von denen jeweils zwei mit einer Holz- und zwei mit einer Gummikugel boßeln. Dies muss aber nicht zwangsweise so gespielt werden, da die Spielidee auch mit 2 Gruppen gut umgesetzt werden kann.

Spielerzahl: ab ca. 6

Spieldauer: ab 10 Min.

Material: Holzkugeln, Gummikugeln oder einfache Bälle

Variation:

- **Weniger ist mehr:**
  - Die Spieler oder Mannschaften bekommen ein Ziel genannt, das sie mit möglichst wenig Würfen erreichen sollen. Es ist auch möglich, den Ball mit einem Hockeyschläger voranzutreiben.

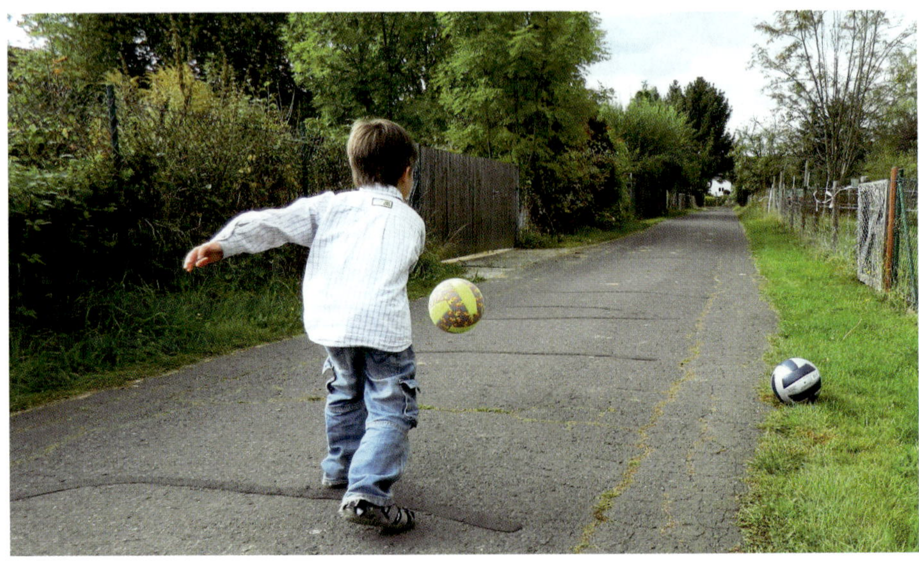

In jeder Pause sieht man auf den Schulhöfen Kinder miteinander raufen und ihre Kräfte messen. Die Spanne dieser Auseinandersetzungen bewegt sich zwischen spielerischem Toben und ernsthaften Streitigkeiten. Sie sind zum einen ein Ausdruck kindlichen Bewegungsdrangs und zum anderen ein Ausdruck der sozialen Gefüge zwischen einzelnen Schülern oder innerhalb von Gruppen. Solange diese nicht in Prügeleien münden, ist gegen diese „körperbetonte Interaktion", die meistens von Jungen genutzt wird, wenig einzuwenden. Kippt diese spielerische Form der Auseinandersetzung aber in eine ernsthafte womöglich auf die Verletzung des Gegenübers abzielende Gewalthandlung, müssen solche Streitigkeiten sofort unterbunden werden. Diese schwierige Balance zu bewältigen ist zugleich die Aufgabe von Schul- und Freizeitpädagogik. Kinder und Jugendliche sollten sich stets regelgeleitet, fair und ohne den anderen zu verletzen verhalten. Rauf- und Tobespiele können hierzu einen positiven Beitrag leisten.

Richtig durchgeführt fördern Rauf- und Tobespiele keineswegs die Gewaltbereitschaft bei den Schülern. Im Gegenteil eröffnen sie ein Feld für eine spielerische Auseinandersetzung mit dem anderen. Andere Mädchen oder Jungen können so kennengelernt und erfahren werden. Wichtig ist es hierfür von Anfang an auf gegenseitigen Respekt und eine regelgeleitete Form des Raufes und Tobens zu achten. Die Einführung von „STOPP!"-Regeln ist dafür unerlässlich. Je nach Alter und Variation bestimmt eine solche Regel, dass jegliche Handlungen sofort beendet werden müssen, wenn einer der Spieler „STOPP!" ruft oder ein anderes zuvor in der Gruppe vereinbartes Signal ruft oder zeigt. Zudem sollte die Spielleitung stets den gegenseitigen Respekt als oberstes Gebot in allen Spielhandlungen betonen. Werden Rauf- und Tobespiele so verstanden, ist der Gegenüber kein Gegner sondern ein Spielpartner.

Eine mögliche Angst Rauf- oder Tobespiele könnten zu häufigen Verletzungen führen, ist unbegründet. In der Regel sind solche bewussten Handlungen mit dem Spielpartner wenig verletzungsträchtiger als beispielsweise Fangspiele, in denen durch Unaufmerksamkeit schnell Zusammenstöße passieren können.

Regelmäßige Partnerwechsel fördern die Intensität und bieten eine gute Möglichkeit für Abwechslung, neue Herausforderungen und freudvolle Spielerlebnisse für alle Spieler. So hat jeder die Möglichkeit seine Kräfte oder sein Geschick nochmals mit anderen Spielern auszuprobieren. In manchen Spielen benötigen die Partner aber auch Zeit, um sich aufeinander einzustellen. Der Spielleiter sollte folglich die Spielenden gut beobachten. Nimmt die Intensität ab, sollte der Spielleiter einen weiteren Partnerwechsel ermöglichen.

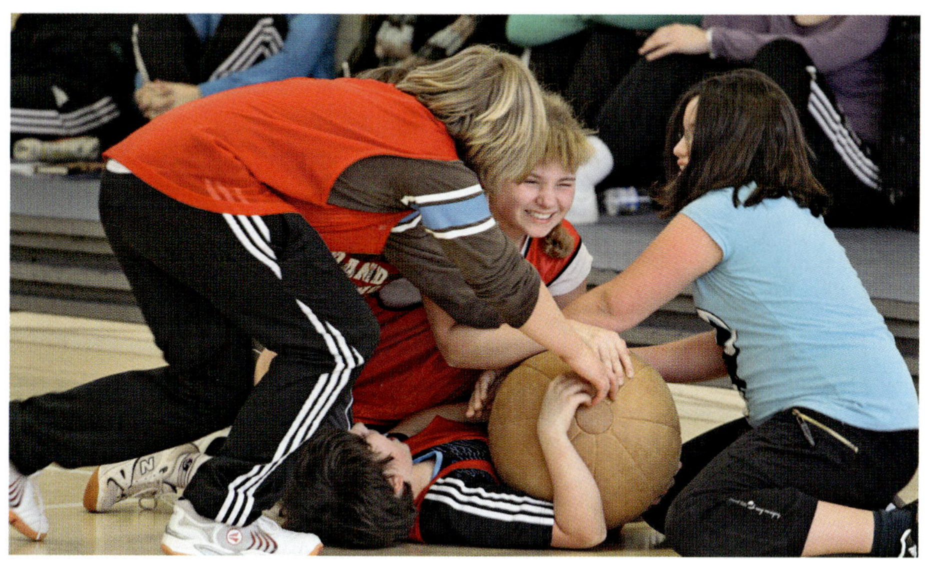

Kampf der Reiher

Spielidee und Grundregeln:
Alle Spieler befinden sich in einem mit Kreide oder Farbe gezeichneten Kreis, einer kleinen Insel. Alle Spieler stehen auf einem Bein und verschränken die Arme vor der Brust. Ziel ist es, da Reiher Einzelgänger sind, sich gegenseitig von der Insel zu stoßen. Wer mit dem zweiten Bein den Boden berührt, außerhalb der Insel den Boden berührt oder die Arme nicht mehr verschränkt, scheidet aus und muss die Insel verlassen. Wer zuletzt übrig bleibt, bekommt einen Punkt. Anschließend gibt es einen neuen Durchgang.

Hinweise:
Spielerzahl: ab ca. 4 bis nahezu beliebig
Spieldauer: ab ca. 3 Min.
Material: kein, ggf. Kreide

Variation:
- Alle Spieler bewegen sich auf beiden Beinen.

Störrischer Esel

Spielidee und Grundregeln:
Die Spieler stellen sich paarweise auf. Ein Spieler ist der störrische Esel, der sich keinen Zentimeter bewegen will. Sein Partner ist der Bauer, der den Esel in den Stall bringen will. Er versucht, den Esel über eine Markierung in den Stall zu ziehen.

Hinweise:
Spielerzahl: beliebig
Spieldauer: ab ca. 2 Min., bei Partnerwechsel länger
Material: ggf. Klebeband als Markierung

Variation:
- Der Esel muss gedrückt statt gezogen werden.

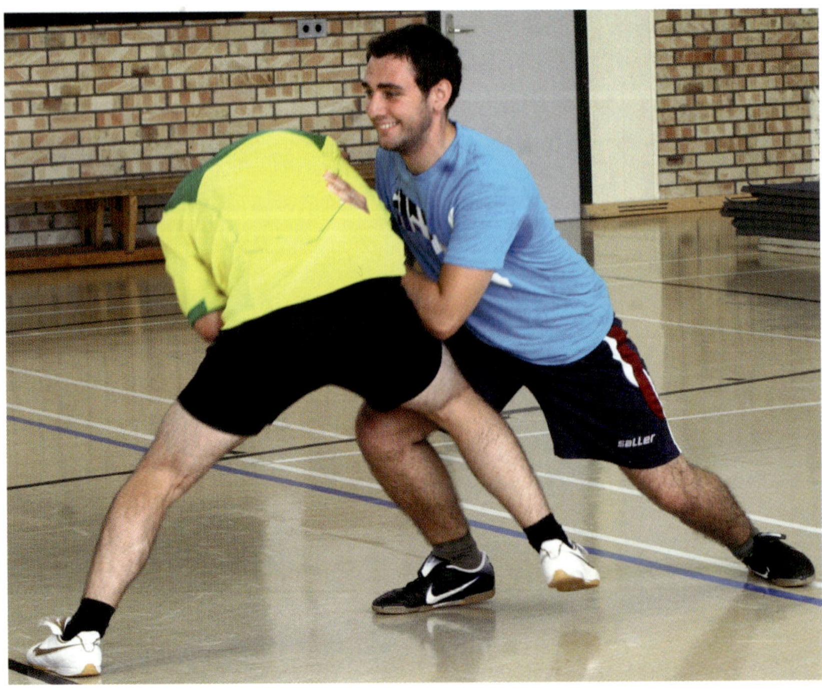

Meuterei

Spielidee und Grundregeln:
Alle Spieler bilden einen Kreis und fassen sich an den Händen. Einige Spieler gehen in die Mitte, sie sind die Meuterer und versuchen durch die gefassten Arme der Spieler auszubrechen. Dieses versucht der Kreis zu verhindern. Gelingt es einem oder mehreren Spieler auszubrechen, haben sie gewonnen und ein neuer Durchgang beginnt.

Hinweise:
Gegebenenfalls sollten Uhren oder Schmuck vorher abgelegt werden.
Spielerzahl: ab ca. 10
Spieldauer: ab ca. 3 Min.
Material: kein

Grenzkampf

Spielidee und Grundregeln:
Alle Spieler stellen sich paarweise gegenüber an einer Linie bzw. Grenze auf. Jeder Spieler versucht jetzt, seinen Gegenüber über die Grenze zu ziehen. Wer mit beiden Beinen im gegnerischen Gebiet steht, gilt als gefangen. Welche der beiden Mannschaften macht so die meisten Gefangenen?

Hinweise:
Spielerzahl: beliebig
Spieldauer: ab ca. 2 Min.
Material: ggf. Kreide zum Markieren einer Grenzlinie

Variation:
- Die Spieler stehen Rücken und Rücken und versuchen, mit beiden Füßen in das Gebiet des Gegners zu kommen.

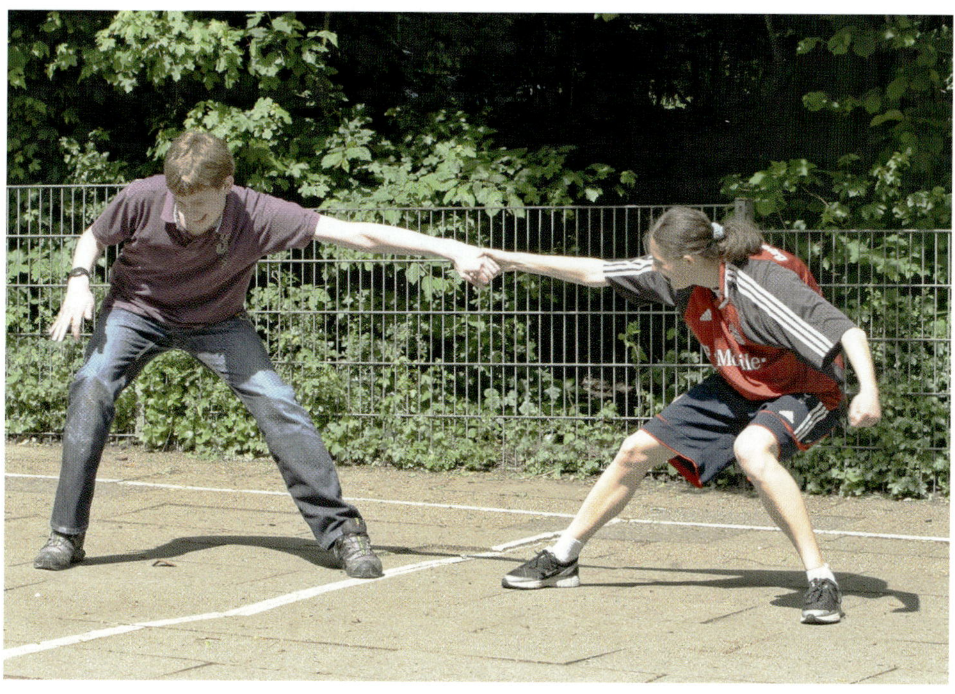

Sumo

Spielidee und Grundregeln:
Ein Kreis von 2 m Durchmesser wird auf den Boden gezeichnet. Zwei Spieler stellen sich in dem Kreis gegenüber auf und versuchen, sich gegenseitig aus dem Kreis heraus zu schieben. Wer den Boden außerhalb des Kreises berührt, verliert.

Hinweise:
Spielerzahl: 2
Spieldauer: ab 2 Min., bei häufigen Paarwechseln auch deutlich länger
Material: ggf. Kreide zum Markieren der Kreise

Variationen:
- Gruppensumo
  - Zwei Mannschaften spielen gegeneinander in einem ca. 10 Meter großen Kreis.

Wegdrücken

Spielidee und Grundregeln:
Zwei Spielerreihen haken sich ein und stellen sich gegenüber. Ziel ist es, die gegnerische Partei über eine Linie zu drücken. Dabei muss die Reihe eingehakt bleiben.

Hinweise:
Spielerzahl: beliebig
Spieldauer: ab ca. 2 Min.
Material: kein, ggf. Klebeband oder Kreide für die Markierungen

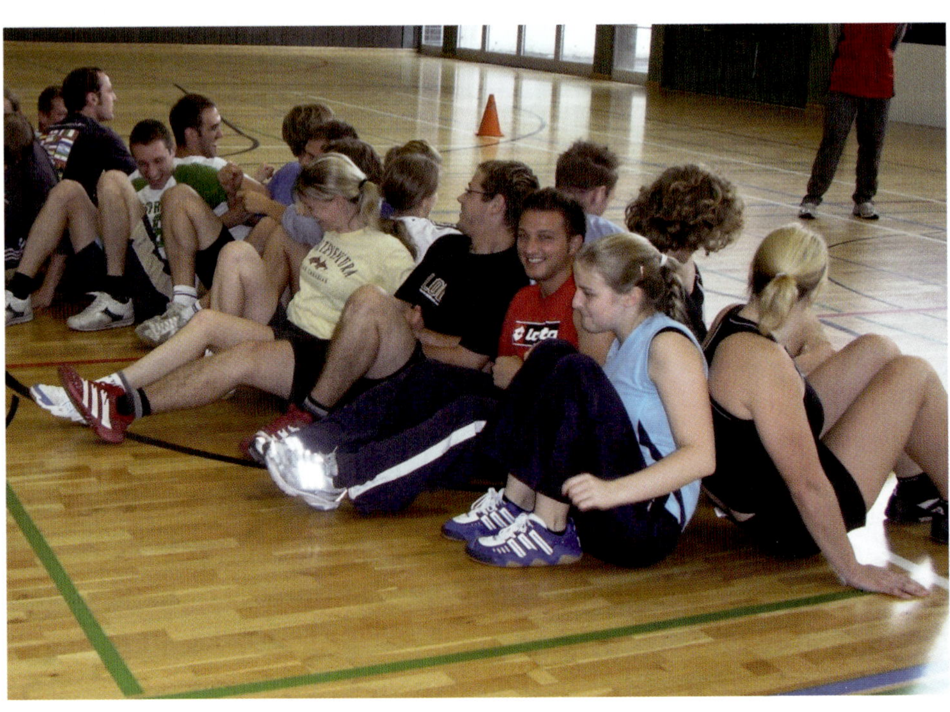

Kanaldeckelspiel

Spielidee und Grundregeln:
Jeweils zwei Spieler stehen sich an einem mit Kreide auf den Boden gemalten Kreis gegenüber. Die Spieler begrüßen sich und versuchen sich dann gegenseitig in den Kreis, den „Kanaldeckel" zu ziehen. Jeder Fußkontakt innerhalb des „Kanaldeckels" zählt. Zum Abschluss verabschieden sich die Spieler voneinander und suchen sich einen neuen Gegner.

Hinweise:
Spielerzahl: beliebig
Spieldauer: ab ca. 2 Min.
Material: ggf. Kreide zum Markieren der Kreise oder Reifen

Variationen:
- Der Kreis darf nicht übersprungen werden.

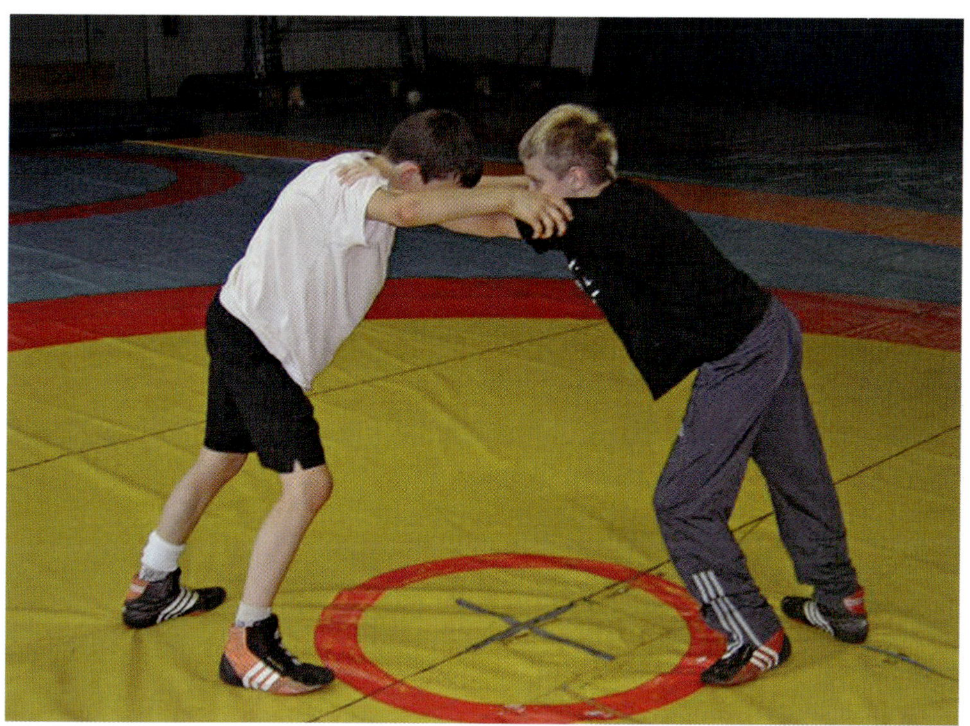

Hände klatschen

Spielidee und Grundregeln:
Zwei Spieler stehen voreinander. Sie legen jeweils ihre eigenen Handflächen gegeneinander, so dass die Daumen nach oben zeigen. Anschließend halten sie die Hände so gegeneinander, dass sich ihre Fingerkuppen berühren. Spieler A versucht, seinem Gegner auf den Handrücken zu schlagen. Spieler B muss dieses verhindern, indem er rechtzeitig die Hände weg zieht. Bei jedem Fehlschlag werden die Rollen gewechselt.

Hinweise:
Spielerzahl: 2
Spieldauer: ab 2 Min.
Material: kein

Variation:

- Spieler A hält die angewinkelten Arme nach vorne, so dass die Handflächen nach oben zeigen. Spieler B hält seine Hände mit den Handflächen nach unten direkt darüber. Spieler A versucht, durch eine schnelle Bewegung auf die Handrücken von B zu schlagen. Gelingt ihm dieses, greift er weiter an. Schlägt A ins Leere, wechseln die Rollen.

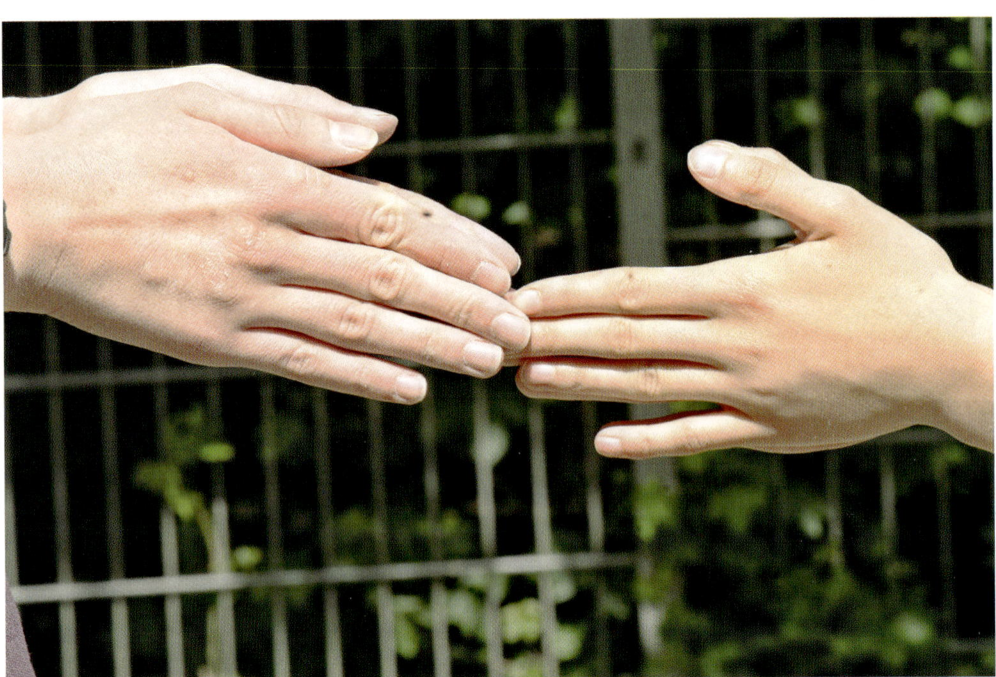

Hahnenkampf

Spielidee und Grundregeln:
Die Spieler gehen paarweise zusammen. Nach dem Startsignal hüpfen beide auf einem Bein und versuchen, den Partner mit verschränkten Armen so zu rempeln, dass er mit dem zweiten Bein den Boden berührt.

Hinweise:
Spielerzahl: 2
Spieldauer: ab 2 Min.
Material: kein

Variation:
- Mehrere Spieler kämpfen gegeneinander.

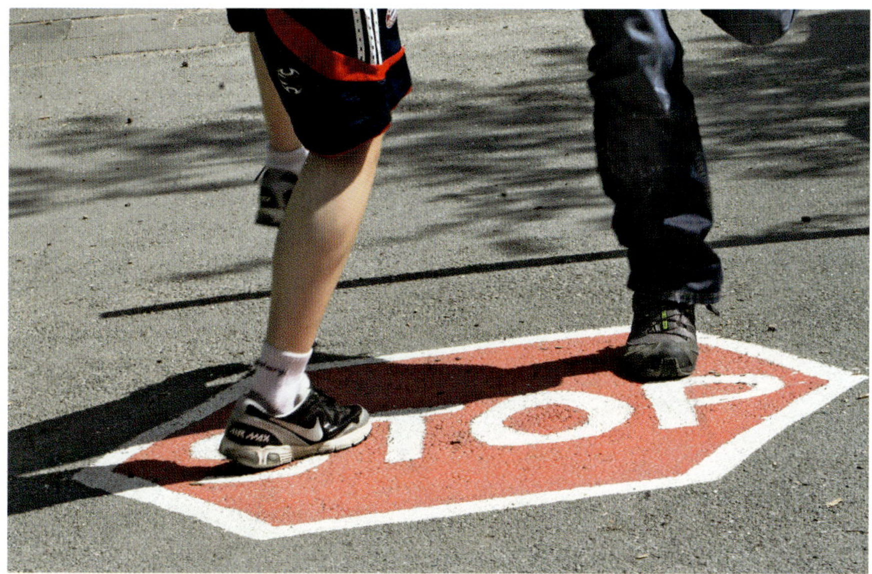

Bärenringen

Spielidee und Grundregeln:
Zwei Spieler kämpfen gegeneinander. Ziel ist es, den Partner zunächst zu umklammern und anschließend vom Boden hoch zu heben.

Hinweise:
Das Hochheben kann von vorne, von hinten oder von der Seite erfolgen.
Spielerzahl: 2
Spieldauer: ab 3 Min.
Material: kein

Füße treten

Spielidee und Grundregeln:
Zwei Spieler stehen sich gegenüber und fassen sich an den Schultern an. Ziel ist es, dem Partner auf die Füße zu treten ohne selber getroffen zu werden.

Hinweise:
Spielerzahl: 2
Spieldauer: ab 2 Min.
Material: kein

Variation:
- Mehrere Spieler kämpfen gegeneinander.

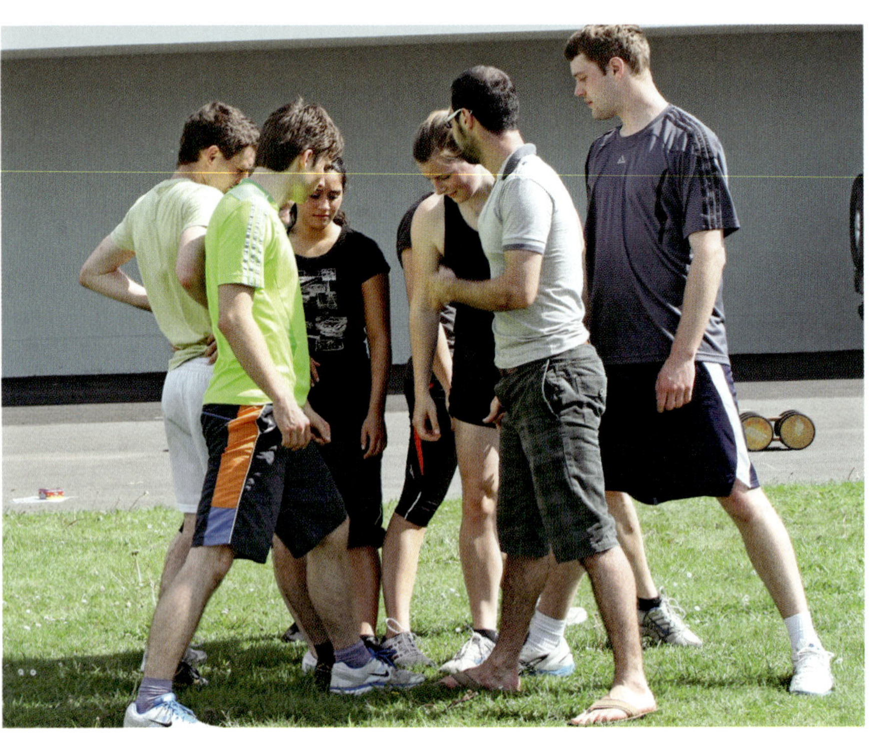

Wadenfechten / Kampf um die Berührung

Spielidee und Grundregeln:
Zwei Spieler stehen sich gegenüber und fassen beide einen Unterarm des Partners. Aufgabe beider Spieler ist es, mit der noch freien Hand die Wade des Partners zu berühren.

Hinweise:
Spielerzahl: 2
Spieldauer: 2 Min.
Material: kein

Variation:
- Einzelne Körperteile erhalten unterschiedliche Punktzahlen, diese werden individuell vereinbart, z.B. Wade 3, Schulter 1, Rücken 2. Wer zuerst 10 Punkte erreicht, gewinnt.

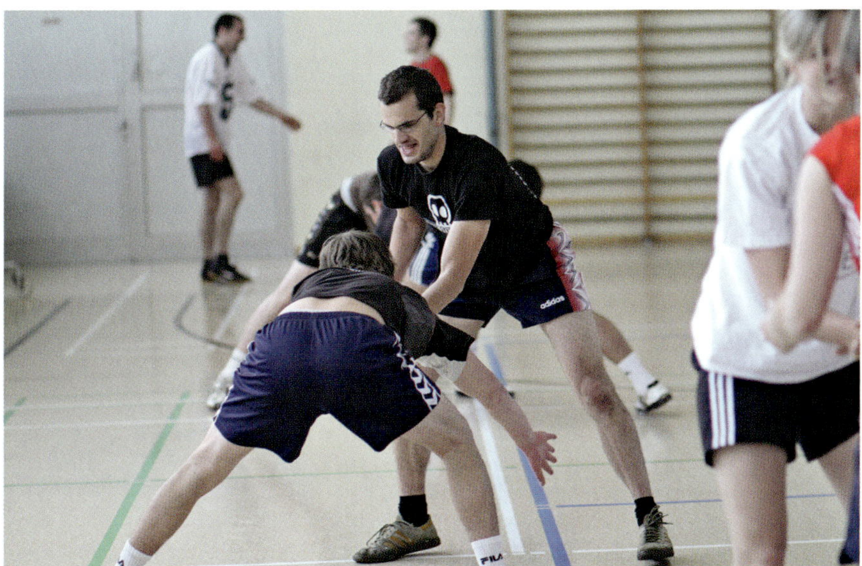

Felderkampf

Spielidee und Grundregeln:
Vier quadratisch angeordnete Felder werden nummeriert. Alle Spieler starten in Feld I mit der Aufgabe, sich von den Mitspielern nicht aus diesem Feld drängen zu lassen bzw. selbst die anderen hinaus zu schieben. Muss ein Spieler die Markierungen des ersten Feldes verlassen, wechselt er in Feld II, wo er mit der gleichen Aufgabe auf andere Mitspieler aus Feld I wartet. Danach wird in Feld III gewechselt. Wer zuletzt in Feld I bleibt, gewinnt.

Hinweise:
Spielerzahl: ab 8
Spieldauer: ab 3 Min.
Material: Kreide für die Felder

Variationen:
- Endlosform: Wer aus Feld 4 gedrängt wird, startet wieder in Feld 1
- Wer im zweiten, dritten oder vierten Feld einen Spieler hinausdrängt, wechselt ein Feld nach oben.
- Sobald ein Spieler in Feld 4 gedrängt wird, ist das Spiel beendet. Alle Spieler, die noch in Feld 1 sind, gewinnen.

Schnürsenkel öffnen

Spielidee und Grundregeln:
Jeder spielt gegen jeden in einem begrenzten Feld. Ziel ist es, die Schnürsenkel der Mitspieler zu öffnen und seine eigenen zu schützen. Wer beide Schnürsenkel offen hat, setzt sich an den Rand.

Hinweise:
Knoten und Doppelschleifen sind nicht erlaubt.
Spielerzahl: ab 6
Spieldauer: ab 5 Min.
Material: kein

Variation:
- Wenn eine größere Gruppe an Spielern draußen sitzt, beginnen diese eine zweite Runde.

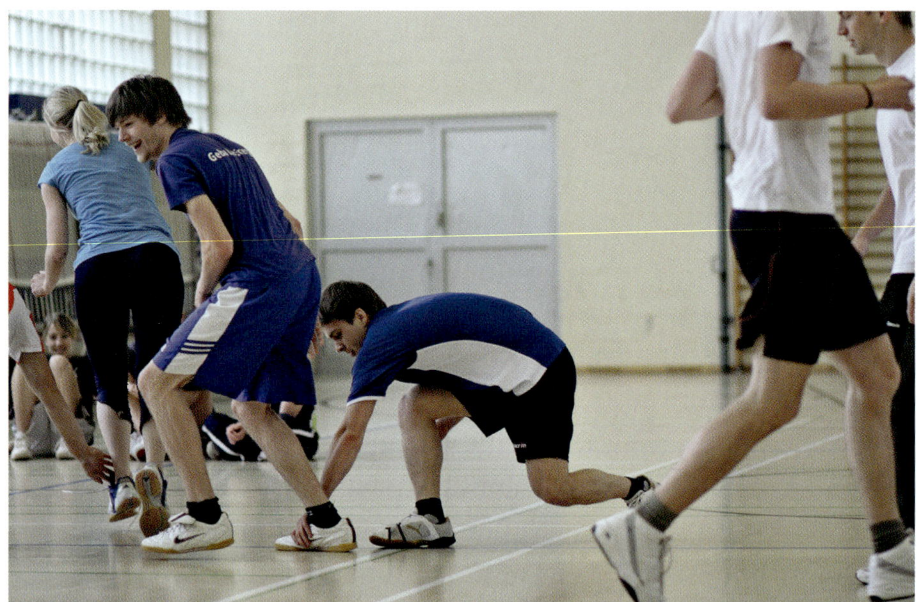

Das geteilte Paar

Spielidee und Grundregeln:
Zwei Spieler, Romeo und Julia, stehen sich an den diagonal gegenüber liegenden Seiten des Spielfeldes gegenüber. Aufgabe dieser beiden Spieler ist es nun, sich gegenseitig zu berühren. Dieses müssen alle anderen Spieler, die bösen Verwandten, verhindern. Romeo und Julia dürfen nur mit dem Körper behindert aber nicht mit den Händen festgehalten werden.

Hinweise:
Spielerzahl: ab 10
Spieldauer: ab 5 Min.
Material: kein

Variationen:
- Ein weiteres Paar startet aus den anderen beiden Ecken.
- Auch Festhalten ist erlaubt.

Das Fahrrad wird von vielen Schülern auf ihrem täglichen Weg zur Schule genutzt. Für den Fahrradfahrer ist es im dichten Berufsverkehr, in dem er häufig zwischen den Autos, Bussen und Lastwagen kaum wahrgenommen wird, nicht einfach. Er muss auf seinem Weg durch den „Straßendschungel“ auf vielfältige Gefahren und Hindernissen, wie zum Beispiel tief eingefahrene Spurrillen oder Gullyschächte reagieren. Außerdem braucht er eine gut ausgeprägte Gleichgewichtsfähigkeit, um das Fahrrad bei schnellem und langsamem Tempo geradeaus steuern zu können. Ein ungeübter Radfahrer bringt sich schnell in Gefahr. Das kann jedoch durch den sicheren Umgang mit dem Fahrrad vermieden werden. Schülerinnen und Schüler können in einem sicheren Umfeld abseits des Straßenverkehrs üben mit kritischen Situationen umzugehen und diese sicher zu meistern. So kann durch spielerisches Lernen die Grundlage für einen sicheren Schulweg geschaffen werden.

Kleine Spiele mit dem Fahrrad können Geschick auf dem Rad schulen und damit grundlegende Fähigkeiten und Fertigkeiten zum sicheren Radfahren vermitteln. Aber das Fahrrad ist natürlich nicht nur Verkehrsmittel, sondern auch ein sehr vielseitig einsetzbares Spiel- und Sportgerät, das viel Spaß verspricht und durch die breiten Möglichkeiten jedem etwas bieten kann. Deswegen stellen wir nachfolgend viele verschiedene Spiel- aber auch Übungsformen dar, die als Anregung dienen sollen, in verschiedenen Situationen der schulischen Pausengestaltung und unterschiedlichen Momenten von Freizeitaktivitäten das Fahrrad freudvoll einzusetzen.

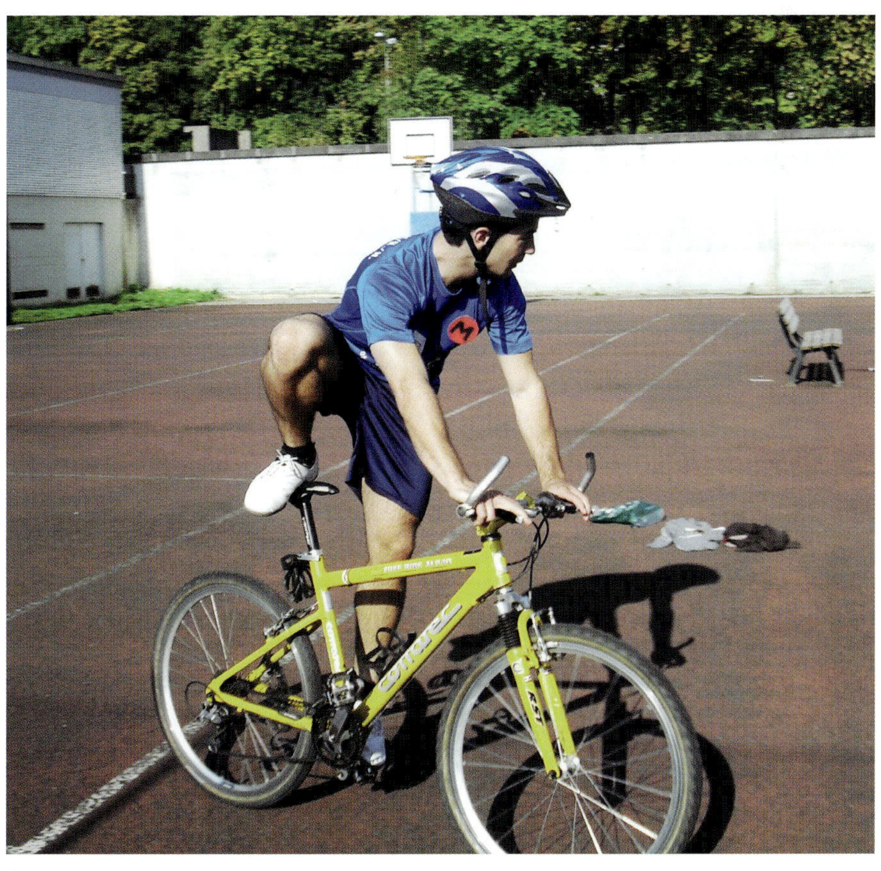

Spielformen und Kunststücke alleine

- Den rechten Fuß auf die linke Pedale stellen und mit dem linken Fuß rollern und als Variationen: Das Gleiche auch mit dem anderen Fuß ausprobieren und rückwärts fahren (schwierig).
- Einhändig fahren sowohl mit links als auch mit rechts und als Variationen: Einhändig Kurven und Slalom fahren sowie einhändig im Stehen fahren.
- Mit nur einer Hand und einem Fuß fahren (gleichseitig und diagonal).
- Freihändig fahren: mit und ohne zu treten.
- Mit überkreuzten Händen fahren (geradeaus, Kurven zu beiden Seiten). Diese Übung ist nicht einfach und sollte wirklich nur von geübten Fahrradfahrern ausprobiert werden.
- Mehrere Achten fahren zum Beispiel als Endlosschleife um zwei Markierungshütchen. Variation: In beide Richtungen fahren.
- Auf einer Kreidelinie, einem Brett oder an der Bordsteinkante entlang rollen und fahren.
- So langsam wie möglich fahren, auch auf einer Kreidelinie, einer Acht usw.
- Einen Buchstaben, eine Zahl oder einen Namen mit dem Fahrrad schreiben. Variation: Durch eine Pfütze fahren und anschließend mit nassem Reifen malen und das Kunstwerk überprüfen.
- Schnecke: Einen immer kleiner werdenden Kreis fahren (in beide Richtungen).
- Slalom fahren: Variationen bei allen Slalomformen sind weiter Slalom oder enger Slalom, die Geschwindigkeit verändern, einen Slalomparcours durchrollen ohne zu treten, einen Slalomparcours einhändig oder freihändig fahren, jedes Hütchen des Parcours einmal komplett umrunden, einen Slalomparcours im Stehen durch Kippen fahren, beim Durchfahren des Slalomparcours mit dem Vorderrad rechts um ein Hütchen fahren und mit dem Hinterrad links herum usw.
- Mehrmaliges Antreten und Bremsen nur im Stehen durchführen.
- Über eine Wippe fahren, z.B. über ein Brett, das auf einem Baumstamm, einem dicken Ast oder einem Backstein liegt.
- Wiegetritt fahren im Stehen.
- Im „Damensitz“ fahren: Beide Beine sind auf der gleichen Seite des Fahrrades. Getreten wird nur mit einem Fuß auf einem Pedal.
- Das Fahrrad beschleunigen und anschließend auf dem Rad eine Standwaage machen: Ein Knie befindet sich auf dem Sattel und das andere Bein wird waagerecht nach hinten weggestreckt. Beide Hände halten den Lenker.
- Nicht auf dem Sattel, sondern auf dem Gepäckträger sitzen und fahren. Variation: Zusätzlich dabei einen Luftballon zwischen Gepäckträger und Gesäß einklemmen.
- Eine vorgegebene Strecke nur mit dem linken oder dem rechten Fuß fahren.
- Das Fahrrad beschleunigen und sich auf den Gepäckträger stellen, die Hände befinden sich am Lenker.
- Rückwärts auf den Lenker setzen, die Hände halten den Lenker fest, die Füße treten (Nur für geübte Fahrer: Sturzgefahr!).
- Auf dem Fahrrad stehen und sich rollen lassen. Dabei das Rad zu einer Seite kippen. Wie weit kann ich kippen ohne umzufallen? Variation: Beide Füße stehen auf einer Pedale.
- Mit dem Fahrrad hüpfen oder springen. Variation: Frontal oder seitlich über Seile oder Gegenstände springen.
- Das Vorderrad wird angehoben, indem die Arme es nach oben ziehen. Das Hinterrad wird angehoben, indem der Fahrer mit den Füßen um die Pedale greift und mit den Füßen das Hinterrad nach oben zieht.
- Beim Hüpfen werden beide Räder gleichzeitig nach oben gezogen.
- Stehen und Ausbalancieren: zuerst mit dem Vorderrad an einer Mauer, einem Bordstein oder Baum stehen. Beide Füße stehen auf gleicher Höhe, das stärkere Bein befindet sich auf der vorderen Pedale. Nicht auf den Sattel setzen. Jetzt Druck auf die vordere Pedale geben und beide Bremsen ziehen. Anschließend ohne die

Hilfe von Mauer, Baum oder Bordstein das Ausbalancieren probieren. Dabei befinden sich die Schultern senkrecht über dem Lenker und der Körperschwerpunkt vor dem Tretlager.

- Hindernisse überrollen und überfahren: Bretter, eine Palette, einen größeren Ast, eine Bordsteinkante usw.
- Wheelie (Fahren auf dem Hinterrad): Langsam fahren, beide Pedalen waagerecht stellen und aufhören zu treten. Anschließend das Vorderrad nach unten drücken, den Lenker nach oben ziehen und kräftig treten. Danach die Arme strecken und das Körpergewicht nach hinten verlagern. Droht das Fahrrad wieder nach vorne zu fallen, kräftiger treten. Droht es nach hinten zu fallen, die Rückbremse ziehen. Empfehlenswert sind ein kleines Kettenblatt vorne und ein mittleres hinten. Knie und Beine sollten das Balancieren unterstützen.
- Driften (Rutschen) beim Kurven Fahren durch Ziehen der Hinterradbremse, dabei das Hinterrad bis zum Stillstand driften lassen.

Spielformen und Kunststücke zu zweit

- Zwei Partner werfen sich in der Fahrt einen Tennisball oder Gymnastikball zu. Variation: Zweierlauf, Zweierlauf auf einen Basketballkorb mit anschließendem Wurf usw.
- Zwei Partner fahren nebeneinander und halten in der Fahrt einen Luftballon in der Luft.
- Nebeneinander fahren und genau im gleichen Rhythmus treten. Variation: A schaltet, B muss einen passenden Gang finden.
- Zwei Spieler fassen sich an und versuchen nur durch Ziehen – nicht durch Treten - vorwärts zu kommen.
- Abstimmen: 2 Fahrer fahren von 2 weit auseinander liegenden Startpositionen gleichzeitig los. Ziel ist es, eine zwischen ihnen liegende Ziellinie gleichzeitig zu überfahren.
- Zwei Fahrer lehnen sich mit den Schultern gegeneinander und versuchen so auf einer geraden Linie entlang zu fahren. Variation: Aus langsamer Fahrt nebeneinander anhalten und sich gegenseitig mit der Schulter abfangen.
- Zwei Fahrer legen sich die Arme auf die Schultern und versuchen so, eine Acht zu fahren (in beide Richtungen).
- Schattenfahren: Der Vordermann bestimmt sowohl welcher Weg als auch in welcher Weise oder mit welchen Kunststücken gefahren wird. Der andere muss versuchen dies genau nachzuahmen.
- Einen Zopf flechten: Partner A und B wechseln fortlaufend durch Kreuzen ihre Spur.

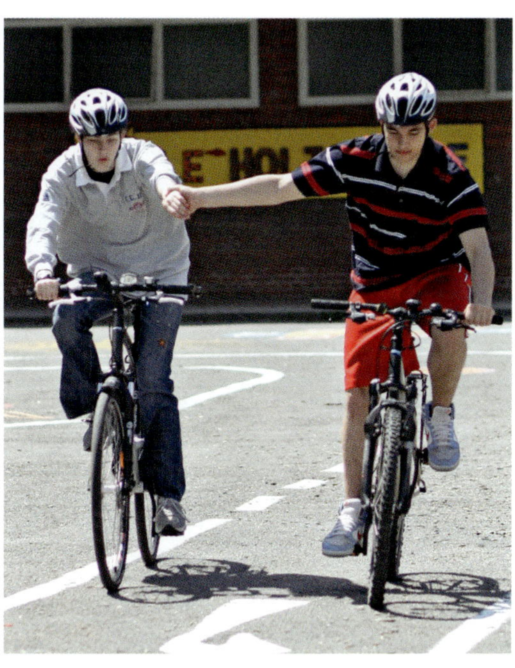

Dreierfahrt

Spielidee und Grundregeln:
Es werden Dreiergruppen gebildet. Zwei Spieler nehmen einen dritten Spieler in die Mitte und fahren ihn rückwärts.

Hinweise:
Die Fahrer fahren langsam. Die Stopp-Regel sollte eingeführt sein. Wenn einer der drei Fahrer „Stopp!" ruft, müssen die anderen beiden bremsen und anhalten.

Spielerzahl: ab 3
Spieldauer: ab ca. 2 Min.
Material: je ein Fahrrad

Wie viele können auf einem Rad fahren?

Spielidee und Grundregeln:
Ziel ist es, mit so vielen Spielern wie möglich auf einem Rad zu fahren. Wer schafft die meisten Fahrer?

Hinweise:
Das genutzte Fahrrad und seine Teile sollten entsprechend stabil sein.

Spielerzahl: ab ca. 4
Spieldauer: ab ca. 2 Min.
Material: für jede Gruppe ein Fahrrad

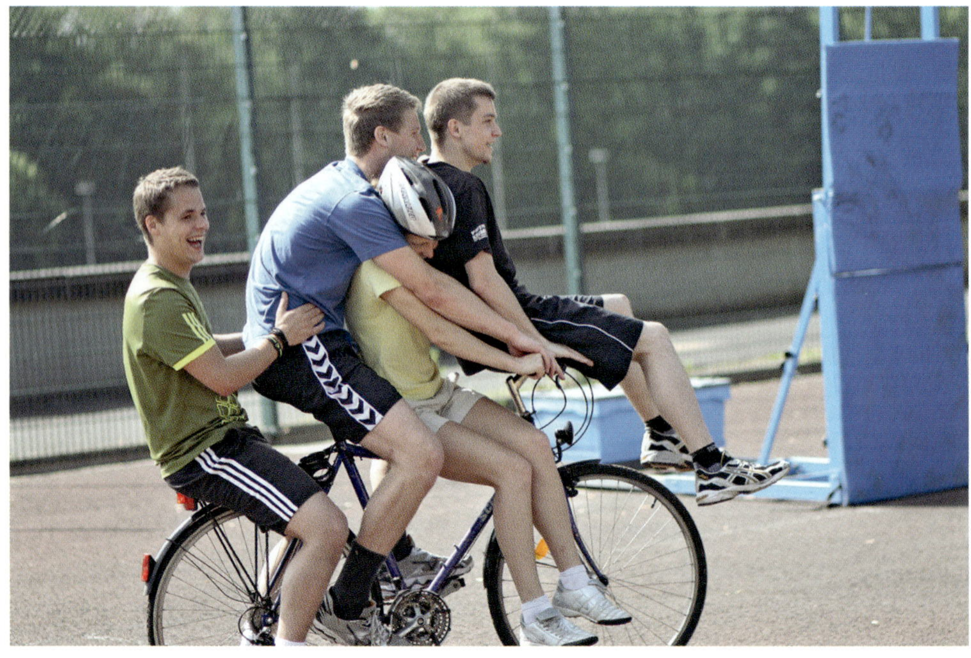

Laufrad-Fangen

Spielidee und Grundregeln:
Alle Spieler fahren mit einem so niedrigen Sattel, dass sie sich wie auf einem Laufrad fortbewegen. Der Fänger ist mit einem Mannschaftsband gekennzeichnet und versucht, einen anderen Spieler zu berühren. Gelingt dieses, übernimmt der gefangene Spieler das Mannschaftsband und wird neuer Fänger.

Hinweise:
Mit Hütchen sollte ein großes Spielfeld markiert werden.
Spielerzahl: ab ca. 4
Spieldauer: ab ca. 3 Min.
Material: Hütchen, Mannschaftsband, für jeden Spieler ein Fahrrad mit sehr niedrigem Sattel

Formationsfahren

Spielidee und Grundregeln:
Mehrere Spieler fahren gemeinsam in einer ausgedachten oder vorgegebenen Formation, z.B. als Acht, Stern, Dreieck, Kette, Pfeil oder Rechteck.

Hinweise:
Spielerzahl: ab ca. 8
Spieldauer: ab ca. 5 Min.
Material: für jeden Spieler ein Fahrrad

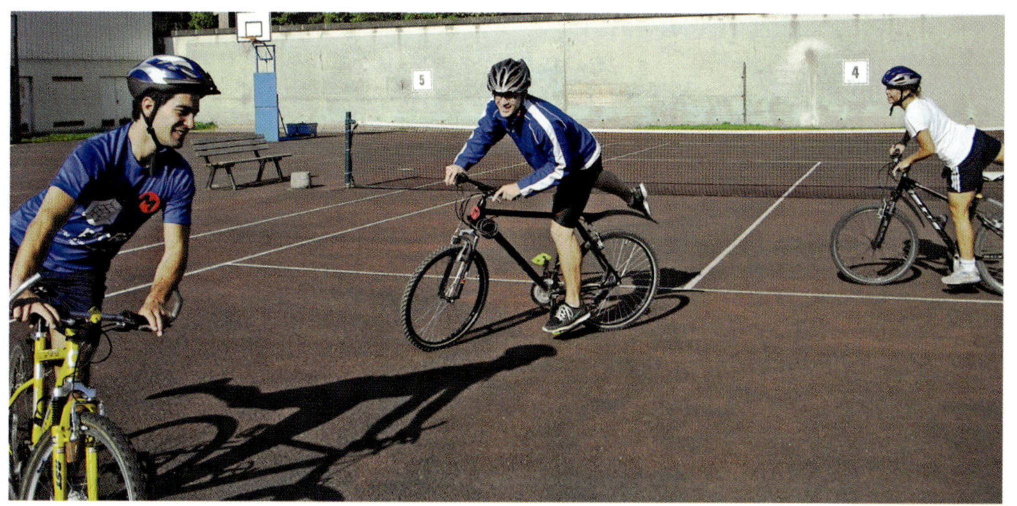

Balancierwettkampf

Spielidee und Grundregeln:
Wer kann am längsten auf der Stelle stehen? Derjenige, der zuerst mit den Füßen den Boden berührt, bekommt einen Strafpunkt.

Hinweise:
Spielerzahl: ab 2
Spieldauer: ab ca. 2 Min.
Material: für jeden Spieler ein Fahrrad

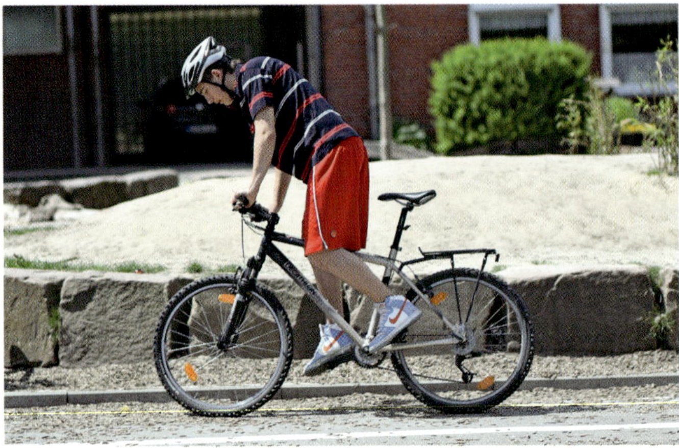

Staffeln mit dem Fahrrad

Spielidee und Grundregeln:
Staffeln mit dem Fahrrad sollten weniger auf Schnelligkeit als auf Geschicklichkeit aufbauen. Zu schnelles Fahren erhöht die Gefahr eines schmerzhaften Sturzes oder eines gefährlichen Unfalls. Zeitdruck und Geschicklichkeit schulen hingegen das sichere Fahren, vorausgesetzt die Staffel ist so inszeniert, dass die Spieler sicher anhalten oder absteigen können.
Typische und geeignete Gestaltungsmöglichkeiten sind:

- die Fortbewegungsart verändern: rollern, einhändig, freihändig, im Stehen
- auf dem Hinweg nur mit dem linken Bein und auf dem Rückweg nur mit dem rechten Bein treten
- die Fahrposition verändern: auf dem Gepäckträger, als Laufrad mit einem sehr niedrigen Sattel
- Gegenstände oder Kleidungsstücke transportieren
- die Fahrstrecke verändern, indem beispielsweise Hindernisse eingebaut werden oder im Slalom gefahren werden muss
- mit einem Partner gefahren werden muss
- Bälle gedribbelt oder geführt werden

Hinweise:
Spielerzahl: ab ca. 8
Spieldauer: ab ca. 5 Min.
Material: je nach Staffel sehr unterschiedlich, möglichst für jeden Spieler ein Fahrrad – oft genügt aber auch ein Fahrrad je Mannschaft

Schneckenrennen

Spielidee und Grundregeln:
Wer fährt eine vorgegebene Strecke am langsamsten? Für jede Bodenberührung kann es 2 Strafsekunden geben.

Hinweise:
Spielerzahl: ab 2
Spieldauer: ab ca. 2 Min.
Material: Kreide zur Streckenmarkierung, für jeden Spieler ein Fahrrad

Variationen:
- Nur im Stehen, nur im Sitzen, freihändig fahren

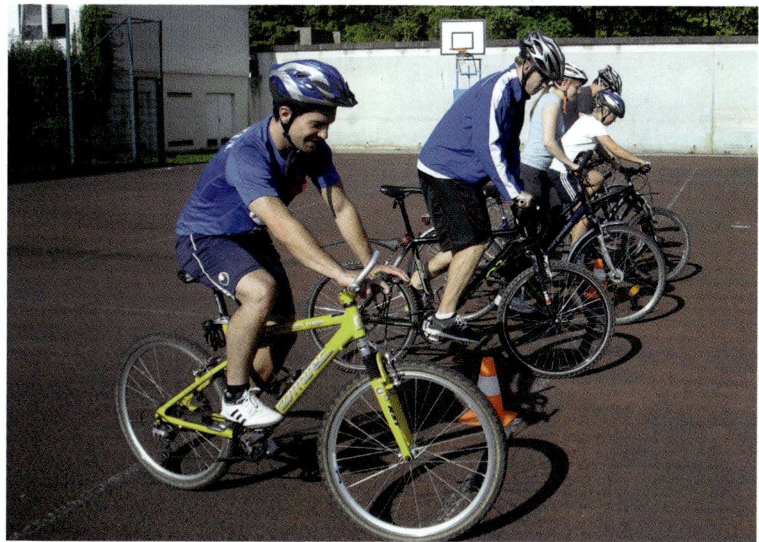

Eierlaufen

Spielidee und Grundregeln:
Zwei oder mehr Mannschaften spielen gegeneinander. Die jeweiligen Startfahrer müssen mit einem Löffel in der Hand fahren und darauf einen Tennis- oder Tischtennisball balancieren. Löffel und Ball werden immer an den nächsten Fahrer übergeben.

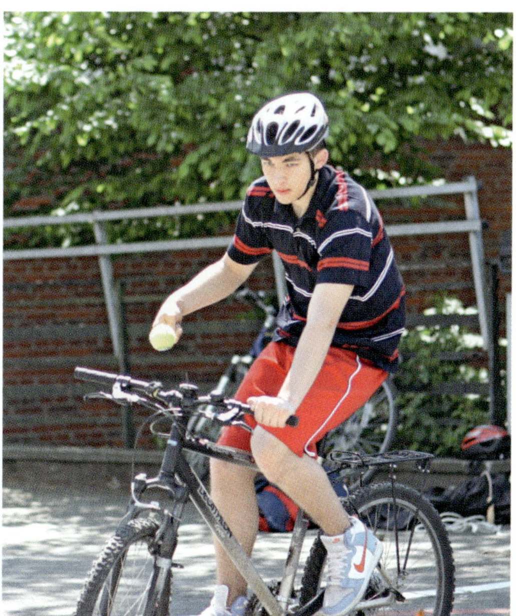

Hinweise:
Spielerzahl: ab 6
Spieldauer: ab ca. 5 Min.
Material: Für jede Mannschaft einen Löffel und einen Tennis- oder Tischtennisball, für jeden Spieler möglichst ein Fahrrad oder je Mannschaft ein oder zwei Fahrräder

Bewegungskünste üben schon seit je her eine große Faszination insbesondere auf Kinder und Jugendliche aus. Wer kennt nicht diese Spannung, wenn Artisten ihre spektakulären Nummern aufführen oder die Bewunderung von Jongleuren, wenn sie scheinbar problemlos mit ihren Händen die Schwerkraft aufheben und unterschiedliche Gegenstände durch die Luft wirbeln.

Bewegungskünste sind schwierige, offene und schöne Bewegungen ohne Wettkampfgedanken und Regelwerk. Jeder Einzelne stellt sich selbst subjektiv schwierige, aber lösbare Aufgaben, die er anschließend ausdauernd und konzentriert übt. Bewegungskünste rufen Beachtung oder Bewunderung hervor und wollen präsentiert werden. Durch die Offenheit kann sich jeder das heraussuchen, was er gerne präsentieren möchte. Künste leben davon, dass sie immer wieder neu erfunden, erweitert und variiert werden.

Diese dialogische Auseinandersetzung macht sie insbesondere für die tägliche Pause interessant, da Kinder und Jugendliche weitgehend selbstständig üben und jeden Tag kleine Fortschritte erleben können. Vor allem im Kontext einer Bewegten Schule bietet es sich an, vielfältige Bewegungskünste in der Pause zu etablieren. Fast alle Schüler lernen dann fast im Nebenbei das Stelzenlaufen und Waveboard fahren und mehr als die Hälfte Jonglieren und mit dem Einrad fahren.

Bewegungskünste fordern koordinative, gestalterische und kreative Fähigkeiten und entfalten die individuelle Ausdrucksfähigkeit. Durch das phantasievolle Spiel mit der Bewegung stellen die Bewegungskünste einen entspannenden Ausgleich zum Alltag der Schüler dar. Die kreative Auseinandersetzung mit verschiedenen Materialien fördert die Persönlichkeitsentfaltung der Kinder und Jugendlichen. Das gemeinschaftliche Üben des Jonglierens oder das gegenseitige Helfen beim Einradfahren bieten zudem unterschiedliche Erprobungsfelder des sozialen Lernens.

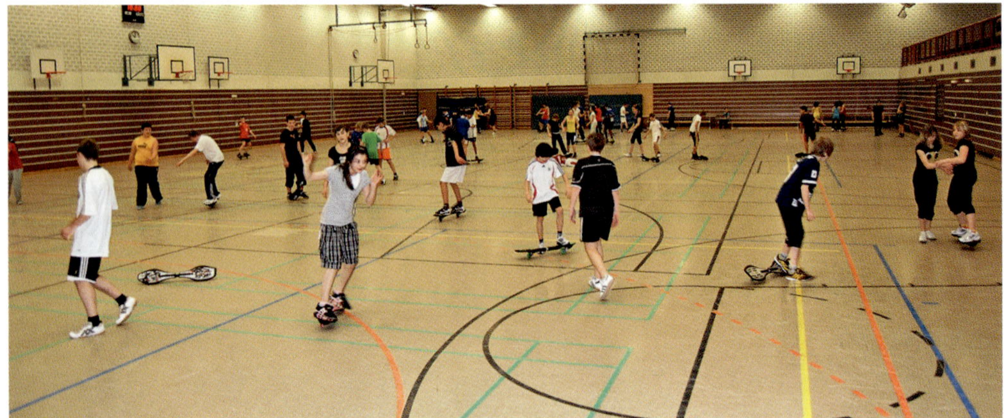

Jonglieren und andere Kunststücke

Von Jonglieren spricht man, wenn mehr Gegenstände in der Luft kontrolliert werden, als Hände zur Verfügung stehen. Das bedeutet, dass ein Jongliergerät nicht während seiner gesamten Flugbahn mit den Augen verfolgt werden kann. Die Fähigkeit des peripheren Sehens muss verstärkt eingesetzt werden. Jonglieren ist auf engstem Raum möglich, ist preiswert und kann mit den unterschiedlichsten Gegenständen gemacht werden. In der Regel jongliert man mit Tüchern, Bällen, Ringen oder Keulen. Aber auch Äpfel, Apfelsinen, Eier oder Badmintonschläger sind möglich. Eine Variante ist die Partnerjonglage. Normalerweise wird sie zu zweit ausgeübt, aber theoretisch ist eine Begrenzung an Personen nicht gegeben.

Es empfiehlt sich, zunächst mit handlichen, gleichförmigen und gleich schweren Bohnensäckchen (Beanbags) zu üben, weil diese sich leichter fangen lassen. Die Grundbewegung gleicht einer umgefallenen 8. Ein Ball folgt nun exakt dieser Linie. Es wird abwechselnd geworfen. Erst rechts, dann links, wobei die Objekte jeweils unter dem anderen hindurch geworfen werden. Dieses Muster nennt man Kaskade. Die Kaskade ist die Grundform, auf der sich weitere Jongliermuster aufbauen.

Folgende Übungen bieten sich zum Lernen an:

- Jonglieren mit einem Ball: Einen Ball etwas über Kopfhöhe diagonal von der rechten in die linke Hand werfen und anschließend wieder von links nach rechts.
- Jonglieren mit zwei Bällen: In jeder Hand befindet sich ein Ball. Der rechte Ball wird diagonal höher als die Stirn nach links geworfen. Wenn der rechte Ball den höchsten Punkt erreicht hat, den linken Ball diagonal über stirnhoch nach rechts werfen. Beide Bälle fangen und jetzt mit links anfangen.
- Jonglieren lernen mit drei Bällen: Zwei Bälle befinden sich in der rechten Hand, einer in der linken. Die Bälle werden wie vorher die Bälle geworfen, nur jetzt rechts, links und wieder rechts. Alle Bälle fangen, d. h. zwei Bälle in der linken und einen in der rechten Hand. Anschließend links, rechts, links werfen und alle Bälle wieder fangen.
- Keinen Ball mehr fangen, sondern immer den nächsten Ball werfen, wenn der vorherige den höchsten Punkt erreicht hat. Zuerst viermal werfen, dann fünfmal bis es fortlaufend klappt.

Zu Beginn treten oft zwei typische Fehler auf:

- Der Wurf nach vorne: Anfangs wirft man die Bälle nach vorne und läuft beim Jonglieren hinterher. Deshalb kann man sich auch nah vor eine Wand stellen und dort jonglieren.
- Zu hohes Fangen der Bälle: Anfangs werden die Bälle häufig schon auf Schulterhöhe oder sogar noch höher gefangen. Deshalb bewusst die Bälle bei waagrecht gehaltenem Unterarm in die Hand fallen lassen.

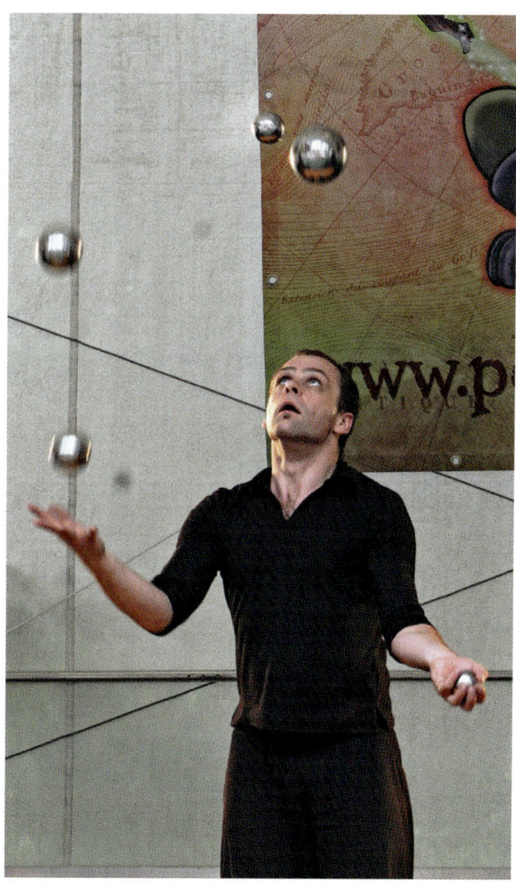

Tricks

- Vorwärts oder rückwärts gehen.
- Um 360° drehen.
- Im Sitzen jonglieren.
- Während der Jonglage hinknien und wieder aufstehen.
- Eine Kaskade von ganz klein langsam immer höher jonglieren und dann wieder klein in sich zusammenfallen lassen.
- Über den ankommenden Ball werfen.
- Jonglieren mit verschiedenen Bällen: Tischtennisbällen, Badmintonbällen, Gymnastikbällen, Medizinbällen (1Kg), Volleybällen, Fußbällen, Basketbällen.
- 2 Bälle kreisförmig in einer Hand jonglieren und den dritten Ball mit der anderen Hand um den Kopf kreisen.
- Bälle von oben greifen.
- Bälle aufticken lassen.
- Säulen und Shower (Beim Shower bewegen sich die Bälle in einem Kreis. Eine Hand übernimmt ausschließlich das Werfen, die andere Hand nur das Fangen).
- Fußjonglage, z.B. einen Pezziball hochhalten.

Weitere Variationen:

- **Passing**
  - Wenn 2 oder mehr Jongleure miteinander jonglieren und während der Jonglage die Jongliergeräte tauschen (zuwerfen), so nennt man das Passing. Dabei wird zum Beispiel jeder vierte Ball mit der rechten Hand longline zum Partner geworfen.
- **Stehlen**
  - Partner A jongliert, Partner B, der Dieb, stiehlt zuerst den Ball, der gerade die Hand des Jongleurs verlassen hat. Mit der anderen Hand greift er den zweiten Ball und übernimmt anschließend den dritten Ball in sein Jonglieren.
- **Magischer Kreis**
  - Mehrere Spieler stellen sich in einem Kreis auf, jeder hat 2 Bälle. Ein Spieler wirft einen Ball aus der Jonglage zu einem beliebigen Mitspieler. Dieser muss nahtlos weiter jonglieren.
- **Jonglieren mit 4 Bällen**
  - 2 Bälle werden mit der rechten und zwei mit der linken Hand jongliert und wechseln nicht die Hände. Beide Hände jonglieren 2 Bälle in einem Kreis von innen nach außen, entweder werfen die Hände gleichzeitig oder versetzt abwechselnd links und rechts.

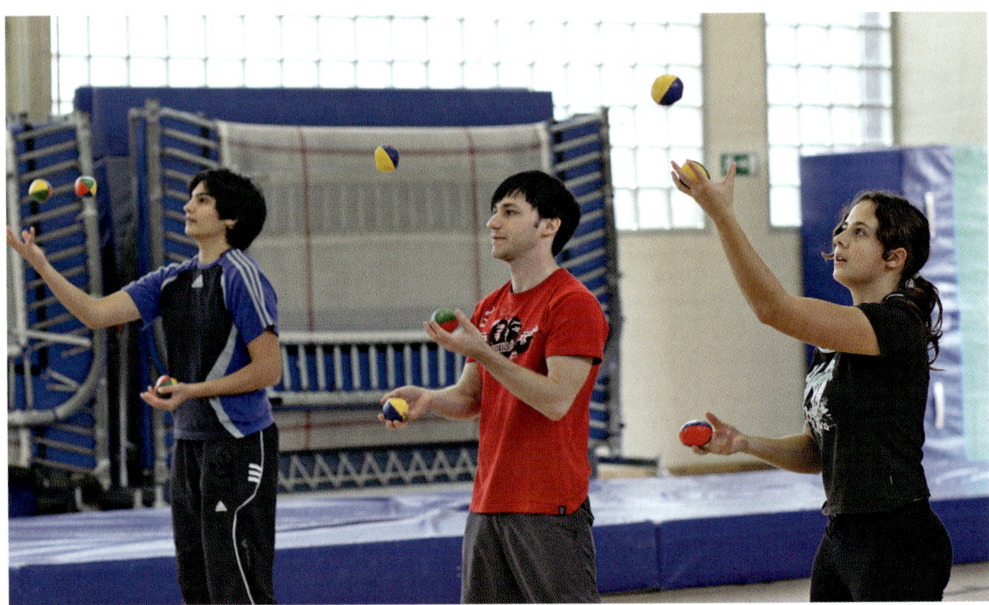

Drehteller

Drehteller und Stab gibt es oft schon für wenig Geld zu kaufen. Kunststücke damit fördern die Auge-Hand-Koordination und die Konzentration. Der Stab sollte so gefasst werden, dass das untere Ende in der Mitte der Handfläche ruht und der Zeigefinger am Stab entlang nach oben zeigt. Beim Start sollten folgende Aspekte beachtet werden:

- Den Stab senkrecht halten.
- Den Teller am Rand an der Stabspitze einhängen.
- Mit der anderen Hand den Unterarm der stabhaltenden Hand unter dem Handgelenk festhalten.
- Langsam den Teller durch kreisförmige Bewegungen aus dem Handgelenk zum Drehen um die Stabspitze bringen.
- Aus dem Handgelenk heraus schneller drehen.
- Den Stab ruhig halten, die Tellermitte springt auf Stabspitze und Teller dreht sich waagerecht.

Ein klassischer Anfängerfehler besteht darin, die Drehbewegung des Tellers dadurch erreichen zu wollen, dass man den Teller um die Stabspitze dreht oder schleudert.

Tricks

- Teller hochwerfen und wieder auf dem Stab fangen.
- Stab in der Mitte fassen, Teller hochwerfen, Stab umdrehen und Teller am anderen Ende wieder fassen. Vorher beide Enden anspitzen.
- Teller auf einen 2. Stab übergeben.
- Teller auf einen 2. Stab werfen.
- Teller auf Fingerspitze übergeben und zurück.
- Teller hochwerfen, auf Fingerspitze fangen.
- Teller unter dem Bein durchreichen, Stab in andere Hand übergeben.
- Teller unter dem Bein durchreichen, hochwerfen und auf 2. Stab fangen.
- Stab hinter dem Rücken in andere Hand übergeben.

Partnerarbeit

- Teller übernehmen.
- Teller gleichzeitig zuwerfen.
- Synchrone Bewegungen durchführen.

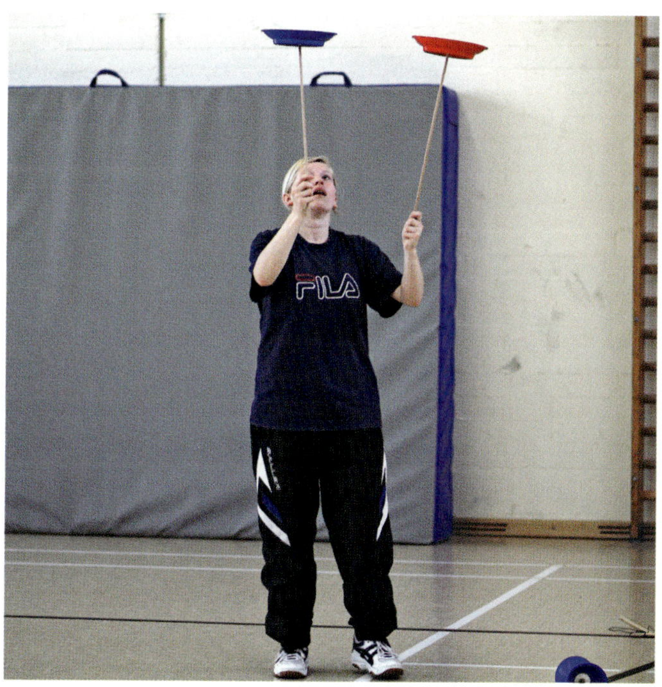

Diabolo

Spielidee und Grundregeln:
Man braucht zwei Handstöcke, die mit einer Schnur verbunden sind und ein Diabolo.
Die Schnur sollte ungefähr so lang sein wie die Entfernung vom Kinn bis zum Fuß. Das Diabolo besteht meistens aus einer Doppel-Kugelhalbschale aus Kunststoff oder Gummi mit einer Metall- oder Holzachse in der Mitte. Durch Bewegen des Seils wird das Diabolo in Rotation um seine Längsachse gebracht. Größere Diabolos lassen sich leichter spielen, da sie stabiler und länger drehen.
Zu Beginn sind Handstäbe und Unterarme parallel zum Boden und schulterbreit auseinander. Das Diabolo liegt in der Schnur auf dem Boden. Zum Starten rollt man das Diabolo auf dem Boden von rechts nach links (Rechtshänder) und hebt es anschließend vom Boden hoch. Das Antreiben erfolgt durch mehrmaliges, schnelles nach oben Ziehen der Führhand. Dadurch bekommt das Diabolo Spin und dreht sich immer schneller. Dreht man die Schnur der Führhand einmal um das Diabolo, wickelt es also ein, und zieht dann die Hand zum Antreiben nach oben, dreht das Diabolo schneller. Außerdem kann man das Diabolo anpeitschen. Dazu schlägt der rechte Handstock mehrmals peitschend nach links und wieder zurück. Um ein Kippen des Diabolos zu vermeiden, sollte man einmal vor und einmal hinter dem linken Handstab peitschen. Damit man mit dem Diabolo Tricks spielen kann, muss es sich möglichst schnell drehen. Daher sind die Antriebstechniken überaus wichtig.

Tricks

- Hochwerfen und Fangen: Zum Hochwerfen zieht man die Arme auseinander und führt sie dabei nach oben, zum Fangen wird die Schnur gespannt, der rechte Stock ist etwas höher und mit ihm zielt man auf das Diabolo und fängt es so ein.
- Pirouette: das Diabolo hochwerfen, sich einmal um 360° drehen und wieder fangen.
- Während das Diabolo in der Luft ist, durch wie beim Seilspringen durch Stäbe und Schnur springen.
- Diabolo mit dem Stock fangen.
- Dotzen auf dem Seil über dem Kopf: Seil über dem Kopf straff spannen und nach oben bewegen.
- Beide Stöcke in einer Hand in V-Stellung halten und beide Stöcke hinter dem Rücken in die andere Hand übergeben.
- Kletterndes Diabolo: das Diabolo sehr schnell antreiben und die Schnur einmal auf der körpernahen Seite um das Diabolo wickeln. Anschließend die Schnur senkrecht halten und die rechte Hand sanft nach unten ziehen. Zieht man zu fest, bremst das Diabolo, zieht man zu wenig, klettert es nicht.
- Ein Diabolo dem Partner zu werfen. Dabei kann man nebeneinander, voreinander oder Rücken an Rücken stehen.
- 2 Diabolos gleichzeitig zuwerfen.

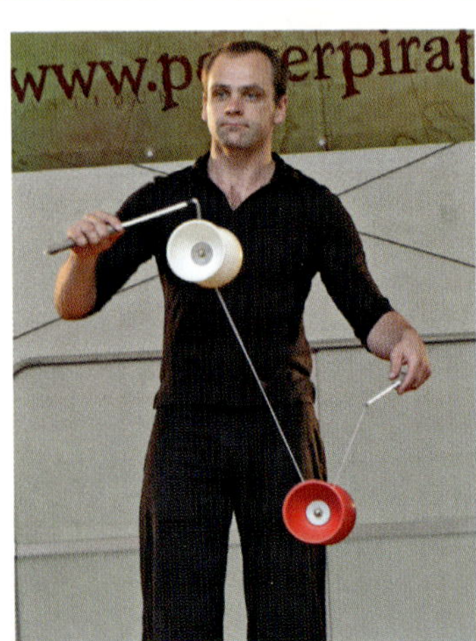
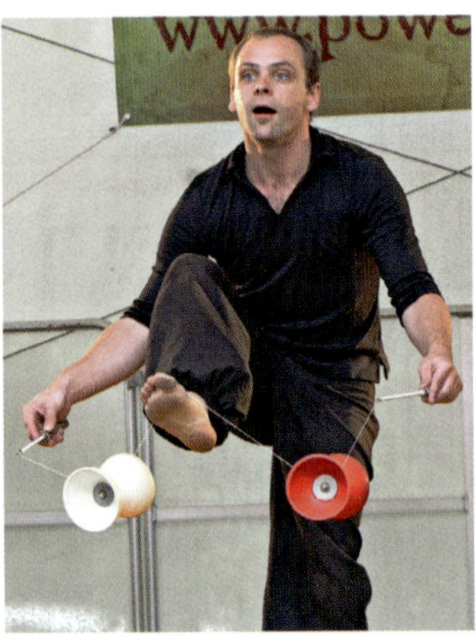
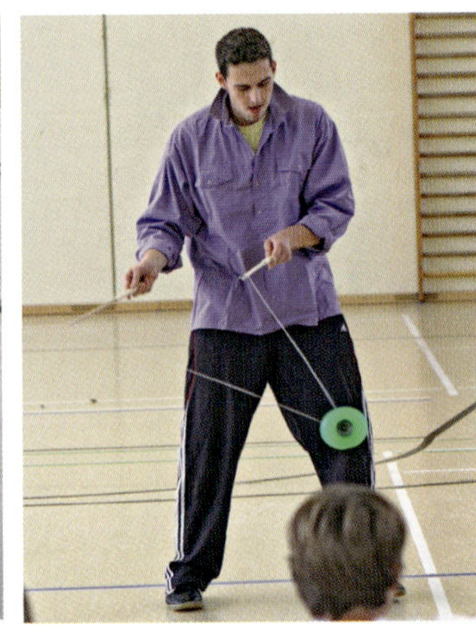

Stelzen

Gab es früher in fast jedem Haushalt ein Paar Stelzen, so sind diese heute mehr und mehr in Vergessenheit geraten. Doch auf dem Pausenhof oder bei Spielfesten greifen Kinder und auch Erwachsene immer wieder gerne zu den Stelzen und nehmen die Herausforderung an. Stelzenlaufen stellt besondere Anforderungen an das Gleichgewicht. Die Stelzen sollten zunächst mit ihren Trittflächen auf der untersten Stufe arretiert sein. Mit der Zeit können die Trittflächen erhöht werden. Die Stelzen können am Anfang mit Partnerhilfe oder mit dem Rücken zu einer Wand bestiegen werden.

Typische Übungen und Ideen:

- Hin und her gehen
- Auf einer Stelle stehen bleiben
- Mit kleinen und großen Schritten gehen
- Vorwärts, rückwärts, seitwärts, im Kreis gehen
- Eine schiefe Ebene hinauf und hinab gehen
- Treppen auf- und abwärts gehen
- Auf markierten Bahnen oder Linien gehen
- Um und über kleine Hindernisse steigen
- Mit einem oder mehreren Stelzenläufern im Gleichschritt gehen
- Mit geschlossenen Augen gehen, der Partner führt durch Zuruf

Spiele mit Stelzen:

Fangspiel mit Stelzen

Wenn der Fänger einen Spieler mit den Stelzen an dessen Stelzen berührt, ist dieser gefangen und es erfolgt ein Fängerwechsel. Auch wenn ein Spieler von seinen Stelzen absteigen muss oder das Spielfeld verlässt, gilt dies als gefangen.

Tag-Nacht

Zwei Mannschaften stehen links und rechts entlang einer Gasse und haben ihre Stelzen startbereit in der Hand. Auf ein Kommando „Tag" oder „Nacht" steigen alle auf ihre Stelzen und die aufgerufene Mannschaft flieht bis zu einer vereinbarten Linie. Gefangene Spieler wechseln die Mannschaft.

Hahnenkampf

Zwei Spieler stehen auf Stelzen und versuchen, den anderen aus dem Gleichgewicht zu bringen, so dass er die Stelzen verlassen muss.

Wettgehen

Sieger ist, wer zuerst hinter der Ziellinie auf Stelzen stehen bleibt. Wer absteigt, muss neu beginnen.

Variation:

- Dosenstelzen

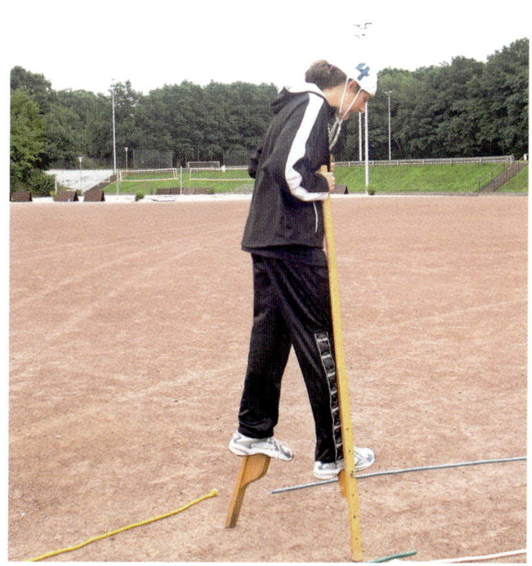

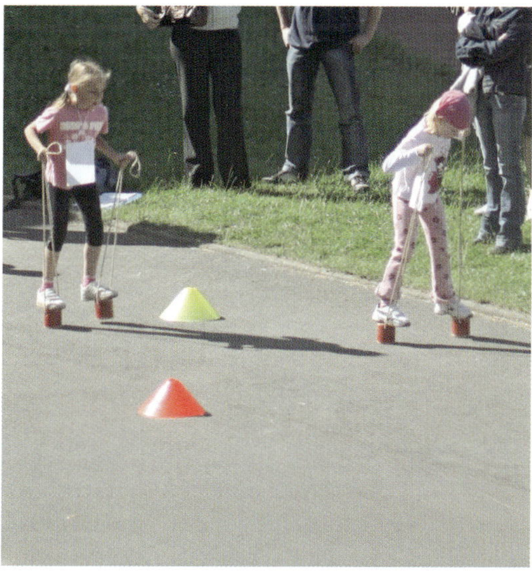

Einrad

Fahren mit dem Einrad
Die Körperhaltung ist aufrecht, der Rücken ist gerade. Der Kopf ist ebenfalls aufrecht mit Blick nach vorne. Die Knie sind am tiefsten Punkt der Pedale leicht gebeugt. Getreten wird, wie beim Fahrradfahren, mit dem Fußballen. Die Arme sind gespannt seitlich angehoben und fest, die Finger liegen aneinander. Beim Rückwärtsfahren befindet sich der Körper in leichter Rücklage.

Auf- und Absteigen

Bei Rechtshändern ist die Schokoladenseite, d.h. der Fuß, der den ersten Pedalkontakt beim Aufsteigen hat, auch Topseite genannt, meistens links, bei Linkshändern oft rechts. Beim Aufsteigen greift man mit der Hand der Nicht-Schokoladenseite (Crossseite) den Sattel und stellt das Einrad vor den Körper. Hierbei befinden sich die Pedale in ungefähr gleicher Höhe, wobei das Pedal der Topseite zu dem Fahrer zeigt und etwas tiefer steht als das andere.
Nun wird der Sattel zwischen die Beine geklemmt, ohne die Pedalstellung zu verändern, und der Fuß der Topseite auf das Pedal gestellt. Mit dem anderen Bein drückt man sich jetzt nach vorne oben ab, der Topfuß gibt etwas Druck auf das Pedal und mit dem Crossfuß versucht man, schnellstmöglich auf dem freien Pedal zu stehen. Erleichtert wird das Aufsteigen bei Anfängern durch eine spezielle Hilfestellung oder eine Wand. Beim Absteigen wird der Sattel mit der Crosshand vor dem Körper gegriffen und nach hinten abgestiegen. Es sollte darauf geachtet werden, dass das Einrad nicht nach vorne oder nach hinten „weggeschossen" wird.

Übungen mit dem Einrad

Die Übenden können in Zweier- oder Vierergruppen fahren, wodurch sich die Fahrer gegenseitig stabilisieren und Halt geben können. Hierbei können sie zudem Kreativität beweisen und erste Küren auf die Beine stellen. Dieses geschieht am besten, wie im Kunstradsport, beim Umfahren eines 4-Meter-Kreises.

- **Windmühle**
    - Zwei Partner fahren aufeinander zu, fassen sich an einer Hand und fahren einen Kreis umeinander herum. Auch mit Paaren oder Dreiergruppen oder als Stern mit Vierergruppen.
- **Formationen**
    - Zwei Linien fahren versetzt aufeinander zu und durch die Lücken der entgegen kommenden Fahrer.
- **Tricks einzuüben**
    - Auf der Stelle stehen, Rückwärtsfahren, Drehungen, Gegenstände vom Boden aufheben, Sprungaufstieg, hüpfen, wheel-walk oder auch Jonglieren auf dem Einrad.
- **Parcours und Slalomstrecken**
    - Müssen mit dem Einrad umfahren werden.

Spiele auf dem Einrad

- Schattenfangen
- einfache Fangspiele, wie „Jeder ist's"
- Schwarzer Mann / Wer hat Angst vorm weißen Hai?
- Der Langsamste gewinnt
- Einradbasketball
- Einradhockey

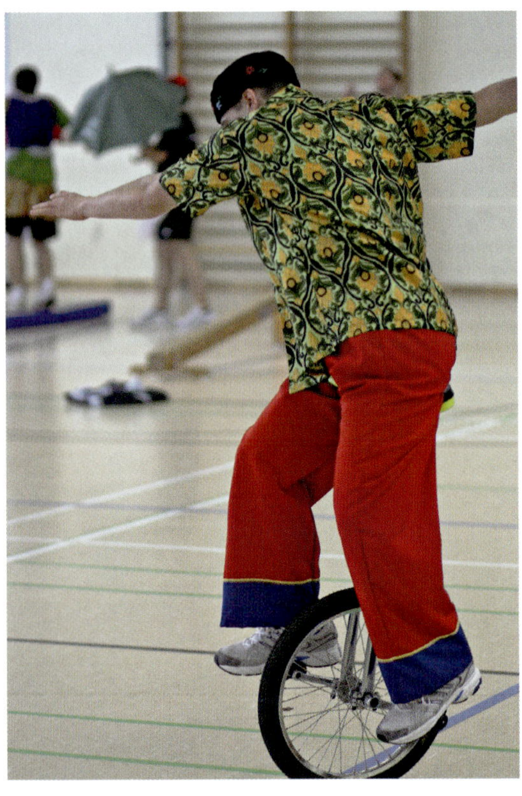

Waveboard

Das Waveboard kommt aus den USA und ist seit 2005 auf dem Markt. In Deutschland ist es erst seit 2007 bekannt. Es besteht aus zwei beweglichen Decks, die mit einer Federstange verbunden sind. Es hat nur zwei Rollen, die sich jeweils um 360° drehen lassen. Es gibt ein Vorderteil (nose) und ein Hinterteil (tail) und kann nur nach vorne fahren.

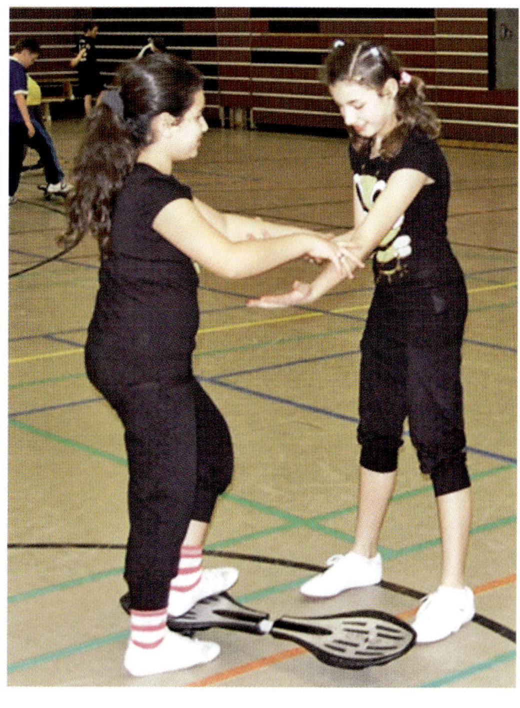

Starten mit Hilfe

Partnerhilfe

Der Fahrer stellt den vorderen Fuß auf das Board und stellt es durch Druck der Zehen waagerecht. Der Partner hält beide Unterarme fest. Anschließend wird der hintere Fuß auf das Waveboard gestellt und das Board ausbalanciert. Der Partner zieht und der Fahrer versucht, durch entgegengesetzte Drehbewegungen von Schulter und Hüfte (Twist) die Fahrt zu unterstützen. Wenn es gut klappt, lässt der Partner den vorderen Unterarm los und unterstützt nur noch am hinteren Arm. Schließlich lässt er ganz los.

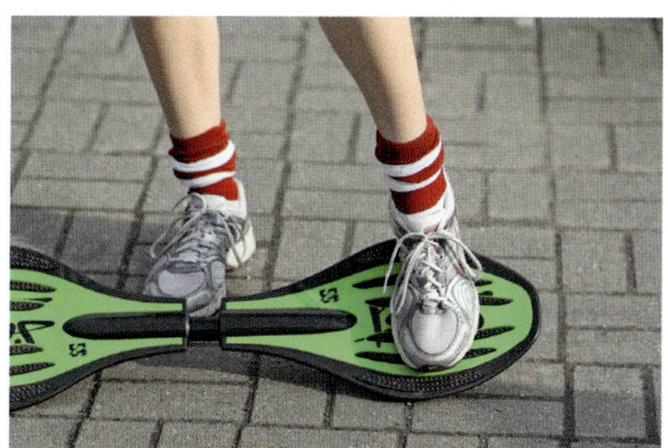

Gerätehilfe

Beide Füße stehen auf dem Board. Der Fahrer hält sich an einer Wand, dicken Matte oder Sprossenwand fest und balanciert das Waveboard aus. Wenn er sicher steht, drückt er sich mit den Händen ab und bringt sich so in Schwung. Mit diesem Schwung fällt es leichter, durch die entgegengesetzten Drehbewegungen von Hüfte und Schulter das Waveboard zu beschleunigen.

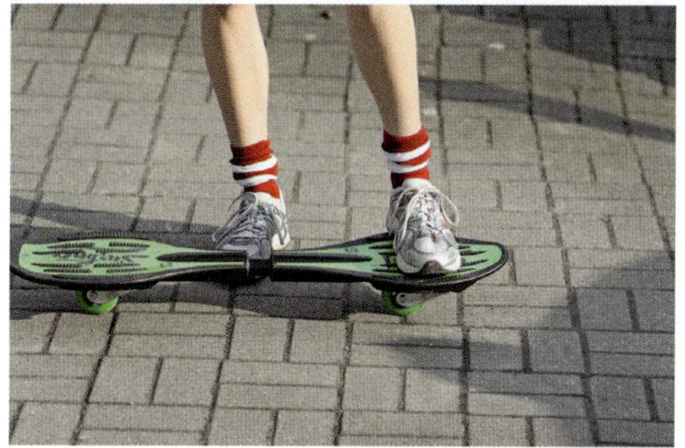

Starten ohne Hilfe

Das Wavebaord wird auf eine ebene oder ganz leicht abschüssige Fläche gelegt. Der vordere Fuß wird in die Mitte des vorderen Decks aufgesetzt und das Waveboard durch Druck auf die Zehen waagerecht gestellt. Der hintere Fuß steht dicht am Board und stößt sich kräftig in Fahrtrichtung vom Boden ab. Sobald das Waveboard rollt, wird der hintere Fuß waagerecht in die Mitte des hinteren Decks gestellt.

Schwung holen und geradeaus Fahren

Sobald der hintere Fuß auf dem hinteren Deck steht, wird das Waveboard s-förmig durch entgegengesetzte Drehungen von Schultern und Hüfte in Schwung gebracht (Twist). Die Knie sind dabei leicht gebeugt, der Oberkörper aufrecht und der Blick geradeaus gerichtet.

Kurven fahren

Der vordere Fuß lenkt, indem der Fahrer entweder Druck auf die Zehen oder die Ferse gibt: Frontsidekurve bei Druck auf die Zehen, Backsidekurve bei Druck auf die Ferse. Verdreht man beide Decks entgegengesetzt, d.h. vorne Druck auf die Zehen und hinten Druck auf die Ferse oder umgekehrt, fährt das Waveboard eine ganz enge Kurve.

Bremsen

Gebremst wird durch Absteigen oder Abspringen vom Waveboard.

Spiel- und Übungsformen mit dem Waveboard

Einfache Übungsformen

- Synchron nebeneinander fahren.
- Einen Zopf flechten: Partner A und B fahren parallel nebeneinander und wechseln dabei mehrfach ihre Spurt: B kreuzt im Rücken von A.
- Partner A und B fahren nebeneinander und werfen sich während der Fahrt einen Ball zu.
- Wer kann beim Fahren einen Ball dribbeln oder hochwerfen und wieder auffangen?

Freie Fahrt im Feld

Alle Spieler fahren in einem durch Linien abgegrenzten Feld durcheinander. Jedes Absteigen vom Waveboard gibt einen Minuspunkt, jeder Zusammenstoß 2 Minuspunkte. Wer hat am Ende die wenigsten Minuspunkte?

Tausendfüßler

3 oder mehrere Fahrer fahren hintereinander und sind dabei mit Gymnastikstäben verbunden.

Formationsfahren

Mehrere Spieler fahren in einer Acht, als Pfeil oder in einem Rechteck. Jede Gruppe denkt sich eigene Formationen aus.

Rennen

4-10 Spieler starten nebeneinander. Wer überfährt zuerst die gegenüber liegende Ziellinie?

Variation:

Slalom um Hütchen fahren

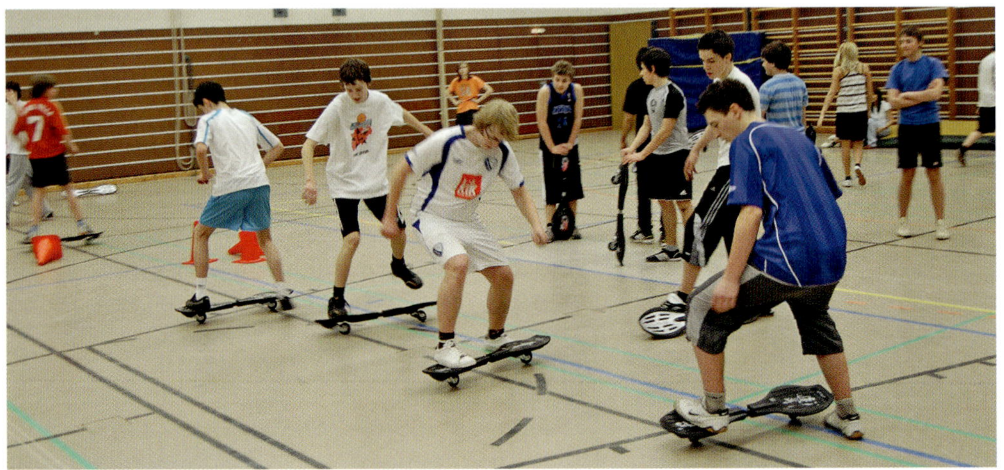

Tricks mit dem Waveboard

Manual: Fahren auf der hinteren Rolle

Den hinteren Fuß auf das Tail stellen.
Den vorderen Fuß etwas näher in Richtung Mitte des Boards stellen.
Das Gewicht ein wenig nach hinten verlagern und etwas Druck auf den hinteren Fuß geben, um den vorderen Teil des Boards in die Luft zu heben.
Jetzt muss das Waveboard mit Hilfe der Arme auf der hinteren Rolle ausbalanciert werden, ohne dass das Tail den Boden berührt.

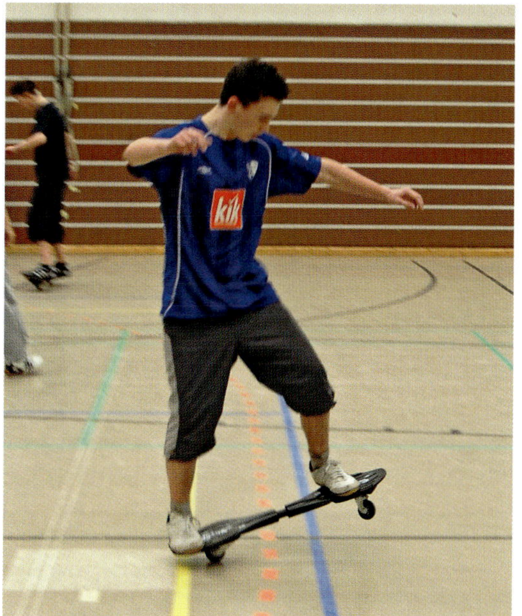

Nose Manual: Fahren auf der vorderen Rolle

Den vorderen Fuß an die Spitze des Boards stellen.
Der hintere Fuß steht auf der hinteren Plattform etwas in Richtung Mitte.
Das Gewicht wird ein wenig nach vorne verlagert und etwas Druck auf den vorderen Fuß gegeben, um den hinteren Teil des Boards anzuheben.
Jetzt muss das Board auf der vorderen Rolle mit Hilfe der Arme ausbalanciert werden, ohne dass das Vorderteil den Boden berührt.

Weiterführende Literatur

Breithecker, Dieter (2002): Bewegte Schüler – bewegte Köpfe. Unterricht in Bewegung. Bundesarbeitsgemeinschaft für Haltungs- und Bewegungsförderung. Wiesbaden

Dordel, S. & Breithecker, D. (2003): Bewegte Schule als Chance einer Förderung der Lern- und Leistungsfähigkeit. In: Haltung und Bewegung 23, 3, S. 5-15

Döhring, Volker (2011): Kleine Spiele zum Beginn und Ende der Sportstunde. Limpert Verlag, Wiebelsheim.

Döhring, Volker/Lange, Anja (2012): Kleine Klassenraumspiele für zwischendurch. Limpert Verlag, Wiebelsheim.

Lange, Anja/Sinning, Silke (2011): Neue und bewährte Ballspiele für Schule und Verein. Limpert Verelag, Wiebelsheim.

Lange, Anja (2008): Erfolgreiche Spiele für Rollen, Gleiten und Fahren. Limpert Verlag, Wiebelsheim.

Müller, Christina (2003): Bewegte Grundschule: Aspekte einer Didaktik der Bewegungserziehung als umfassende Aufgabe der Grundschule. Academia Verlag, Sankt Augustin.

Register der Spiele